平等なき平等条項論

equal protection 条項と憲法14条1項

木村草太 ──[著]

東京大学出版会

本書は末延財団の助成を得て刊行された.

AN INTERPRETATION OF
THE EQUALITY CLAUSE WITHOUT THE CONCEPT OF EQUALITY
The Fourteenth Article and the Equal Protection Clause
Sota KIMURA
University of Tokyo Press, 2008
ISBN 978-4-13-036133-0

目　次

序　論 …………………………………………………………………… 1

第一部　判例理論の二つの問題——混同と排除 ……………… 3

第一章　憲法 14 条 1 項の起草——一般平等条項と差別禁止条項 … 5
　　第一節　松本委員会 ……………………………………………… 5
　　第二節　憲法研究会 ……………………………………………… 9
　　第三節　GHQ 案の起草 ………………………………………… 12
　　第四節　日本政府と GHQ の折衝 ……………………………… 17
　　第五節　帝国議会審議と憲法 14 条の成立 …………………… 22
　　第一章総括 ………………………………………………………… 27

第二章　最高裁判例における憲法 14 条 1 項
　　　　　　——〈合理的根拠〉定式 …………………………… 28
　　第一節　最初期：後段列挙事由定式——1948–1950 ………… 28
　　第二節　第二期：〈合理的根拠〉要請の登場——1950–1972 … 30
　　第三節　第三期：立法目的を基準とした判断——1973 以降 … 35
　　第二章総括 ………………………………………………………… 43

第三章　〈合理的根拠〉要請の曖昧さ ………………………… 44
　　第一節　何が審査されているのか？ …………………………… 44
　　第二節　概念整理の必要性 ……………………………………… 48
　　第三章総括 ………………………………………………………… 52

第四章　〈差別〉概念の不在 …………………………………… 53
　　第一節　平成 7 年決定の分析 …………………………………… 53
　　第二節　見落とされた問題 ……………………………………… 57
　　第四章総括 ………………………………………………………… 60

第一部総括 ………………………………………………………… 61

第二部　equal protection 条項の解釈史とその示唆 ……… 63

第五章　equal protection 条項の成立：〈等しい保護〉の概念　——1866–1868 …………………………………………… 65
- 第一節　第 14 修正制定の経緯 …………………………………… 65
- 第二節　equal protection 条項の起草者意思 …………………… 71
- 第三節　解釈の可能性——爆発的な射程拡大の基盤 …………… 77
- 第五章総括 ………………………………………………………… 79

第六章　最初期の最高裁判例：二つの限定——1873–1884 ……… 80
- 第一節　人種による区別への限定 ………………………………… 80
- 第二節　〈保護〉への限定 …………………………………………… 84
- 第六章総括 ………………………………………………………… 87

第七章　〈同一状況同一取扱〉要請の成立：Barbier 判決　——1885 ………………………………………………………… 88
- 第一節　Barbier 判決とその受容 ………………………………… 88
- 第二節　〈同一状況同一取扱〉要請 ……………………………… 93
- 第三節　解釈変更の要因 …………………………………………… 94
- 第七章総括 ………………………………………………………… 96

第八章　〈同一状況同一取扱〉要請の内容：州裁量の強調　——1885–1896 …………………………………………………… 98
- 第一節　裁量的ポリスパワー論と簡潔な審査 …………………… 98
- 第二節　19 世紀末における〈同一状況同一取扱〉要請の内容 … 104
- 第八章総括 ………………………………………………………… 107

第九章　〈区別の合理性〉要請：州裁量への歯止め　——1896–1939 …………………………………………………… 108
- 第一節　〈区別の合理性〉要請の成立 …………………………… 108
- 第二節　〈区別の合理性〉要請の内容 …………………………… 115
- 第三節　〈区別の合理性〉要請＝緩やかな審査基準？ ………… 120
- 第九章総括 ………………………………………………………… 125

第十章　Warren Court と〈厳格審査〉——1938–1969 ……126
- 第一節　〈区別の合理性〉定式の維持 ……126
- 第二節　前期 Warren Court による人種差別解消 ……128
- 第三節　〈疑わしい区別〉の理論 ……132
- 第四節　〈基本的権利〉の理論 ……137
- 第十章総括 ……145

第十一章　Burger Court の新理論——1970–1985 ……146
- 第一節　Burger Court と人種差別 ……146
- 第二節　〈社会経済立法無審査の法理〉と中間審査基準 ……157
- 第十一章総括 ……165

第十二章　アメリカ法総括と示唆 ……166
- 第一節　アメリカ法総括 ……166
- 第二節　アメリカ法の示唆 ……170
- 第十二章総括 ……172

第二部総括 ……173

第三部　憲法14条1項の新解釈論の提示——前段・後段の分離 ……175

第十三章　〈合理的根拠〉要請の分析 ……177
- 第一節　〈立法目的の正当性〉と〈立法目的への適合性〉 ……177
- 第二節　〈付随的弊害の相当性〉要請 ……180
- 第三節　〈合理的根拠〉要請の再構成 ……182
- 第十三章総括 ……183

第十四章　〈差別抑制〉要請の必要性 ……184
- 第一節　〈差別〉という現象 ……184
- 第二節　差別と国家 ……189
- 第三節　〈差別抑制〉と憲法 ……190
- 第十四章総括 ……194

終章　憲法14条1項をどう解釈すべきか ……195

第一節　憲法 14 条 1 項の解釈 ……………………………………… 195
　　第二節　投票価値の均等 ……………………………………………… 198
　　第三節　外国人の公務就任権 ………………………………………… 201
　　第四節　民法 900 条 4 号但書前段再考 ……………………………… 204
　終章総括 ………………………………………………………………… 209

結　〈平等〉の濃密性と多義性への視点
　　── 平等なき平等条項論 ……………………………………… 211

追補編

追補 A　明治憲法の起草過程における一般平等条項 ………… 215
　第一節　明治憲法における一般平等条項の不在 …………………… 215
　第二節　一般平等条項の提案 ………………………………………… 216
　第三節　一般平等条項削除の理由 …………………………………… 221
　追補 A 結 ………………………………………………………………… 225

追補 B　憲法 14 条 1 項に関する学説の歴史 ………………… 227
　第一節　法協定式と違憲審査基準論 ── 通説的解釈 ……………… 227
　第二節　違憲審査基準の概念 ………………………………………… 231
　第三節　実体法を探求する対抗的アプローチ ……………………… 234
　追補 B 結 ………………………………………………………………… 239

追補 C　〈平等〉とは何か ── 古典的問題の検討 …………… 240
第一章　平等空虚論とは何か？── 壮大なトートロジー …… 240
　第一節　平等空虚論の二つの主張 …………………………………… 241
　第二節　定義と定義言明 ……………………………………………… 242
　第三節　主張①：〈平等＝等しきは等しく〉の分析 ………………… 245
　第四節　主張②の分析：アリストテレス解釈に向けられた問題提起 …… 246
　第一章結　平等空虚論の意味 ………………………………………… 250
第二章　〈平等〉とは何か？── 神への異議申立 …………… 252
　第一節　〈平等〉とは何か？ …………………………………………… 252
　第二節　〈平等とは何か？〉とは何か？ ……………………………… 256

第二章結　〈平等〉の意味 ································· 258
追補 D　国籍法違憲判決（最大判平成 20 年 6 月 4 日）の分析 ···259
   第一節　事案と判旨の整理 ······························· 259
   第二節　本書の枠組みによる分析——個別意見との対比 ······· 263

参考文献一覧 ·· 266
あとがき ·· 273
事項索引 ·· 275
判例索引 ·· 277

序　論

　すべての学問は，問いを立てるところから始まる．
　判例の憲法14条1項解釈に問題はないか．また，問題があるとすれば，それをいかに解決すべきか．この問いが，本書の課題である．

　憲法14条1項は，法の下の平等を規定する．この条項は，絶対的平等を保障するものではない．同項は，法令が合理的な差別を設けることを許容している．同項は，〈合理的根拠〉を持たない区別を禁止するための条項だ．
　これが判例による憲法14条1項の解釈である．この解釈論には，二つの問題がある．第一に，概念の不明確さ．判例の言う〈合理的根拠〉要請の内容は，不明確である．このためその論証は，理解しにくく，批判し難いものとなる．第二に，〈差別〉概念の排除．〈差別〉とは何かを問うことなく，判例は憲法14条1項を解釈する．かくして，〈差別抑制〉要請が不当にも同条項の保障内容から外れる．
　この二つの問題を解消する解釈論の提示は，憲法学説の急務である．

　第一部では，現在の判例理論の形成過程を検討し，その理論には二つの点で問題があることを指摘する．第二部では，アメリカ合衆国憲法の equal protection 条項の解釈の歴史を検討する．アメリカ法の経験は，日本の判例理論の問題を解消するための示唆に富んでいる．第三部では，アメリカ法の検討から得られた示唆を踏まえ，憲法14条1項に関する新しい解釈論を提示する．

　本書は，2006年2月に東京大学法学政治学研究科に提出した助手論文に加筆修正を施したものである．第四章・最終章第四節は2004年4月23日の東

京大学公法研究会・民法懇話会合同研究会での報告，最終章第三節は 2006 年 4 月 21 日の行政判例研究会での報告，追補 C 第二章は 2006 年 3 月 6 日の東京大学公法研究会にて行った報告（の最後の五分）がベースとなっている．

　出版にあたり，末延財団より助成を頂くことができた．心より御礼申し上げる．

第一部　判例理論の二つの問題——混同と排除

第一部では，憲法 14 条 1 項の解釈の歴史を検討し，現在の判例理論の内容を画定する（第一章，第二章）．その上で，判例理論の問題点について考察する（第三章，第四章）．

第一章　憲法14条1項の起草
——一般平等条項と差別禁止条項

　憲法14条1項は，前段で「法の下」の「平等」を保障し，後段で「差別」の禁止を規定する．

　ドイツ連邦共和国基本法3条1項は「法律の前の平等（vor dem Gesetz gleich）」を規定し，アメリカ合衆国憲法第14修正は「法の前の等しい保護（equal protection of the laws）」を規定する．いずれの条項にも，「差別」に相当する文言は用いられていない．

　前段の一般的な〈法の下の平等〉を保障する条項（以下，このような条項を一般平等条項と呼ぶ）に加え，後段の差別禁止条項が存在する点が，米独憲法の平等条項と比較した際の日本国憲法の特徴である．

　第一章では，まず，憲法14条1項の起草過程を検討し，このような条文の構造がいかにして成立したか，を検討する（第一節〜第四節）．それに続き，起草段階で，この条項はいかなる意味を規定したものとして解されていたか，を検討する（第五節）．この二つの問題の検討は，判例による憲法14条1項の解釈の内容を画定する際の基準を提供する．

第一節　松本委員会

　まず，松本委員会において，一般平等条項や差別禁止条項がいかに扱われていたかを検討する．松本委員会の活動は，日本国憲法の起草に直接のかかわりを持たない．しかし，松本委員会には，美濃部達吉・宮沢俊義・佐藤達夫ら，錚々たる顔ぶれの法学者・法制官僚が名を連ねている．当時の法律家が，平等条項についていかなる考え方を持っていたのか．この点を知ることは，後の憲法14条1項の解釈の展開を検討する上で重要である．

1　松本案の起草作業における一般平等条項

（1）憲法問題調査委員会の成立　1946年10月26日，幣原内閣の閣議了解に基づき憲法問題調査委員会が設立された．この委員会の目的は，「憲法改正ノ要否及必要アリトセバ其ノ諸点ヲ闡明スルニ在ル」とされている[1]．

（2）宮沢・清宮による一般平等条項導入の提案　10月30日の第一回調査会では，大日本帝国憲法（以下，明治憲法と呼ぶ）の逐条的検討が行われている．明治憲法19条は次のような規定であった．

【大日本帝國憲法　第19条】
　日本臣民ハ法律命令ノ定ムル所ノ資格ニ應シ均ク文武官ニ任セラレ及其ノ他ノ公務ニ就クコトヲ得

この規定について，第一回調査会議事録には，次のような記載がある．

第十九条……．平等権ノアラハレデアツテ，沿革的ニハ重大ナル条文デアル[2]

松本委員会は，明治憲法19条を単に公務就任権を保障した条項ではなく，一般的な「平等権」の現れである重要な条項と考えていたようである．そして，11月2日の第二回調査会では，一般平等条項に関する提案がなされたようであり，議事録に次のような記載がある．

アメリカ憲法ニ於ケル様ニ「法律ノ前ニ平等」トイツタ考方ヲ入レル要モアル[3]

これらの提案を受け，第五回総会に提出された資料「憲法問題調査委員会第一回乃至第四回総会並びに第一回乃至第六回調査会に於て表明せられたる諸意見」には，次のような記載がなされていた．

---

1)「憲法問題調査委員会設置の趣旨」（入江俊郎文書9・国立国会図書館蔵）参照．http://www.ndl.go.jp/constitution/shiryo/01/039ashoshi.html 参照．
2)「憲法問題調査委員会第一囘調査会議事録」参照．どの委員の発言によるものかは不明（以下に引用する調査会議事録についても同じ）．以下引用する松本委員会の議事録は，http://www.ndl.go.jp/constitution/shiryo/01/039ashoshi.html 参照．
　当初，明治憲法19条は，一般平等条項として起草されたが，その後の修正で，公務就任権の均一保障のみの条項となった．このような起草過程からすれば，この議事録の指摘は歴史的経緯を踏まえた根拠のある指摘だと言える．明治憲法の起草過程については，追補A参照．
3)「憲法問題調査委員会第二囘調査会議事録」（国立国会図書館蔵）一五参照．

第一節　松本委員会

日本臣民は法律の前に平等なる旨の規定を設くべし.[4]

　11月24日の第四回総会において，それまでの議論を踏まえ，各委員が私案を作成し，総会に提出すべき旨の決定がなされた．各委員は，一月ほどで私案を書き上げ，12月22日の第五回総会に提出した．

　宮沢俊義提出の「大日本帝國憲法改正案」には，次のような条項が存在した．

【宮沢俊義「大日本帝國憲法改正案」1945年12月22日】
　第19条　日本臣民ハ法律ノ前ニ平等ナリ
　（第2項）日本臣民ハ法律命令ノ定ムル所ノ資格ニ応シ均ク官吏ニ任セラレ及其ノ他ノ公務ニ就クコトヲ得

　また，清宮四郎提出の「大日本帝國憲法改正試案」にも，次のような表現が存在した．

【清宮四郎「大日本帝國憲法改正試案」1945年12月22日】
　第19条　日本臣民ハ法律ノ前ニ平等ナリ
　　　　　日本臣民ハ法律命令ノ定ムル所ノ資格ニ応シ（以下現状通リ）

　その他の委員の私案には，〈法の前の平等〉や〈法の下の平等〉を規定する一般平等条項は存在しない．

　(3) 一般平等条項不要の結論　上に見たように，松本委員会において，明治憲法19条を改め，一般平等条項を導入しようとする提案がなされていた．しかし，この提案は，必ずしも好意的に受け取られなかったようであり，最終的に削除されることになる．

　まず，宮沢・清宮の提案については，12月26日，第六回総会で検討することとされ[5]，そこでは，次のような指摘がなされたと記録されている．

　一九条，「法律ノ前ニ平等ナリ」ハアマリニモ直訳的．旧通リデイイデハナイカ．
　公務，就職ノミナラズ他ノ点ニツイテモ平等ト云フコトヲ云フ必要ナキヤ．[6]

---

　4)「憲法問題調査委員会第一回乃至第四回総会並びに第一回乃至第六回調査会に於て表明せられたる諸意見」（国立国会図書館蔵），「第二章臣民権利義務　第二章一般（ホ説）」を参照．
　5)「憲法問題調査委員会第七回調査会議事録」（国立国会図書館蔵）に「第一九条ニ平等権ヲ規定スルコトニツイテハ，特ニ議論モナク，総会デ研究スルコトトスル」とある．
　6)「憲法問題調査委員会第六回総会議事録」（国立国会図書館蔵）．

1946年1月4日，宮沢俊義が，それまでの松本委員会の議論を草案の形にとりまとめ，調査会に提出する．そこで提出されたのは，明治憲法を大規模に改正する「甲案」と，小幅な改正に止める「乙案」の二つであった．このうち，乙案は，明治憲法19条を「現行通」とするものであり，一般平等条項を導入していない．これに対し，甲案は，次のように規定していた．

【「宮沢甲案」1946年1月4日・憲法問題調査委員会第八回調査会に提出】
　第19条　日本臣民ハ法律上平等ナリ
　　　　　日本臣民ハ法律命令ノ定ムル所ノ資格ニ応シ均ク官吏ニ任セラレ及其ノ他ノ公務ニ就クコトヲ得

翌1月5日，第九回調査会で宮沢甲乙両案について検討がなされる．そして，甲案19条1項について，次のような結論が下された．

甲案ニ於テハ
　(1) 法律ノ前ニ平等ノ趣旨ヲ特ニ規定スルコト
　(1) ハ「法律ノ前ニ平等ナリ」ト特ニ一条ヲ設クルハ現代ニ於テハ既ニ其意義ニ乏シイモノデアルカラ第十九条ヲ先ノ如ク改ムレバ足ル[7]

ここで，一般平等条項は「現代ニ於テハ既ニ其意義ニ乏シイ」と結論され，以降の委員会では，その点に関する提案・検討はなされていない．松本委員会は，1月5日の段階で，一般平等条項不要の結論を下したのである．

その後，同委員会は2月2日の第七回総会まで活動を続け，松本委員長による「憲法改正私案」をベースにした「憲法改正要綱」[8]がとりまとめられた．これは，2月4日の閣議で検討[9]され，2月8日にはGHQに提出された．

[7) 「憲法問題調査委員会第九回調査会議事録」（国立国会図書館蔵）．なお，文中の「先ノ如ク改ム」る内容とは，「（甲案）ニ於テハ『文武官』ヲ『官吏』ニ改メ『官吏ニ任セラレ及其ノ他ノ公務ニ就ク』トスルノハ官吏ノミヲ特ニ取上ゲルコトニナリ民主的憲法ニソグハナイカラ『官吏ニ任セラレ』ハ『公務ニ就ク』ニ含マシメ政治的平等ヲ定メル本条ノ意義ヲ更ニ公明ナラシムベシト主張サレソレニ伴ヒ『就ク』ヲ『参与ス』ニ改ムルハ可トストセラレタ」というものである．

8) この案が「甲案」と呼ばれるようになり，従来の大改正案である1月4日宮沢甲案は以降，「乙案」と呼ばれるようになった．

9) 閣議決定ではない点に注意．田中［1979］10頁，古関［1995］105頁参照．

要綱」である[11]. 後述するように,憲法14条の原型となったGHQ案13条の起草作業には,この「憲法改正要綱」が重大な影響を与えている.

1 憲法研究会の作業

(1) 憲法研究会の成立　憲法研究会は,統計学者の元東大教授高野岩三郎の呼びかけにより,憲法学者の鈴木安蔵らによって構成された在野の研究会であった. 1945年11月5日,高野の呼びかけの下,鈴木安蔵,杉森幸次郎,森戸辰男,室伏高信,岩淵辰雄らが大阪ビル内の新生社に集まった. これが憲法研究会の第一回会合となる.

(2)「新憲法制定の根本要綱」　11月14日に第二回会合,11月21日に第三回会合が開かれた. 第三回会合までで,基本的な意見交換を終え,鈴木の手により憲法研究会第一案である「新憲法制定の根本要綱」がまとめられた.

【憲法研究会「新憲法制定の根本要綱」1945年11月21日】
　また単なる自由,権利一般ではなくして,新たに左のごとき具体的諸権利が規定さるべきものと考へる.
　……ワイマル憲法第119条に規定せるごとき結婚生活における男女同権の規定は,特にこの点において封建的伝統強き日本において必要である.
　……6　男女平等の保証
　　　　7　民族的差別の撤廃・完全平等の権利保証[12]

松本委員会と比較して特徴的なのは,「男女平等」という具体的な性別間平等の発想が示されていること,そして,「民族的差別の撤廃」という差別禁止条項導入の必要性が主張されていること,の二点である.

(3) 憲法改正要綱　憲法研究会は,上記要綱や会内での議論を踏まえ,11月29日に「憲法改正要綱」をとりまとめた. この要綱は,12月1日に会外の有識者に発送された[13].

この要綱にも,次のような規定が存在した.

---

11)　憲法研究会の活動については,鈴木[1977] 70–116頁を参照.
12)　鈴木[1977] 80–81頁.
13)　発送は高野,森戸,室伏,杉森,岩淵,鈴木の六名の連名の下に行われた. 鈴木[1977] 93頁.

2 松本委員会の一般平等条項と差別禁止条項に対する態度

上に検討した松本委員会の起草作業について指摘されるべき点は，二点ある．

第一に，松本委員会は一般平等条項の導入の必要について，冷淡な態度を採っていた．

今見たように，松本委員会では，一般平等条項導入の提案がなされている．しかし，審議録からは，いかなる問題に対処するために一般平等条項が提案されたのかを窺うことはできない．そこでは「アメリカ憲法ニ於ケル様ニ」[10] という記述に見られるような，〈外国憲法で多く採用されている〉という程度の提案の根拠が示されているのみであり，具体的にどのような要請を規定するために一般平等条項を導入する必要があるのか，は明示されていない．また，提案者以外の委員も，一般平等条項導入の必要は感じなかったようである．

第二に，松本委員会は，差別禁止条項の必要性を全く意識していない．憲法14条1項は，前段の一般平等条項に加え，後段の差別禁止条項から成る．しかし，松本委員会では，性別や人種による〈差別〉を禁止する条項の必要について，提案や検討がなされた形跡は全くない．

松本委員会に参加した，日本の代表的な法制官僚・憲法学者は，一般平等条項や差別禁止条項の導入について消極的であった，ないしさほど積極的ではなかった．第一節の検討から，この点が明らかになる．

では，憲法14条1項は，どのような人物の，どのような発想に基づき生まれてきたものなのか．この点を探求して行くことにしたい．

第二節　憲法研究会

松本委員会の作業と並行して，様々な民間の研究会が憲法草案を発表した．憲法14条との関係で重要なのが，高野岩三郎ら憲法研究会による「憲法改正

[10) 前掲「憲法問題調査委員会第二回調査会議事録」(国立国会図書館蔵) 一五参照．

第二節　憲法研究会

【憲法研究会「憲法改正要綱」1945 年 12 月 1 日】
　　二，人権
　　　無条件的人権規定，且つ能ふ限り詳細に規定すること．……(一〜六略)
　　　七　男女の平等[14]

ここでも，憲法研究会は，男女平等条項の導入を主張している．

2　憲法研究会最終案における一般平等条項と差別禁止条項

　この要綱には，幾つかの意見が寄せられる．それを踏まえ 12 月 5 日に憲法研究会の会合が持たれた．鈴木は，その会合での議論を基に，12 月 11 日に修正を施し，さらに 12 月 23 日・24 日に公表のための最終校正を行った．そして，12 月 26 日，新生社にて研究会最終会合が行われた．ここでも若干の修正が行われ最終的な憲法研究会案「憲法改正要綱」が完成した[15]．

　同日，鈴木・杉森・室伏が首相官邸にて首相秘書官に提出．GHQ には英語の堪能な杉森が日本文のまま提出した．鈴木らは，首相官邸記者室にて，要綱を公表した．この憲法研究会案には，次のような規定が存在した．

【憲法研究会「憲法改正要綱」1945 年 12 月 26 日】
　　一，国民ハ法律ノ前ニ平等ニシテ出生又ハ身分ニ基ク一切ノ差別ハ之ヲ廃止ス
　　一，男女ハ公的並私的ニ完全ニ平等ノ権利ヲ享有ス
　　一，民族人種ニヨル差別ヲ禁ス[16]

　憲法研究会は，一貫して「平等」を規定する条項の必要性を主張していた．そして，最終的な「憲法改正要綱」には，「法律ノ前ニ平等」を規定する一般平等条項と共に，「差別」禁止の条項が盛り込まれている．

　松本委員会と異なり，憲法研究会は，一般平等条項・差別禁止条項を導入すべきだ，との結論に達した．そして，憲法研究会の提案は，GHQ の起草作業に一定の影響を与えることになる．

---

14)　鈴木 [1977] 95 頁．
15)　このとき，12 月 1 日案に署名した六名に加え，馬場恒吾が賛同し署名をしている．鈴木 [1977] 93 頁．
16)　鈴木 [1977] 103–104 頁．

第三節　GHQ 案の起草

1　GHQ 案の起草過程

(1) 当初の態度　1946 年 1 月の段階では，GHQ は，未だ憲法改正を日本側のイニシアティブに委ねる態度をとり，憲法草案の作成の準備的作業も行われていなかった[17]．但し，この段階で指摘されるべき作業として，Rowell 中佐が起草し，1 月 11 日に Whitney 民政局長名義で出された「幕僚長に対する覚書・私的グループによる憲法改正草案に対する所見」と題された文書[18] の作成が挙げられる．同文書は，憲法研究会案を GHQ 内部に紹介する内容のものである．この文書の項目 14 に，次のような記載がある．

> 14. いちじるしく自由主義的な諸規定
> a　国民主権が認められている．
> b　出生，身分，性，人種および国籍による差別待遇が禁止されている．貴族制度が廃止されている．[19]

この記載から，民政局は，1 月の段階で，既に憲法研究会案における差別禁止条項の導入に関心を抱いていたことが分かる．

(2) MacArthur の決断　2 月に入り，GHQ は憲法改正に関する態度を変更する．これには周知の通り二つの要因がある．第一に，日本の戦後処理を行うためソ連を含む連合国各国が作る極東委員会が発足すれば，GHQ の憲法改正への権限が制約を受けるとの認識[20]．第二に，2 月 1 日の毎日新聞による「松本案」のスクープ[21] によれば，その内容は極めて保守的であり，到底，受け

---

17) GHQ は，1 月 4 日の公職追放に関する事務に忙殺されたため，それまで憲法改正に関する作業を行う余裕がなかったという．田中 [1979] 14-15 頁．
18) 高柳他 [1972] No.2 参照．
19) 高柳他 [1972] 33-36 頁．
20) 田中 [1979] 50 頁以下参照．
21) 1946 年 2 月 1 日，毎日新聞は，第一面に憲法問題調査委員会の試案と称する憲法草案を掲載．ここで紹介されたのは，先に見た 1 月 4 日の大改正案たる宮沢甲案（松本甲案成立後は乙案と呼ばれる）の内容にほぼ沿った草案であった．このスクープを取った西山柳造毎日新聞記者は，1 月 31 日に，「事務局にあったから『もらった．』それだけなんですよ．」と語っている．松本委員会の会合は，基本的に秘密厳守の下に行われたが，このスクープは，全くの偶然の事情によるものであったようである．高柳他 [1972] 39 頁以下参照．

第三節　GHQ 案の起草

入れられないという考慮.

　この二つの要因に導かれ，MacArthur は GHQ 主導による憲法改正を決意．2 月 3 日には，Whitney 民政局長に憲法改正に関する三原則（いわゆる MacArthur 三原則）を提示し，改正作業にあたるべきことを指示した．三原則のうちの第三は，次のようなものであった．

【MacArthur 三原則　1946 年 2 月 3 日】
　Ⅲ
　日本の封建制度は廃止される．
　貴族の権利は，皇族を除き，現在生存する者一代以上には及ばない．
　華族の地位は，今後はどのような国民的または市民的な政治権力も伴うものではない．
　予算の型は，イギリスの制度にならうこと．[22]

　このように貴族制の廃止は，天皇制の維持（第一原則）と戦争放棄（第二原則）と並ぶ改正憲法の三大原則の一つとして位置づけられた．

　(3) 各小委員会と運営委員会　翌 2 月 4 日，総司令官の指示を受け，Whitney は，民政局員に三原則を提示し，2 月 12 日を目途に起草作業を終了させるべき旨を伝えた．民政局員は，国会や司法，人権など分野ごとの小委員会に割り振られる．そして，各小委員会の案を基に，運営委員会が全体の調整をするという形で起草作業が進められることになった．

　「人権に関する小委員会」のメンバーには，Roest，Wildes，Sirota の三人が充てられた[23]．運営委員会と人権小委員会との間の会議は 2 月 8 日と決められ，人権小委員会草案のタイムリミットが設定された．

　(4) Sirota による資料収集　午前の会議で Whitney の指示が通達されると，人権小委員会は，早速，起草作業を開始した．人権小委員会では，権利の種類ごとに担当が割り振られ，Roest が中心となり試案をとりまとめることになった．

　それを受け，Sirota は，日比谷図書館や東京帝国大学図書館など，数箇所

---

22) 高柳他 [1972] 99–100 頁.
23) 小委員会メンバーの経歴については，田中 [1979] 73, 132–133 頁参照.

の図書館から各国の憲法に関する参考文献を収集．そこで，アメリカ独立宣言，合衆国憲法，マグナカルタ，ワイマール憲法，フランス憲法，スカンジナビア諸国の憲法，ソビエト憲法などに関する十数冊の参考文献が集められた．民政局員らは，Sirota の借り出してきたこれらの本を参考文献として活用した[24]．

　2月4日の午後，そして翌2月5日，民政局員のほとんどは，Sirota の借り出してきた書物など，膨大な資料の読解に時間を費やしたという．毎日新聞による「松本案（宮沢甲案）」のスクープは当然のこと，Rowell の報告した憲法研究会案も参照されたことと思われる[25]．その後，2月6日午前から，具体的な条文の起草作業が開始された．

(5) 人権小委員会案　小委員会の作業のうち，Sirota の起草が2月6日中に終了し，翌7日には，Roest, Wildes の作業も一段落．それらがタイプされ人権小委員会の最初の案が完成した．これは，一冊の本になるほど分厚いものであり，早速，委員三名による修正作業が進められた．2月8日までに，第一次試案がまとめられ，運営委員会と人権小委員会のメンバーで会議が行われる．この会議は，2月8日から9日にかけて行われ，第二次試案がまとめられた[26]．

　第二次試案は，「1．総則」「2．自由権」「3．社会的権利および経済的権利」「4．司法上の権利」の四つの節からなり，「1．総則」には，次のような条文が存在した．

【民政局人権小委員会・第二次試案　1946年2月9日】
　　第　条[27]
　　　日本の封建的制度は，廃止さるべきである．すべての日本人は，人間であるが故に個人として尊重される．生命，自由および幸福追求に対する国民の権利は，一般

---

24) ベアテ・シロタ [1995] 149頁，第 147 回国会参議院憲法調査会会議録第七号（平成 12 年 5 月 2 日）参照．後者は，Sirota 氏が参考人として出席した参議院憲法調査会の記録である．
25) ベアテ・シロタ [1995] 158–159 頁において，人権小委員会において毎日新聞のスクープが参照されたことが記載されている．また，先に見たように，1月の段階で憲法研究会案は GHQ の内部で紹介されていた．
26) 会議の内容は，高柳他 [1972] G1~2 文書参照．
27) 条文番号は付されていない．

の福祉の範囲内で, すべての法律およびすべての政府の行為において, 最大の尊重を受けるものとする.
　第　条
　　すべての自然人は, 法の前に平等である (equal before the law). 人種, 信条, 性別, カーストまたは出身国により, 政治的関係, 経済的関係, 教育の関係および家族関係において差別がなされることを, 授権しまたは容認してはならない. 華族の称号の授与は, 今後は, 国民的又は市民的な政治的権力を伴わないものとする. 貴族としての権利は, 皇族のそれを除き, 現存する者一代限りとする. 称号, 栄誉, 勲章その他の栄典の保有または賜与は, いかなる特別の特権をも伴ってはならない. またこれらの栄典の保有または賜与は, 現にこれを保有し, または将来それを受ける者の一代に限り, その効力を有するものとする.
　第　条
　　外国人は, 法の平等な保護 (equal protection of law) を受ける. 犯罪につき訴追を受けたときは, 自国の外交機関および自らの選んだ通訳の助けを受ける権利を有する.[28]

　これらは, Roest が担当した条項であった[29]. 人権小委員会の試案については, 運営委員会との会合で, 数多くの削除・修正が行われたが, 上記各条項については, ほぼそのまま Roest の起草した条項が採用された.

(6) Constitution of Japan　2月10日, 各小委員会と運営委員会との打ち合わせが終了した. その後, 文言が整理され, 2月12日に, 11章92条からなる「Constitution of Japan」と題された憲法草案, いわゆるGHQ案[30]が成立した.

　上に見た平等関連の各条項は, 次のような形で, GHQ案に盛り込まれていた.

【GHQ案　1946年2月12日】
　第12条　日本の封建的制度は, 廃止さるべきである. (以下略)
　第13条　すべての自然人は, 法の前に平等である. 人種, 信条, 性別, 社会的身分, カーストまたは出身国により, 政治的関係, 経済的関係または社会的関係におい

---

28)　高柳他 [1972] 216–221 頁.
29)　ベアテ・シロタ [1995] 166–169 頁参照.
30)　高柳他 [1972] No. 14 参照.

て差別がなされることを，授権しまたは容認してはならない．
　　華族の称号の授与は，今後は，国民的または市民的な政治権力を伴わないものとする．
　　貴族としての権利は，皇族のそれを除き，現存する者一代限りとする．栄誉，勲章その他の栄典の授与は，いかなる特別の特権をも伴つてはならない．またこれらの栄典の授与は，現にこれを保有しまたは将来それを受ける者の一代に限り，その効力を有するものとする．
　第 16 条　外国人は，法の平等な保護を受ける．[31]

　これらが，憲法 14 条の原型となった規定である．

2　GHQ 案 13 条の構造と源流

　今見たように，GHQ 案の平等・差別禁止関連条項は，①一般平等条項と差別禁止条項からなる 13 条 1 項，②貴族制の廃止を謳う 12 条・13 条 2 項・3 項，③外国人に平等保護を保障する 16 条の三つの柱からなる．

　このうち，②貴族制廃止は 2 月 3 日の MacArthur 第三原則を反映したものであり，③外国人の平等保護はアメリカ合衆国憲法第 14 修正 equal protection 条項を参照して Roest が起草したものと考えられる．これらの条項は，GHQ の起草過程の中で生まれたものと言えよう．

　これに対し，前段に一般平等条項を置き，後段に差別禁止条項を置く GHQ 案 13 条 1 項の規定の内容・構造は，憲法研究会による「憲法改正要綱」の規定に類似する．先述したように，同要綱は憲法研究会から直接 GHQ に提出されており，1946 年 1 月の「幕僚長に対する覚書・私的グループによる憲法改正草案に対する所見」でも，その「自由主義的諸規定」の内容が紹介されている．従って，GHQ 案 13 条 1 項は，Roest の独創ではなく，Rowell による憲法研究会案の紹介，ないし憲法研究会案それ自体を参照して[32]起草されたものと考えるのが素直であろう．

　但し，GHQ 案においては，憲法研究会案と比較して，「信条」「カースト」

31）高柳他 [1972] 272-276 頁．
32）田中 [1979] 149 頁は，Rowell が人権小委員会の作業に関与した形跡も認められるとしている．

「出身国」という新たな差別禁止事由が追加されている．GHQ 案 13 条 1 項は，憲法研究会案に，Roest らがこれらの差別禁止事由を付加して完成したものだ，と結論できる．

　一般平等条項と差別禁止条項という憲法 14 条 1 項の二段構造は，憲法研究会案により提示され，GHQ によって導入された条文構造を承継したものであると結論付けることができよう．

　もっとも，GHQ 案 13 条 1 項には，日本政府との折衝の過程で無視できない修正が加えられる．次に，その点を検討して行くことにしよう．

第四節　日本政府と GHQ の折衝

1　憲法改正草案の成立

(1) 日本政府への GHQ 案提示　GHQ 案は，完成の翌日 2 月 13 日に，吉田茂外相，松本烝治国務相ら日本政府の代表に提示された．これに先立つ 2 月 8 日の段階で，日本政府は「憲法改正要綱（いわゆる松本甲案）」を GHQ に提出していた．しかし，Whitney が，この 13 日の会談で，それが受け入れ難いことを通告し，GHQ 案を交付する．

　GHQ 案の起草は極秘[33]で行われており，日本政府にとって GHQ 案の提示は青天の霹靂であった．日本側は，「明らかに呆然とした表情を示し，──特に吉田氏の顔は明らかに衝撃と憂慮を示していた」という[34]．

(2) GHQ 案翻訳　2 月 22 日，幣原首相は，昭和天皇に対し GHQ 案に沿った憲法改正を上奏．26 日には閣議決定がなされた．これにより松本委員会はその活動を停止し，委員会の存在そのものが立ち消えになった．

　同日，松本国務大臣は佐藤達夫法制局第一部長を助手として，GHQ 案に沿った日本語の改正案のとりまとめに着手した．松本は，「第一章，天皇」「第二章，戦争ノ廃止」の二つの章をモデルとして起草し，佐藤に「第三章，国民

---

33) 2 月 4 日，Whitney は，GHQ の憲法起草作業は軍の最高機密であり，情報漏洩に対しては軍法会議での徹底的な追及の上，極刑を課すと念を押した．ベアテ・シロタ [1995] 150 頁．
34) 髙柳他 [1972] 322 頁．

ノ権利及義務」以降の章の起草を命じた[35]．

2月28日，佐藤の尽力により「初稿」[36]が完成する．先に見たGHQ案13条，16条は次のような形に翻訳された．

【佐藤達夫作成　日本案「初稿」　1946年2月28日（傍点原文）】
第3章第5条　国民ハ凡テ法律ノ前ニ平等トス．
　　　　　　国民ハ門閥，出生又ハ性別ニ依リ政治上，経済上其ノ他一般ノ社会関係ニ於テ差別を受クルコトナシ．
　　　　　　（爾今何人ト雖モ貴族タルノ故ヲ以ッテ政治上ノ特権ヲ附與セラルルコトナシ）
　　　　　　──別案──
　　　　　　国民ハ門閥，出生，又ハ性別ニ依リ法律上差別セラルルコトナシ．
第6条　外国人ハ（国籍ノ如何ヲ問ハズ）等シク法律ノ保護ヲ受クルノ権利ヲ有ス

これに修正が加えられ，3月2日に「日本國憲法」と題された文書（3月2日案）が完成した．この案には，上記の二つの条文を継承する条文が存在した．

【日本政府3月2日案　1946年3月2日】
第13条　凡テノ国民ハ法律ノ下ニ平等ニシテ，人種，信条，性別，社会上ノ身分又ハ門閥ニ依リ政治上経済上又ハ社会上ノ関係ニ於テ差別セラルルコトナシ．爵位，勲章其ノ他ノ栄典ハ特権ヲ伴フコトナシ．
第14条　外国人ハ均シク法律ノ保護ヲ受クルノ権利ヲ有ス．[37]

ここでは，GHQ案13条の「自然人（natural person）」が「国民」に変更されている．また，3月2日案13条では，GHQ案で列挙されていた「出身国（national origin）」が削除された．

GHQ案16条の外国人に対する平等保護の保障は，3月2日案でも14条に盛り込まれた．しかし，それを起草した佐藤達夫は，このことを必ずしも好

35）佐藤［1994］69頁以下参照．
36）入江俊郎文書15・国立公文書館蔵．http://www.ndl.go.jp/constitution/shiryo/03/086shoshi.html 参照．
37）入江俊郎文書15・国立公文書館蔵．http://www.ndl.go.jp/constitution/shiryo/03/086shoshi.html 参照．

ましいことではないと考えていたようである[38]．

(3) 3月2日案の提出 3月4日，この案が，松本国務大臣の手により GHQ に提出された．この際，佐藤達夫は，松本の「翻訳の手伝い」の求めに応じて同行している[39]．

会合は午前10時から開始され，午後2時に，交渉を佐藤に託し松本は席を立った．午後6時頃，GHQ は「今晩中に確定案を作る」旨の申し入れを行う．さしたる準備もなく松本に同行しただけの佐藤は，唐突な事態に驚き，松本に連絡．しかし，松本は「健康上の理由」で「君の方で然るべく」と伝えてくるのみであった[40]．

かくして，佐藤達夫と GHQ との間の逐条審議が開始された．この会合で，後に重大な意味を持つ決定がなされることになる．

第一の問題が，外国人平等保護条項の扱いである．GHQ 案では，「出身国」が差別禁止列挙事由中に存在したが，3月2日案では削られた．この点を指摘されると，佐藤は逆に，外国人に対する平等保護条項（GHQ 案16条，3月2日案14条）の意味を質問した．GHQ 側は，GHQ 案16条の意味を「日本国民とイクオール」という意味だと説明．結果として，外国人平等保護条項を削除し，一般平等条項（GHQ 案13条，3月2日案13条）中の「国民」の文言を，「自然人」に変更することで合意が成立した．

次に問題になったのは，GHQ 案13条2項の貴族制廃止条項の不在であり，交渉の結果，2項が付加された．

佐藤と GHQ の交渉は，徹夜で続けられた．全作業が終了したのは，翌3月5日午後4時である．徹夜の会議中，交渉の終了した条文は，その都度，首相官邸に送られ，閣議用に謄写版が作られた[41]．

(4) 3月5日案 かくして，折衝案（3月5日案）が成立した．3月5日案13条は次のような文言であった．

---

38) 佐藤［1994］118頁．
39) 佐藤［1994］105頁．
40) この日の GHQ 側との折衝で，松本は民政局行政部長 Kades と幾度となく衝突した．松本のこの無責任な態度は，健康上の理由ではなく，Kades に嫌気が差したという理由によるものであるらしい．松本［1958］22-23頁，古関［1995］185頁参照．
41) 佐藤［1994］151頁．

【3月5日案　1946年3月5日】
　第十三条　凡テノ自然人ハ其ノ日本国民タルト否トヲ問ハズ法律ノ下ニ平等ニシテ，人種，信条，性別，社会上ノ身分若ハ門閥又ハ国籍ニ依リ政治上，経済上又ハ社会上ノ関係ニ於テ差別セラルルコトナシ．
　　爾今何人モ貴族タルノ故ヲ以テ国又ハ地方ノ如何ナル政治的権力ヲモ有スルコト無カルヘシ．華族ハ現存ノ者ノ生存中ヲ限リ之ヲ廃止ス栄誉，勲章又ハ其ノ他ノ優遇ノ授与ニハ何等ノ特権モ附随セサルヘシ又右ノ授与ハ現ニ之ヲ有スル又ハ将来之ヲ受クル個人ノ生存中ヲ限リ其ノ効力ヲ失フヘシ．[42]

　佐藤達夫は，外国人に対する平等の保障を好ましいものとは考えておらず，13条1項の「自然人」という文言については，「とにかく困った形になったと思った」と述懐している[43]．

(5)「憲法改正草案要綱」　3月5日案は，内閣法制局の手により字句が整えられ，翌3月6日「憲法改正草案要綱」が閣議決定された．13条は，この段階で「自然人」が「人」に改められ，「法律ノ下ニ」が「法ノ下ニ」と改められた．また，3月5日案における「日本国民タルト否トヲ問ハズ」及び「国籍」の文言が削除された．

【「憲法改正草案要綱」　1946年3月6日閣議決定】
　第十三　凡ソ人ハ法ノ下ニ平等ニシテ人種，信条，性別，社会的地位，又ハ門地ニ依リ政治的，経済的又ハ社会的関係ニ於テ差別ヲ受クルコトナキコト
　　将来何人ト雖モ華族タルノ故ヲ以テ国又ハ地方公共団体ニ於テ何等ノ政治的権力ヲモ有スルコトナク華族ノ地位ハ現存ノ者ノ生存中ニ限リ之ヲ認ムルコトトシ栄誉，勲章又ハ其ノ他ノ栄典ノ授与ニハ何等ノ特権ヲ伴フコトナク此等ノ栄典ノ授与ハ現ニ之ヲ有シ又ハ将来之ヲ受クル者ノ一代ニ限リ其ノ効力ヲ有スベキコト[44]

(6) 法制局内での検討　3月12日，改正案を総選挙後の帝国議会に提出し審

---

42)　入江俊郎文書15・国立公文書館蔵．http://www.ndl.go.jp/constitution/shiryo/03/089shoshi.html 参照．
43)　佐藤 [1994] 118頁．
44)　佐藤達夫文書46・国立公文書館蔵．http://www.ndl.go.jp/constitution/shiryo/03/089shoshi.html 参照．

議を行うことが決定された．この決定と前後して，法制局は各省庁との打ち合わせの手続に入る．打ち合わせは3月下旬に行われ，3月24日に要綱の問題点が箇条書きの形でまとめられる．13条については，「『人』ハ『国民』ニ統一シ得ズヤ」とする意見が提出される[45]．

その後，4月2日には口語による条文化が閣議決定され，口語化の段階で13条の「人」という表現は「国民」という表現に変更された．この変更は，GHQとの交渉を経ず「こちら限りで修正した」ものだという[46]．変更の理由は，第三章の表題が国民となっており，総則規定たる11条，12条でも同様の表現が用いられていたというものだとされる[47]．

しかし，13条は，外国人への権利保障の趣旨を表現するため「自然人」あるいは「人」という表現を採用したのであった．ここでは，GHQとの交渉の趣旨が没却されており，佐藤の言うところの「困った形」は，最終的に憲法草案から姿を消すことになった．

(7)「憲法改正草案」 口語化された草案は，4月5日の第一次草案，13日の第二次草案を経て，17日に100条からなる「憲法改正草案」としてとりまとめられた．13条は，最終的に，次のような形に落ち着いた．

【「憲法改正草案」 1946年4月17日】
　第13条　すべて国民は，法の下に平等であつて，人種，信条，性別，社会的身分又は門地により，政治的，経済的又は社会的関係において，差別を受けない．華族その他の貴族の制度は，これを認めない．
　　　　　栄誉，勲章その他の栄典の授与は，いかなる特権も伴はない．栄典の授与は，現にこれを有し，又は将来これを受ける者の一代に限り，その効力を有する．[48]

この段階で，現在の憲法14条1項とほぼ同内容の条項が成立した．

---

45)　佐藤[1994] 242頁．
46)　佐藤[1994] 326頁．
47)　佐藤[1994] 327頁．
48)　佐藤達夫文書74・国立国会図書館蔵．http://www.ndl.go.jp/constitution/shiryo/03/099shoshi.html 参照．

2 日本政府の GHQ 案 13 条に対する態度

以上に見てきたように，GHQ と日本政府との折衝で，最大の問題となったのは，外国人に対する平等条項適用の有無である．その点について，日本側の交渉担当者佐藤達夫は消極的な姿勢を示し，日本政府内部の作業段階で，外国人に対しても平等条項を適用する旨の文言は消滅する．

その点を除けば，一般平等条項・差別禁止条項の導入について日本政府内部に目立った異論はなく，憲法改正草案に両条項が盛り込まれることになった．

第五節　帝国議会審議と憲法 14 条の成立

1 帝国議会審議

明治憲法 73 条によれば，憲法改正案は勅命を以って帝国議会に付し，三分の二以上の議員の出席する議会における三分の二以上の特別多数の決議が得られたとき可決される．

4 月 22 日から 6 月 8 日にかけて，枢密院において憲法改正のための審議が行われた．6 月 20 日，第 90 回帝国議会が開会．以降，四ヶ月にわたり審議が行われる．ここで，草案 13 条 1 項についても検討がなされた．

帝国議会では各条項の意味についてかなり詳細な質問が提出され，政府代表として主に金森徳次郎国務大臣が回答を行った．以下，質問と政府の回答を検討し，政府が草案 13 条 1 項（現在の憲法 14 条 1 項）をどのように理解していたか，を画定したい[49]．

2 「法の下」の「平等」（13 条 1 項前段）の解釈

（1）法適用平等と法内容平等　まず，〈法の下の平等〉を規定する前段について政府はどのように理解をしていたか，を検討する．貴族院委員会審議において佐々木惣一議員は，次のような質問をした[50]．

　［改正案 13 条 1 項の内容は］能く一般に誰でも法に従わなければならぬ．その点で

49）帝国議会審議は，清水［1962］にまとめられている．
50）佐々木の質疑と政府の応答は，清水［1962］287–288 頁．

は平等だと云う意味ではないのですね．法の規定が内容との関聯に於て平等である．一般に凡そ誰も法に従わなければならぬ，そのことではありませぬね．

　佐々木は，このように①「誰でも法に従わなければならぬ」という意味での「平等」と，②「内容」における「平等」を対比する．この対比は何を意味しているのか．

　かねてよりワイマール憲法109条1項の「法律の前の平等」規定の解釈について，法適用平等説と法内容平等説の対立が存在した[51]．前者は，ワイマール憲法109条1項は，法律の内容が平等と呼べる性質を備えていることまでを要求したものではなく，一旦定められた法律は国民全員に適用されなければならないことを要求したに止まる，とする見解である．これに対し後者は，ただ単に法律が均等に適用されることのみならず，法律の内容が平等でなければならないことを同項の要請として理解するものである．

　質問者がドイツ学説に通暁した憲法学者であったことを踏まえると，この質問は，この二つの説の対立を前提に，草案13条1項がどちらの意味の平等を想定するものなのか，を問う趣旨の質問だと理解できる．この質問に対し，金森は次のように応えた．

　　……「法の下に」と云うのは，法の支配下に於ては平等であると云う意味でありまして，謂わば法で扱いを変えてはいかぬと云う規定かと思います．

　佐々木は，この回答では不明確と考えたのか，この回答に対し「法の規定の内容に付いて言っているのですね」と再質問する．これに対し金森は，「左様でございます」と回答した．この回答から分かるように，政府は，改正草案13条1項を法内容の平等をも要求するものとして理解していたようである．

　(2)「平等」の意義　次に問題になるのは，具体的に「法内容が平等」である，とはいかなる意味か，である．この点，参考になる質疑応答として，公務就任に関するものと，婚外子に関するものの二つが挙げられる．

　衆議院本会議において安倍俊吾議員は，文官高等試験に合格しないと文官になれないのは不合理であり，「文官任用令を撤廃し」「官僚なるものを認めな

---

51) この対立については，熊田 [1983] が詳しい．

い」条項を挿入するつもりはないのか，と質問した．

　これに対し，金森は，法の下の平等を引き合いに出しつつ，次のように回答する．

　　この憲法に明示致しまするが如く，国民は法律の下に平等でありまするが故に，任用の関係に於きましても固より平等でなければなりませぬ．ただ任用に付きましては，文官に必要なる能力と，又これに必要なる道徳性を条件としなければなりませぬ……．[52]

　ここで示されているのは，文官任用についても「法律の下に平等」要請の射程が及ぶこと，及び，「能力」と「道徳性」によって文官任用に区別を設けることはその要請に違反しないこと，の二点である．

　また，貴族院委員会審議において大谷正男議員は，婚外子・婚内子の区別と社会的身分による差別禁止規定の関係を問いただした．これに対し，金森は次のように回答する．

　　［その区別については］「すべての国民は，法の下に平等であって」と云う原則規定が響いて来ると思います．……相続関係に於て，その他に於て区別することがありましょうが，それは実質的な問題として果たしてそれに適するかどうか．例えば，相続の範囲より考えて見ますと，そう云うことに対して，そう云う庶子，嫡出子と云うものが，どう云う正しき筋に於て関係があるかと云う問題で判断して，若干の区別を生ずることになろうと思います．[53]

　ここでも，文官任用と同様のアプローチが示されている．すなわち，婚外子・婚内子の取扱についても「法の下に平等」要請の射程は及ぶが，相続についての「若干の区別」は，「どう云う正しき筋に於て関係があるのか」という判断から，その要請に違反しない，というのが金森の回答である．

　この回答は，当然のことながら，あらゆる人間を同一に取り扱うことを平等とするものではない．ここで示されているのは，適切な根拠（「能力」，「道徳性」や「正しき筋」）に応じ区別がなされているかを，個別・具体的に検討するアプローチである．

---

52) 清水 [1962] 296–297 頁．
53) 清水 [1962] 300 頁．

第五節　帝国議会審議と憲法14条の成立

(3) 小括　金森の回答は，概ね次のようなものだと解することができる．

〈「法の下」の「平等」の要請は，法の内容に関する要請を含むものであり，その射程は文官任用や相続などかなり広範な領域に及ぶ．その扱いの内容が「平等」であるか否かは，区別が適切な根拠に基づくものであるか否か，によって決定される．〉

3　差別禁止条項（13条1項後段）の解釈

(1) 二つの理解の仕方　では，憲法14条1項後段は，どのように理解されていたのか．

この点，後段については，二つの理解の仕方があり得るように思われる．第一の理解は，前段と同内容の規定であり，不平等の生じやすい類型について注意的に規定したものだ，とする理解．第二の理解は，前段とは異なる独自の内容を規定したものだ，とする理解である．

(2) 後段列挙事由の限定　金森は，先に引用した婚外子・婚内子の区別について，婚外子ないし婚内子という立場は，後段列挙事由のいずれにも含まれない立場であり，その区別について後段は適用されない，と述べている[54]．

「社会的身分」の概念は「相当に狭い」ものであり，また，「身分」の概念は「永続的」なものに限定され前科者のようなものは含まない[55]，というのが金森の示した見解であった．これらの回答には，後段の適用対象が，相当に限定される，という政府の立場が示されているように思われる．

このような説明からすると，政府は，後段には特別の意義がある，とする第二の立場に依拠しているように思われる．

(3) 13条＝法の下の平等？　しかし，他方で，金森は，衆議院委員会審議での野坂参三議員の質問に対し次のように回答している．

>　……13条は，御説の如く法の下に平等である，国民平等の原則を示しております．[56]

この発言からは，13条前段・後段は特に区別されず，「法の下」の「平等」

---

54) 清水[1962] 300頁．
55) 清水[1962] 301頁．
56) 清水[1962] 293頁．

の理念の下に13条の内容が包摂されるかのような印象を受ける．政府答弁の中には，「差別」禁止と「平等」の要請を区別する旨の発言は示されていない．

この点について明確な説明がないため詳細は不明であるが，政府は後段の保障する要請と前段の保障する要請は，同一の要請であると理解していたように思われる．

(4) 後段の前段への包摂　いま見た後段に関する政府の見解をまとめると次のようになる．

〈まず，憲法14条1項前段と後段の保障する要請は，同一の要請である．そして，後段は，相当に限定された範囲で適用される．他方，前段の適用範囲は非常に広い．従って，後段に列挙されない事由による「差別」も前段の射程に収めることができるし，後段列挙事由による差別禁止要請も前段の要請と同一である．よって，後段には，前段から独立した意味はなく，注意的規定に止まる．〉

4　憲法14条1項の成立

帝国議会の審議では，同項が不要であると主張する議員はおらず，ほぼ原案通りに採択された．草案13条1項は，若干の文言の修正（「差別を受けない」が「差別されない」との文言に修正された）と，条数の変更（第三章の冒頭に現在の10条が付加された関係で，14条となった）がなされたのみで，成立する．

【衆院修正案　1946年8月24日可決（日本国憲法）】
　第14条　すべて国民は，法の下に平等であつて，人種，信条，性別，社会的身分又は門地により，政治的，経済的又は社会的関係において，差別されない．[57]

この修正により，現行の憲法14条の形が成立した．憲法草案は，10月7日に議会を通過，10月26日に枢密院が改正案を可決した．以上が，憲法14条1項の制定過程である．

---

57) 下線部は筆者による．2項以下は，草案に同じ．下線部が衆院での文言修正．

第一章総括

　以上に見た憲法14条1項の起草過程を要約すると，次のようになる．
　憲法14条1項は，一般平等条項と差別禁止条項の二つから成る．この前段・後段の二段構造は憲法研究会によって提唱され，GHQによって草案に取り込まれた．外国人への適用の問題を除けば，日本国憲法の起草・制定の過程において一般平等条項・差別禁止条項に対する強い反対はなく，現行憲法14条1項が成立した．
　帝国議会における質疑応答からは，政府は同項を次のように解していたことが分かる．

　〈前段の「法の下に平等」の要請は，法の内容に関する要請を含むものであり，その射程は文官任用や相続などかなり広範な領域に及ぶ．その扱いの内容が「平等」であるか否かは，区別が適切な根拠に基づくものであるか否か，によって決定される．〉
　〈前段の「平等」の要請と後段の「差別」禁止の要請は，同一の要請である．そして，後段は，相当に限定された範囲で適用される．他方，前段の適用範囲は非常に広い．従って，後段に列挙されない事由による「差別」も前段の射程に収めることができるし，後段列挙事由による差別禁止要請も前段の要請と同一である．よって，後段には，前段から独立した意味はなく，注意的規定に止まる．〉

　第二章では，以上に見た起草過程の分析を前提に，最高裁による憲法14条1項の解釈の歴史を検討する．

第二章　最高裁判例における憲法 14 条 1 項
――〈合理的根拠〉定式

　本章では，最高裁判例が，憲法 14 条 1 項をいかに解釈してきたか，を検討する．判例の解釈は，後段列挙事由定式による解釈を示した 1950 年までの最初期，〈合理的根拠〉の定式を導入した 1950～60 年代の第二期，立法目的を基準として〈合理的根拠〉の有無を判断するようになった第三期，の三つに区分できる．以下，検討する[58]．

第一節　最初期：後段列挙事由定式――1948-1950

1　最初期の判例の論証

(1) 昭和 23 年判決　憲法 14 条 1 項に関する最初の最高裁判決が下されたのは，1948 年（昭和 23 年）5 月 26 日のことである．この判決（最大判昭和 23 年 5 月 26 日刑集 2 巻 5 号 517 頁）は，窃盗被告事件に関するものであった．

　上告人は，原状回復などに努力した自分について，刑罰の執行が猶予されないことは，憲法 14 条 1 項の禁止する「差別」だと主張した．最高裁は，このような主張に対し，次のような論証を示した．

> 同條［憲法 14 条］所定の事由によりて被告人を差別待遇したのではなく事實審として所論の辨償の事實をも參酌した上犯罪の情状からみて刑の執行猶予の言渡をすることができないと判断したのであるから何等同條に反するものでない．[59]

　この判例の理由付けは，非常に興味深いものである．〈この処遇は，人種や

---

[58] 本章の検討は，民集・刑集掲載の判決の憲法 14 条 1 項関連の判旨を年代順に分析する，という手法に基づく．判例分析の手法は，多様であり，これが唯一の方法ではない．憲法 14 条 1 項に関する判例の詳細な分析として，阿部・野中 [1984] 第二部参照．

[59] 刑集 2 巻 5 号 518 頁．

性別といった後段列挙事由に基づく差別ではない.〉これが，この判例の上告棄却の理由であった.

(2) 後続の判例　後続の判例も，上記判例と同様の論証を示す.

旧大審院係属事件に関する刑訴応急措置法の合憲性が問題となった最大判昭和23年7月8日刑集2巻8号80頁でも，最高裁は「一群の事件は一団として立法上平等に取扱われており，国民は，人種，信条，性別，社会的身分又は門地によって毫も差別待遇を受けていない」という理由で，合憲の結論を導いた.

以降，1950年（昭和25年）までの複数の判例が，同様の論証を示している[60].

2　後段列挙事由定式

後に述べるように，現在の最高裁判例は憲法14条1項が〈合理的根拠〉要請を規定している，との解釈を採用している．そこでは，合憲の結論は，〈当該法令における区別に合理的根拠が存在する〉という理由から導かれる.

しかし，〈合理的根拠〉という言葉は，最初期の判例には登場していない．最初期の判例は，当該区別に〈合理的根拠〉があること，ではなく，人種や性別など〈後段列挙事由による区別でないこと〉を理由に，結論を導いた．この時期の判例は，〈後段列挙事由以外の事由による区別には，憲法14条は適用されない〉との解釈を採用している.

これは，帝国議会に示された政府の解釈とは大きく異なる解釈である．政府は，後段の要請が前段に吸収されると考えていた．逆に，最初期の最高裁は，前段の要請が後段に吸収される，との立場を示したのである.

---

60) 最大判昭和23年10月6日刑集2巻11号1275頁: 共同被告人間の量刑の差異（「かかる理由 [後段列挙事由] に基づく差別的処遇ではなく」1276頁），最大判昭和24年3月23日刑集3巻3号369頁: 上告理由の制限（「人種，信条，……の如何を問わず，何人に対しても等しく適用される」371頁），最二判昭和24年4月16日刑集3巻5号557頁: 刑訴応急措置法の合憲性（「人種，信条……により区別したものではない」559頁），最一判昭和24年6月16日刑集3巻7号1077頁: 判決文中の職業の提示（「その身分門地によって差別的取扱をしたとはいえない」1079頁），最三判昭和25年1月24日刑集4巻1号54頁: 累犯加重の合憲性（「かような理由 [後段列挙事由] に基く差別的処遇ではなく」56頁），最大判昭和25年3月15日刑集4巻3号366頁: 執行猶予中の旨の記載（「人種，信条……により差別をするのではない」367頁），最大判昭和25年4月26日刑集4巻4号716頁: 簡易裁判所の管轄規定（「被告人の人種，信条……によって差別したものでない」718–719頁）.

このような立場が維持されたとしたら，戦後の 14 条関連判例の姿は，現在のそれと大きく異なるものになっていたはずである．しかし，1950 年代以降，判例は，最初期の解釈とは異なる解釈を採用することになる．

第二節　第二期：〈合理的根拠〉要請の登場——1950-1972

1　〈合理的根拠〉要請の登場

(1) 昭和 25 年判決　最大判昭和 25 年 6 月 7 日刑集 4 巻 6 号 956 頁は，それまでとは異なる憲法 14 条 1 項解釈を示す．この事件では，罰金の払えない者に対し，労役場留置を以って罰金刑を代替できる旨を定めた刑法 18 条の規定が問題となった．上告人は，同条の規定を金持ちと貧乏人の不平等な取扱である，と主張した．

最高裁大法廷はまず，従来の判例と同様に，後段列挙事由に基づかない区別であることを述べる．

> 刑法十八条は罰金科料を完納することができない者は誰でも労役場に留置することを定めたもので……人種，信条，性別，社会的身分又は門地等の差異を理由として差別的待遇をしているものではないから憲法 14 条の平等の原則に反するものということはできない．[61]

従来であれば，論証はここで終わる．しかし，この判例は，上記引用に続き，次のような重要な論証を示す．

> ……各人には経済的，社会的その他種々な事実的差異が現存するのであるから一般法規の制定又はその適用においてその事実的差異から生ずる不均等があることは免れがたいところである．そしてその不均等が<u>一般社会観念上合理的な根拠のある場合には平等の原則に違反するものとはいえないのである</u>[62]．（下線は筆者による．）

ここに，判例史上，画期的な判示が登場する．この判示によれば，法令上の取扱の差異について，「一般社会観念上合理的な根拠」があればそれは合憲で

---

[61] 刑集 4 巻 6 号 961 頁．
[62] 刑集 4 巻 6 号 961 頁．

ある．裏を返せば，「合理的な根拠」を欠いたあらゆる区別は，「平等の原則に違反する」ことになる．この法令上の区別は〈合理的根拠〉に基づくものでなければならない，との要請を，以下，〈合理的根拠〉要請と呼ぶ．

(2)〈合理的根拠〉要請の定着——1950～60年代　1950年代から60年代の最高裁判例において，このような解釈が定着して行く．

最大判昭和28年6月24日刑集7巻6号1366頁では，強姦罪（刑法177条）の規定が，客体を「婦女」[63]に限定していることの合憲性が問題とされた．判例は，合憲の結論を導いたが，次のように述べている．

> その不均等が一般社会観念上合理的な根拠のある場合には平等の原則に違反するものといえないことは，夙に当法廷［大法廷］の判例とするところである（……刑集4巻6号961頁）．[64]

ここで，上記昭和25年6月7日判決は，憲法14条1項の解釈に関するリーディングケースとして位置づけられている．このことは，普通傷害致死と尊属傷害致死の区別を合憲とした最大判昭和29年1月20日刑集8巻1号52頁でも確認された．

この判例も次のように言う．

> 国民各自の年齢，自然的素質，職業，人と人との間の特別な関係等の各事情を考慮して，道徳，正義，合目的性等の要請により，国民がその関係する各個の法律関係において，それぞれの対象の差に従い合理的に異る取扱を受けることまで禁止する趣旨を包含するものでない……．[65]

最一判昭和33年6月19日刑集12巻10号2243頁でも，執行猶予の要件の合憲性を論じるに際し，上に見た判例がリーディングケースとして引用される．

> ……その差異が一般社会観念上合理的な根拠のある不均等に過ぎないものである限り，憲法14条1項の平等の原則に反するものでないことは，当裁判所の趣旨とする

---

63) 現行刑法177条では，この文言は「女子」となっている．
64) 刑集7巻6号1368頁．
65) 刑集8巻1号54頁．

ところである (昭和 28 年 6 月 24 日大法廷判決判例集 7 巻 6 号 1366 頁以下 [強姦罪に関する上記判例] ……参照).[66]

憲法 14 条 1 項が〈合理的根拠〉要請を規定しているとする解釈は，1950 年代末 (昭和 33 年から 35 年) の段階で確立したものとなった[67]. 以降の判例は，〈後段列挙事由に基づく区別ではない〉という理由ではなく，〈当該区別には合理的根拠が存在する〉という理由で合憲の結論を導くようになった[68].

2　後段の位置づけの変化

1950 年代以降，判例は，憲法 14 条 1 項は〈合理的根拠〉要請を規定している，との解釈を採用した．この解釈については，二点ほど指摘されるべき特徴がある．

第一に，この解釈は，後段列挙事由に特別な意味を認めない解釈である．最初期の判例は，後段列挙事由によらない区別については，そもそも憲法 14 条 1 項は適用されないとの立場を採った．これに対し，この時期の判例は，どん

---

[66] 刑集 12 巻 10 号 2245 頁．なお，参照判例として最大判昭和 23 年 5 月 26 日刑集 2 巻 5 号 517 頁以下 (憲法 14 条に関する最初の最高裁判例) も引用されている．先に見たように，昭和 23 年判決には，「合理的根拠」という表現は登場しない．この判例は，1940 年代の判例を，1950 年代以降の判例の枠組みにより，読み替えようとしている．

[67] 合理的根拠の定式について，上記リーディングケースを引用するものとして最三判昭和 36 年 7 月 25 日刑集 15 巻 7 号 1216 頁も参照．

[68] 最大判昭和 30 年 7 月 20 日民集 9 巻 9 号 1122 頁: 認知の訴えの期間制限 (「法的安定性を保持する上から相当」1124 頁)，最大判昭和 35 年 2 月 10 日民集 14 巻 2 号 137 頁: 農地の売買等制限 (「公共の福祉に適合する合理的な制限」141 頁)，最大判昭和 36 年 6 月 28 日刑集 15 巻 6 号 1015 頁: 選挙法における百日裁判 (「合理的な根拠がある」)，最三判昭和 36 年 7 月 25 日刑集 15 巻 7 号 1216 頁: 農林漁業金庫職員への収賄罪の適用 (「合理的な根拠に基づく」1218 頁)，最二判昭和 36 年 9 月 8 日刑集 15 巻 8 号 1317 頁: 出資受入・預金取締法 (「合理性のある措置」1319 頁)，最大判昭和 37 年 2 月 28 日刑集 16 巻 2 号 212 頁: 所得税の源泉徴収に関する規定 (「合理的理由ある」219 頁)，最二判昭和 37 年 11 月 16 日刑集 16 巻 11 号 1562 頁: 執行猶予中の犯罪に関する特別扱い (「右の差異は一般社会観念上合理的な根拠のあることは明白」1564 頁)，最大判昭和 39 年 5 月 27 日民集 18 巻 4 号 676 頁: 立山町における年齢を基準とした人員整理 (憲法 14 条は「合理的な理由なくして差別することを禁止している」679 頁)，最大判昭和 41 年 7 月 20 日民集 20 巻 6 号 1217 頁: 薬の調剤に関する医師と薬剤師の取扱の区別 (「これを不合理な差別とはなしがたい」1222 頁)，最大判昭和 45 年 6 月 10 日民集 24 巻 6 号 499 頁: 会社更生法における保証人債務と会社債務の扱いの差異 (「事柄の性質に即応した合理的な差別というべき」501 頁)，最大判昭和 45 年 12 月 16 日: 会社更生法における株主と債権者の扱いと差異 (「事柄の性質に即応した合理的な差別」2108 頁)，など参照．

な区別に対しても，その〈合理的根拠〉の有無を検討する姿勢を示している．これにより，憲法14条1項の適用範囲が拡大し，問題の区別が後段列挙事由に基づく区別であるか否かは，重要ではなくなった．

第二の特徴は，憲法14条1項前段・後段はともに〈合理的根拠〉要請を規定している，と捉えた点である．同項は，「法の下に平等」（前段）と「差別されない」（後段）の二つの規定からなる．しかし，この時期の判例は，区別の〈合理的根拠〉が認定できれば〈憲法14条1項に〉違反しない，との立場を示す．このような判示からすると，判例は，前段・後段がそれぞれ異なる要請を規定したものだ，とは解していないように見える．

このような憲法14条1項の解釈によれば，後段は前段から独立した意味がない，と位置づけられることになる．憲法14条1項前段と後段は，特に区別されることなく，ともに〈合理的根拠〉要請を規定するものだとして一元的に理解されることになった．

3　解釈変更の要因

(1) 政府解釈への接近　このような解釈は，帝国議会に示された政府解釈に親和的な解釈である．第一章第五節に見たように，政府は，憲法改正草案13条1項（憲法14条1項の基になった条項）は，法令上の区別が適切な根拠に基づくものでなければならない，とする要請を規定している，との解釈を示していた[69]．また，政府解釈においては，同項前段・後段はともに同一の要請を規定する条項として解されていた．

(2) 法学協会説の影響　なぜ判例は，このような解釈の転換を行ったのか．

有力な説明は学説の影響というものである．判例が解釈を転換した50年代初頭は，新憲法制定から数年という時期にあたり，憲法14条1項に関する多様な学説が存在したわけではなかった．このような時期において，1948年刊・53年改定の法学協会『註解日本国憲法』の見解が代表的な学説であったと考えられる．

1948年の段階で，『註解日本国憲法・上巻』は，憲法14条1項について次

---

69)　本書22頁以下参照．

のような解釈を示していた．

> ……あらゆる場合，あらゆる点で国民が絶対に平等であることを本条 [14 条] は要求するものではない．自然法に基づく平等の要請も，その要請そのものの中に合理的な制限を当然含んでいる．アメリカ憲法の均等保護条項の解釈に当たっても合理的な (reasonable) 差別はその違反でなく，不合理な差別のみが違憲となると判示されていることが参照されるべきである．本条にも当然平等権に内在する制限が付されている．平等権の制限がどの程度まで認められるかは，その差別が合理的なものであるか否かによるほかない．[70]

まず，この記述は，「差別」という語を価値中立的に用いるものである．通常，「差別」は否定的・不合理的な区別を指して用いられるが，この見解は，「合理的な差別」なるものが存在することを前提にしている．

そして，この見解は，憲法 14 条 1 項前段と後段の内容を区別せず，同項は全体で「平等」を保障したものだと理解し，その「平等」の内容は，「不合理な差別」の禁止である，とする．従って，この見解は，〈憲法 14 条 1 項は「不合理な差別」を禁止するものである〉との立場に要約可能である．この見解は，上に見た判例の立場に類似する．

1953 年の『註解日本国憲法・改訂版』の記載も概ね第一版の立場を踏襲する．そこでは，後段が前段の要請に吸収されることが，明確に示される．

> 平等とは差別を受けないことで [ある．]……第一項後段は……前段における一般的原則の声明をうけて，一層具体的に平等の原則の内容を明らかにしたものである．[71]
> ……合理的な差別は本項 [14 条 1 項] 違反とはいえず，不合理な差別的取扱が，違憲となるのである．[72]

ここには，〈法の下の平等（前段）＝差別禁止（後段）＝合理的根拠の要請〉という判例の定式と全く同一の定式が示されている．判例は，この法学協会の定式を参照しつつ，〈合理的根拠〉の定式を確立した，と考えるのが自然であるように思われる．

---

70) 法学協会 [1948] 164 頁参照．旧字体は現代のものに改めた．
71) 法学協会 [1953] 349 頁参照．旧字体は現代のものに改めた．
72) 法学協会 [1953] 352 頁参照．旧字体は現代のものに改めた．

第三節　第三期：立法目的を基準とした判断——1973 以降

1　第二期判例の判断枠組み

　1950 年代以降，最高裁は，憲法 14 条 1 項を〈合理的根拠〉要請を規定する条項として解釈するようになった．もっとも，1960 年代までの判例の〈合理的根拠〉の有無に関する論証は様々で，確固とした判断枠組みを欠いていたように思われる．

　50 年代から 60 年代の判例の多くは，当該区別の理由を簡潔に提示し，その理由が合理的なものであることを宣言し，合憲の結論を導くものであった[73]．そこで採られたのは，当該区別について一言理由を示すことができれば合憲性を認定する，という単純な判断枠組みであった．

---

[73]　例えば，次のような判例の記述を参照．昭和 25 年 6 月 7 日刑集 4 巻 6 号 956 頁：罰金納付できない者に対し労役上留置措置を課すことを「社会秩序の維持という大局」を根拠に合憲とする．最大判昭和 25 年 10 月 11 日刑集 4 巻 10 号 2037 頁：尊属傷害致死と普通傷害致死の区別を，「道徳的義務を特に重視」するという目的から，「卑属の背倫理性がとくに考慮に入れられ」たものだとして合憲と結論した．最大判昭和 28 年 6 月 24 日刑集 7 巻 6 号 1366 頁：強姦罪の客体を「婦女」に限定していることについて，強姦からの保護という目的と男女の「事実的差異」を照らし合わせ合理的だといえると結論する．最三判昭和 29 年 9 月 21 日刑集 8 巻 9 号 1508 頁：業務上横領の普通横領との区別について，「反社会性が顕著で，犯情が重い」ものを加重するとの目的を認定し，合憲とする．最大判昭和 30 年 7 月 20 日民集 9 巻 9 号 1122 頁：認知の訴えの制限を「法的安定を保持する」という目的から合憲とする．最大判昭和 33 年 3 月 12 日刑集 12 巻 3 号 501 頁：公務員の政治活動を禁止する国家公務員法 102 条を「政治にかかわりなく，法規の下において民主的且つ能率的に」行政運営がなされるためのものとして，合憲とした．最大判昭和 35 年 2 月 10 日民集 14 巻 2 号 137 頁：農地改革関連法規による地主の権利制限について「農業経営の民主化の為め小作農の自作農化の促進，小作農の地位の安定向上を重要施策とする」ことから，合憲と判断した．最大判昭和 36 年 6 月 28 日刑集 15 巻 6 号 1015 頁：公職選挙法における 100 日裁判の規定について「法律関係の速やかに確定させる」目的から合憲の結論を導く．最大判昭和 37 年 2 月 28 日刑集 16 巻 2 号 212 頁：源泉徴収の規定をその目的から「合理的理由ある」ものと結論する．最大判昭和 39 年 7 月 15 日刑集 18 巻 6 号 386 頁：タバコ専売制について「国の財政上重要な収入を図る」目的から合憲とする．最大判昭和 41 年 7 月 20 日民集 20 巻 6 号 1217 頁：薬剤師と医師の調剤規制の差異について，「公衆衛生の見地」から合憲と結論する．最大判昭和 41 年 11 月 30 日刑集 20 巻 9 号 1076 頁：国鉄の業務と民営鉄道の業務における取扱の差異について「国鉄職員の行う業務は，公共の福祉に特に重要な関係を有する」と述べ合憲の結論を導く．最大判昭和 44 年 12 月 24 日民集 23 巻 12 号 2595 頁：恩給法の規定について「扶助料の性質ないしこれを給する目的からしても当然」と結論する．最大判昭和 45 年 6 月 10 日民集 24 巻 6 号 499 頁：会社更生法 240 条 2 項の規定する更生計画の効力について「免責制度の目的および性質」から合憲の結論を導く．

また，一言も理由を示さずに合憲性を認定した判決も多い．例えば，最一判昭和33年6月19日刑集12巻10号2243頁では，執行猶予の要件を定める刑法25条について「行刑の実験則上合理的な根拠あること明白」とし[74]，詳細な論証を示さない．また，最大判昭和34年12月9日刑集13巻12号3186頁は，収賄に関する公務員と一般市民の区別について「もとより合理的な根拠に基づく」と一言で結論を述べる[75]．このように，この時期の判例の中には，何を根拠に〈合理的根拠〉を認定したのかが不明確なものも複数存在した[76]．

2 尊属殺重罰規定違憲判決の登場

しかし，1970年代以降，〈合理的根拠〉の有無の認定の仕方について，立法目的を画定し，その目的を基準に当該区別の〈合理的根拠〉の有無を評価する，という判断枠組みが成立する．

そのような判断枠組みを確立するきっかけとなったのが，1973年の尊属殺重罰規定違憲判決（最大判昭和48年4月4日刑集27巻3号265頁）であった．同判決では，旧刑法200条の普通殺に対する尊属殺の加重規定[77]の合憲性が問題となった．

まず判決は，刑法200条の立法目的を，「被害者が尊属である」という「犯情」を「量刑上重視」することと認定し，それが「合理的な根拠」を欠くものではない，と認定する．

---

74) 刑集12巻10号2245頁．
75) 刑集12巻12号3187頁．
76) 例えば，次のような判示を参照．最二判昭和26年5月18日刑集5巻6号1175頁：業務上横領の量刑について「犯情によつて，犯人の処遇を異にしても，何ら憲法一四条に違反するものではない」として，詳細な論証を示さない．最大判昭和27年2月29日刑集6巻2号321頁：「同類型の事件に同様の取扱をなすものである」という理由で憲法14条に違反しないとの結論を導く．最二判昭和37年1月19日刑集16巻1号1頁：談合被告事件について入札妨害を処罰する刑法の規定について，明確な理由を述べずに合憲の結論を示す．最大判昭和39年2月5日民集18巻2号270頁：衆議院議員定数不均衡について，憲法14条1項は，人口比率以外の「他の幾多の要素を加えることを禁ずるものではない」と，結論を述べるのみで合憲の結論を示す．
77) 旧刑法によれば，普通殺の法定刑は「死刑又ハ無期若ハ三年以上ノ懲役」であり（199条），他方，自己・配偶者の尊属殺の法定刑は「死刑又ハ無期」とされていた（200条）．

……被害者が尊属であることを犯情のひとつとして具体的事件の量刑上重視することは許されるもののみならず，さらに進んでこのことを類型化し，法律上，刑の加重要件とする規定を設けても，かかる差別的取扱をもつて直ちに合理的な根拠を欠くものと断ずることはできず，したがつてまた，憲法14条1項に違反するということもできない……．[78)]

　続いて，その目的のための加重が正当な範囲に収まっているか否かを検討し，次のように結論する．

　……尊属殺の法定刑は，それが死刑または無期懲役刑に限られている点（現行刑法上，これは外患誘致罪を除いて最も重いものである．）においてあまりにも厳しいものというべく，上記のごとき立法目的，すなわち，尊属に対する敬愛や報恩という自然的情愛ないし普遍的倫理の維持尊重の観点のみをもつてしては，これにつき十分納得すべき説明がつきかねるところであり，合理的根拠に基づく差別的取扱いとして正当化することはとうていできない．[79)]

　判決は，このように述べ，法定刑の定めが「あまりにも厳しい」点が，その「立法目的」の観点から「十分納得すべき説明がつきかねる」として，刑法200条違憲の結論を導いた．

3　1970年代以降の判例

　1973年の尊属殺重罰規定違憲判決以降，〈合理的根拠〉の有無は，立法目的を基準として判断されるようになる．

(1) 昭和51年判決　最大判昭和51年4月14日民集30巻3号223頁は，衆議院議員選挙における投票価値の不均等の違憲を宣言した判決である．

　この判決は，選挙制度の目的を「公正かつ効果的な代表」の選出であると画定する．そして，「投票価値の平等」は，この目的を達成するために必要な要素の一つであるとして，憲法上の要請として位置づけられた．但し，それは絶対的な要請ではなく，「他の政策的目的ないしは理由」と「調和的に実現さ

---

78)　刑集27巻3号269頁．
79)　刑集27巻3号270–271頁．

れるべき」ものとされる[80]．その上で判決は，5対1の割合に達していた昭和47年衆議院議員選挙における「投票価値」の差異が，「合理性を有するものとはとうてい考えられない」として違憲の結論を導いた[81]．

(2) その他の定数訴訟　その後の定数訴訟においても，投票価値の不均等の〈合理的根拠〉の有無は，「公正かつ効果的な代表」という立法目的を基準として判断されることになった．

最大判昭和58年4月27日民集37巻3号345頁は，昭和52年参議院議員選挙当時の定数配分の合憲性を確認した判決である．同判決は，都道府県を単位として選挙区を構成することにより生じる投票価値の不均等について，「都道府県が歴史的にも政治的，経済的，社会的にも独自の意義と実体を有し一つの政治的まとまりを有する単位としてとらえうることに照らし，これを構成する住民の意思を集約的に反映させる」ためのものであり，「国民各自，各層の利害や意見を公正かつ効果的に国会に代表させるための方法として合理性を欠くものとは」言えない，とした[82]．そして，このような都道府県単位選挙の趣旨からして，「人口比例主義」は「一定の譲歩，後退を免れない」との結論が宣言された[83]．

昭和55年衆議院議員選挙に関する最大判昭和58年11月7日民集37巻9号1253頁は，選挙制度の目的を「国民の利害や意見を公正かつ効果的に国政に反映させるための代表を選出する」ことと認定し，「投票価値の平等は」「他の政策的目的ないしは理由との関連において調和的に実現されるべきもの」だとする昭和51年判決の枠組みを踏襲し，合憲の結論を導いた[84]．それ以降の定数訴訟でも，昭和51年判決の枠組みは踏襲されている[85]．

このように定数訴訟では，定数配分に関する区別の目的を画定し，それを基

---

80) 民集30巻3号244–245頁．
81) 民集30巻3号248頁．
82) 民集37巻3号351頁．
83) 民集37巻3号352頁．
84) 民集37巻9号1260頁．
85) 昭和58年衆議院総選挙に関する最大判昭和60年7月17日民集39巻5号1100頁（結論：違憲），昭和61年衆議院議員総選挙に関する最二判昭和63年10月21日民集42巻8号644頁（結論：合憲），平成2年衆議院総選挙に関する最大判平成5年1月20日民集47巻1号67頁（結論：合憲）．

第三節 第三期：立法目的を基準とした判断——1973以降

準に〈合理的根拠〉の有無を判断するという昭和48年判決の判断枠組みが維持されている．

(3) 堀木訴訟 1982年の堀木訴訟（最大判昭和57年7月7日民集36巻7号1235頁）では，児童扶養手当と障害福祉年金の併給禁止の憲法14条1項適合性が問題とされた．尊属殺重罰規定違憲判決の示した判断枠組みは，この判決でも踏襲される．

この判決で問題となったのは，障害福祉年金受給者（原告）とそれ以外の者との間にある児童扶養手当に関する区別である．併給禁止規定の存在のために，受給要件を充たしていたとしても，前者は児童扶養手当を受給できず，後者は受給することができる．判決は，児童扶養手当と障害者福祉年金は，いずれも所得保障のための制度であると認定する．その上で，判決は，稼得能力の喪失・低下が事故の数に必ずしも比例しない，と判決した[86]．この判断を前提にすれば，所得保障のための給付を，事故の数に比例して増やす必要はない．従って，所得保障を目的とする二つの給付の併給を禁止することが不合理とは言いがたい．判決は，このような理由に基づき，併給禁止から生じる区別は憲法14条1項に違反しないとの結論を採った．

ここでも〈合理的根拠〉の有無は，立法目的を基準に判断されている．

(4) 大嶋訴訟 1985年の大嶋訴訟（最大判昭和60年3月27日民集39巻2号247頁）では，その他の所得類型では認められる必要経費の実額控除が，給与所得において認められていなかったことの合憲性が問題となった．

判決は，当該区別の目的は「租税の徴収を確実・的確かつ効率的に実現すること」であると認定し，「右の目的は正当性を有する」とした[87]．また，判決は，「給与所得控除の額が給与所得に係る必要経費の額との対比において相当性を有」しない場合には，当該区別は〈合理的根拠〉を欠くと言えるが，「本件訴訟における全資料に徴しても，給与所得者において自ら負担する必要経費の額が一般に旧所得税法所定の前記給与所得控除の額を明らかに上回るものと認めることは困難」[88]として，当該区別が合憲であるとの結論を採った．

---

86) 民集36巻7号1239頁．
87) 民集39巻2号260頁．
88) 民集39巻2号260頁．

(5) 非嫡出子の法定相続分　1995年の最大決平成7年7月5日民集49巻7号1789頁では，非嫡出子の法定相続分を嫡出子の二分の一としている民法900条4号但書前段が合憲とされた．判例は，同規定の「立法理由は，法律上の配偶者との間に出生した嫡出子の立場を尊重するとともに，……非嫡出子を保護しようとしたものであり，法律婚の尊重と非嫡出子の保護との調整を図ったもの」だと認定し，「現行民法は法律婚主義を採用しているのであるから，右のような本件規定の立法理由にも合理的な根拠があるというべきであり，本件規定が非嫡出子の法定相続分を嫡出子の二分の一としたことが，右立法理由との関連において著しく不合理であり，立法府に与えられた合理的な裁量判断の限界を超えたものということはできない」[89]と結論した．

ここでも，立法目的を基準とした〈合理的根拠〉の有無の判断が示されている．

(6) 第三期の判例　以上に見たように，当該区別の立法目的を画定し，それを基準として〈合理的根拠〉の有無を判断する，という尊属殺重罰規定違憲判決の枠組みは，その後の判例でも繰り返し用いられており，1970年代以降の確立した判例の判断枠組みとなった．

4　立法目的の画定を行わない判例

もっとも，この時期の判例の中には，立法目的を画定せず，単に合憲の結論を確認するに止める判示を行うものも存在する．

(1) 条例の差異に基づく区別　最大判昭和60年10月23日刑集39巻6号413頁では，福岡県青少年保護育成条例の合憲性が問題とされた．この判例における論点は多岐に及ぶが，他の地域との規制の差異に関する憲法14条適合性について，判例は次のように述べた．

> ……地方公共団体が青少年に対する淫行につき規制上格別に条例を制定する結果その取扱いに差異を生ずることがあっても憲法14条の規定に違反するものでないことは，当裁判所大法廷判例（昭和29年（あ）第267号同33年10月15日判決・刑集

---

89) 民集49巻7号1795頁.

第三節　第三期：立法目的を基準とした判断——1973 以降　　41

12 巻 14 号 3305 頁）の趣旨に徴し明らかであるから，所論は理由がない．[90]

　ここで引用された最大判昭和 33 年 10 月 15 日刑集 12 巻 14 号 3305 頁は，東京都と他の地域の売春規制条例の差異に基づく，売春斡旋処罰に関する地域ごとの区別の合憲性について，次のように述べた判決である．

　　……憲法が各地方公共団体の条例制定権を認める以上，地域によつて差別を生ずることは当然に予期されることであるから，かかる差別は憲法みずから容認するところであると解すべきである．[91]

　この昭和 33 年判決は，東京都内の売春とそれ以外の売春との区別が〈合理的根拠を有する〉という理由で合憲の結論を下したものではなく，憲法自体が条例による地域ごとの区別の発生を予定しているという理由で，合憲の結論を導いた．この論証には当該区別の〈合理的根拠〉の有無に関する検討は存在せず，この判例には，〈合理的根拠〉という言葉は登場しない．昭和 60 年判決は，この昭和 33 年判決のロジックを踏襲し，立法目的の画定すら行わず条例の差異により生じる区別について合憲の結論を下した．

　(2) 外国人参政権　また，外国人参政権に関する判決も，立法目的の画定を行わずに，問題の区別は憲法 14 条 1 項に違反しないとの結論を導いている．

　最高裁は，最大判昭和 39 年 11 月 18 日刑集 18 巻 9 号 579 頁において，「わが憲法 14 条の趣旨は，特段の事情の認められない限り，外国人に対しても類推さるべきものと解するのが相当である」[92]として，〈合理的根拠〉要請が外国人に対しても適用される旨の判示を行っていた．この判示からすれば，参政権に関する国籍による区別の憲法 14 条 1 項適合性は，当該区別の立法目的を基準に〈合理的根拠〉の有無を判断した上で，判断されることになる．

　しかし，最高裁は，国政選挙については最二判平成 5 年 2 月 26 日判時 1452 号 37 頁で，地方選挙については最三判平成 7 年 2 月 28 日民集 49 巻 2 号 639 頁で，公職選挙法等の立法目的を画定することなく，簡潔な論証によっ

---

[90] 刑集 39 巻 6 号 417 頁．
[91] 刑集 12 巻 14 号 3307 頁．
[92] 刑集 18 巻 9 号 582 頁．

て，参政権に関する外国人と日本人との間の区別が憲法14条1項に違反しないことを認めた．

これは，外国人参政権の問題に関し，憲法14条の適用を拒否した論証に等しい．

(3) 適用除外のロジック　このように判例の中には，問題となった区別に対し，立法目的を画定することなく，当該区別が憲法14条1項に違反しない旨の判示を行うものも存在する．

それらの判決は，〈合理的根拠〉要請を適用すること自体を拒否したものとして解するのが相当である．〈合理的根拠〉要請は，すべての法令上の区別が〈合理的根拠〉に基づくものでなければならない，との要請であり，理論的には条例の差異に基づく区別や国籍に基づく選挙権に関する区別に対しても適用される．

しかし，憲法自体が予定し，それを許容している区別については，仮に，その区別が〈合理的根拠〉を欠くものであっても，この要請に違反しない．例えば，天皇制を設置することから発生する区別の中には，〈合理的根拠〉を欠くと思われるものもあるかもしれないが，それは憲法自体が許容する区別であり，憲法14条1項に違反しない，ないしその射程外にあると解するのが適切であろう[93]．

判例は，条例の差異に基づく区別，参政権に関する国籍による区別は，憲法自身が予定・許容する区別であり，憲法14条1項の適用が除外される，と考えたのではないか[94]．このように解すると，憲法14条1項は〈合理的根拠〉要請を規定しており〈合理的根拠〉の有無は立法目的を基準に判断されるとする判例の解釈論と，条例の差異に基づく区別や外国人参政権に関する判例の態度を整合的に説明することが可能である．

---

[93] 奥平［2005］366頁参照．また，石川［2007b］234–237頁，長谷部［2004］134頁参照．
[94] 外国人参政権につき，この点を指摘するものとして木村［2004］参照．

第二章総括

　以上が，最高裁による憲法14条1項の解釈の歴史である．

　後段列挙事由該当性によって憲法14条1項適合性を判断していた最初期（1940年代），憲法14条1項は〈合理的根拠〉要請を保障しているとの解釈を採り従来の解釈を改めた第二期（1950～60年代），第二期の解釈を維持しつつ立法目的を基準に〈合理的根拠〉の有無を判断する第三期（1970年代以降）を経て，現在に至っている．

　〈合理的根拠〉要請は，尊属殺重罰規定や定数不均等を評価する基準となり，憲法判例史において，重要な役割を果たしてきた要請である．しかし，判例理論には，十分に概念が整理されていない点，差別の問題を見落としてしまう点で，問題があるように思われる．第三章・第四章では，判例理論の問題点を検討することにしたい．

第三章　〈合理的根拠〉要請の曖昧さ

　判例理論の第一の問題は、概念が十分に整理されていない点である．
　憲法 14 条 1 項は、法令の設ける区別が〈合理的根拠〉に基づくものでなければならない、との要請を規定している．そして、〈合理的根拠〉の有無は、立法目的を基準に判断される．これが判例の解釈と判断枠組みであった．では、〈合理的根拠〉に基づく区別とは何か．
　判例は、この点について曖昧な点を残しており、その処理も一貫性に欠ける．以下、1970 年代以降の判例が、〈合理的根拠〉の有無の判断の中で、どのような内容の審査を行ってきたかを検討し (第一節)、〈合理的根拠〉要請に関する諸概念の整理を行う必要性を指摘する (第二節)．

第一節　何が審査されているのか？

1　〈立法目的の正当性〉

　現在の判例の枠組みによれば、〈合理的根拠〉の有無の審査は、問題とされた区別の立法目的を画定する作業から始まる．そして、当該〈立法目的の正当性〉が審査される．
　尊属殺重罰規定違憲判決では、「被害者が尊属である」という「犯情」を「量刑上重視」するという目的の正当性が審査され[95]、大嶋訴訟では、「租税の徴収を確実・的確かつ効率的に実現すること」という目的の正当性が審査された[96]．非嫡出子の法定相続分に関する最高裁決定においても、「立法理由」の

---

95) 刑集 27 巻 3 号 269 頁.
96) 民集 39 巻 2 号 260 頁.

正当性が審査されている[97].

　他方，一連の定数訴訟判決には「公正かつ効果的な代表」の選出という目的が正当である旨を宣言する記述はないが，これは，この目的の正当性は審査するまでもなく明らかである，との前提に立つものとして理解できる．

　このように判例は，当該区別を行う目的が正当性を欠く場合，その区別は〈合理的根拠〉を欠く区別である，と理解しているようである．この点については，判例の処理の仕方は概ね一貫している．

2 〈合理的根拠〉審査の二つの対象

　〈立法目的の正当性〉が承認されると，次に，その目的との関係で当該区別が〈合理的根拠〉を有するものと言えるか否か，が審査される．

　しかし，判例の示す〈合理的根拠〉要請に関する理解には，必ずしも一貫しない面がある．〈合理的根拠〉の有無を審査する判例は，〈当該区別を行うことが立法目的の実現に寄与しているか否か〉を審査対象とするものと，〈当該区別が目的の実現に資することを前提としつつ，その付随的弊害が相当な範囲に収まっているか否か〉を審査対象とするものとに分かれる．

3 〈立法目的への適合性〉

　多くの判例は，〈合理的根拠〉の有無を判断する際に，〈当該区別を行うことが立法目的の実現に寄与しているか否か〉を審査の対象としている．

　(1) 堀木訴訟　堀木訴訟最高裁判決（最大判昭和 57 年 7 月 7 日民集 36 巻 7 号 1235 頁）は，稼得能力の喪失・低下は事故の数に必ずしも比例しないため，所得保障を目的とする二つの給付の併給禁止は，所得保障という目的に照らし不合理とは言えない，として併給禁止規定から生じる区別は〈合理的根拠〉に基づくものだと結論した[98].

　(2) 非嫡出子の相続分　また，非嫡出子法定相続分に関する平成 7 年最高裁決定（最大決平成 7 年 7 月 5 日民集 49 巻 7 号 1789 頁）は，嫡出子の立場の尊重と非嫡出子の保護との調整という目的に照らし，非嫡出子の法定相続分を嫡出子の

---

97) 民集 49 巻 7 号 417 頁.
98) 民集 36 巻 7 号 1240 頁.

二分の一とする民法 900 条 4 号但書前段の規定は，〈合理的根拠〉を欠くものとは言えないとした[99]。

(3) 定数訴訟 定数訴訟関連の一連の判決は，投票価値の均等は，「公正かつ効果的な代表」の選出という立法目的の達成のための重要な要素であるが，その目的を達成するための要素（都道府県という単位の尊重等）は他にもあり，投票価値の均等を絶対的な要請とすることは，立法目的の達成のために必ずしも適切ではない，としている[100]。

(4)〈立法目的への適合性〉要請 仮に，稼得能力の低下が事故に比例するのであれば，所得保障のための給付は事故数に比例して増加させる必要があり，所得保障のための給付の併給禁止規定は不合理だということになる。また，嫡出子の立場の尊重と非嫡出子の保護の調整という目的とは，要するに，非嫡出子に法定相続分を認めつつ，嫡出子に優先的に法定相続分を認めるという目的であり，民法 900 条 4 号但書前段の規定がその目的を達成するのに寄与していることは明らかであろう。定数不均等についての判決も，「公正かつ効果的な代表」の選出という立法目的の実現のために適切か否か，を審査の対象としている。

ここに見た諸判決は，〈合理的根拠〉のある区別とは，〈正当な立法目的の実現に寄与する区別〉を意味すると理解している。ここでは憲法 14 条 1 項の〈合理的根拠〉要請は，〈立法目的の正当性〉要請及び〈立法目的への適合性〉要請を意味することになる。

4 〈付随的弊害の相当性〉

しかし，このような理解とは異なる理解に立つと思われる判決もある。

(1) 尊属殺重罰規定違憲判決 尊属殺重罰規定違憲判決（最大判昭和 48 年 4 月 4 日刑集 27 巻 3 号 265 頁）は，尊属殺と普通殺の区別について，「被害者が尊属である」という「犯情」を「量刑上重視」するという目的を認定しつつ，加重の程度が極端だとして違憲の結論を導いた。尊属殺の犯情を重視するという目的は，普通殺の法定刑よりも尊属殺の法定刑を重くすれば達成される。従って，

---

[99] 民集 49 巻 7 号 1795 頁。
[100] 例えば，昭和 58 年 4 月 27 日民集 37 巻 3 号 345 頁，352 頁参照。

当該区別の〈立法目的への適合性〉を否定することは困難である.

同判決は,〈当該目的を達成するために適切な区別であっても,その区別から生じる付随的弊害がその目的が実現される利益を上回るのであれば,当該区別は合理的根拠を欠く〉との前提に依拠している. 刑法とは,加害者の自由や生命の犠牲の下に,犯罪の抑制という目的を達成する法である[101]. 極端な科刑が不合理なのは,それにより犯罪が抑止されるという利益に比して,そこで犠牲とされる加害者の自由や生命の価値が上回るからである.

尊属殺重罰規定違憲判決の結論は,普通殺と尊属殺の区別が目的の達成に寄与しない,という理由ではなく,その区別がもたらす付随的弊害(加害者の生命・自由の犠牲)が目的が実現される利益を上回る,という理由に基づくものである. これは,3に見た判例とは異なる〈合理的根拠〉概念の理解である.

(2) 大嶋訴訟 大嶋訴訟最高裁判決(最大判昭和60年3月27日民集39巻2号247頁)についても,同様の指摘が可能である.

判決は,給与所得に係る必要経費につき実額控除を排し,代わりに概算控除の制度を設けた当時の所得税法の立法目的を,租税徴収コストの抑制と立証技術の巧拙による租税負担の不公平の防止だと認定する. そして,概算控除の制度がこの目的の実現に資するであろうことは容易に理解できる.

しかし,判例は,「給与所得控除の額が給与所得に係る必要経費の額との対比において相当性を有」しない場合には当該区別は〈合理的根拠〉を欠くと評価される,と宣言した. これは,当該区別による立法目的実現の利益(徴税コスト抑制と立証技術から生じる不公平防止)を上回る付随的弊害(実額控除が受けられないことによる不公平)が生じている場合には,当該区別は〈合理的根拠〉を欠く,との宣言である.

(3)〈付随的弊害の相当性〉 この二つの判例では,当該区別が目的の実現に資することが前提とされつつ,〈付随的弊害の相当性〉の審査がなされている. ここでは〈合理的根拠〉要請は,〈立法目的への適合性〉要請に加え,〈付随的弊害の相当性〉要請を含むものと解されている.

---

101) 刑事法の目的については,いわゆる応報説と予防説の対立がある. この論争の意義に関する整理として,長尾[1999b] 191–192頁参照.

第二節　概念整理の必要性

どの判例も，〈合理的根拠〉の有無を判断するに際し，①〈立法目的の正当性〉と②当該区別の〈立法目的への適合性〉を審査・認定している．そして，③〈付随的弊害の相当性〉については，大嶋訴訟や尊属殺重罰規定違憲判決のようにそれを審査したものと，それ以外の判決のように，それを審査していないものに分かれる．

このような判例の〈合理的根拠〉要請の理解については，次の三つの問題があり[102]，概念整理の必要性が指摘できる[103]．

1　〈立法目的の正当性〉審査の必要性

第一に，論理的には不要であるはずの〈立法目的の正当性〉審査を行っている点である．

(1) 立法目的概念の二つの理解　そもそも，立法目的とは何か．これについては，二つの理解の仕方があり得る[104]．

第一に，〈立法目的とは，経験的に存在する具体的な国家機関の意図である〉との理解[105]．この理解に立った場合，立法目的が何であるかは，国会議員や起草者の具体的意図に関する事実認定によって画定される事項だということになり，その認定のためには国会議事録などを精査することが必要となる．

第二に，〈立法目的とは，(立法に関与した国家機関の意図とは無関係に) 法解釈者が，解釈により構成したものを言う〉との理解．この理解に立った場合，

---

102) 中村 [1983] 45–46 頁も，憲法 14 条 1 項の「保障内容とその限界」が曖昧であることを指摘し，それを明確化することの必要性を主張している．
103) 熊田 [1984] 55–56 頁は，判例の枠組みと類似するドイツ法学における「恣意の禁止」定式が，「空疎で融通無碍」であることを指摘しつつ，その融通性が「それを流行ならしめてきた秘密なのである」と指摘する．
104) 立法目的概念の画定の試みとして平地 [2002] 参照．同 151 頁の記述は，立法目的の概念を，解釈により構成されるものとして位置づけている．
105) もっとも，立法を行う国会は会議体であり，そのメンバーの投票の動機や，法律を制定する目的についての理解が完全に一致していることは稀である．従って，このような理解は，実際には採り得ないように思われる．この点につき，時国 [1978] 179–180 頁参照．

立法目的が何かは，事実認定ではなく，法解釈により画定される事項ということになる．

判例は，後者の理解に立っているように思われる．立法目的の認定のために国会議事録などが引用されたことはほとんどなく，国会議員や起草者の意図に関する事実認定から立法目的を認定する旨の記述も，判例には登場しないからである．

(2)〈立法目的の正当性〉審査？　しかし，後者の理解に立っているのだとすると，〈立法目的の正当性〉を審査することの意義は判然としない．

解釈による立法目的の構成の仕方には，二つの方法が考えられる．第一に，正当なものとして立法目的を構成する方法，第二に，不当なものとして立法目的を構成する方法．

解釈により，立法目的を正当なものとして構成しようとすれば，いくらでも正当な目的を構成することは可能である．例えば，人種差別的意図に基づき制定された公共輸送機関での人種分離も，人種間の対立から生じる暴行や傷害を未然に防止するため，などという正当な目的を構成することは可能である[106]．とすれば，正当な目的を構成しようとの方針に立って立法目的が画定される場合，立法目的が正当でないという事態は論理的にあり得ない．従って，〈立法目的の正当性〉審査は，無意味となる．

逆に，立法目的を悪意に解釈しようとすればいくらでも不当な目的を認定することは可能である．不当な目的を構成しようとする方針に立って立法目的が画定される場合に，〈立法目的の正当性〉を審査すれば，すべての法令は目的不当として違憲とされる．

立法目的自体が不当だと述べた判例は存在しないことから，判例が第一の方法に依拠して立法目的を構成していることは明らかである．

このような判例の立法目的の構成の仕方によれば，立法目的が不当である事態なるものは理論的に存在し得ない．とすれば，〈立法目的の正当性〉審査を行うことは不要だということになる．にもかかわらず，判例は，〈立法目的の正当性〉の審査を行っている．

---

[106]　第十章第二節で紹介する Plessy v. Ferguson, 163 U.S. 537（1896 年 5 月 18 日）参照．

以上の検討から，判例は，立法目的の概念の理解が不十分であることが指摘できる．

2 〈立法目的への適合性〉要請の不明確性

第二に，〈立法目的への適合性〉要請の機能や法的効果に関する理解の不十分さが指摘できる．

(1)〈立法目的への適合性〉の機能と法的効果 立法目的をいかに解するかにより，〈立法目的への適合性〉要請の機能や法的効果は異なる．

立法目的を，立法機関のメンバーの具体的意図と解する場合，〈立法目的への適合性〉要請は，立法機関のメンバーの意図を尊重し，それに合わせて法文を修正して行くための機能と法的効果を持つことになる．他方，立法目的を解釈により正当なものとして構成されるものだと理解する場合，〈立法目的への適合性〉要請は，解釈者が正当と考える法文の実現のための機能と法的効果を持つ要請だということとなる．この点については，第九章第二節3にて論じている．

(2) 不明確さと必要性の検証 しかし，1に述べたように判例は立法目的の概念を十分に理解していない．このため，判例における〈立法目的への適合性〉要請の機能や法的効果は十分に明確にされていない．

その要請の機能や法的効果を不明確にしたまま，それが憲法上の要請だ，とする解釈は説得力に欠ける．また，しばしば〈区別が不合理なのは認めざるを得ないとして，どちらの扱いに合わせるのか〉という問題が提起されるのも，〈立法目的への適合性〉要請の機能や法的効果が明確にされていないためであろう．

3 〈付随的弊害の相当性〉の位置づけ

第三に，〈付随的弊害の相当性〉要請の位置づけについても疑問が生じる．

(1) 憲法14条1項は〈付随的弊害の相当性〉を保障しているのか？ なぜ，多くの判例では，この点について審査がなされていないのか．例えば，非嫡出子の法定相続分に関する平成7年決定では，上告人は，（当該区別が立法目的に資するとしても）非嫡出子への差別を助長する付随的弊害が生じており違憲であ

る，と主張している．にもかかわらず，法廷意見は，その点について何ら判断を示さなかった．

最高裁は，〈付随的弊害の相当性〉要請は〈合理的根拠〉要請には含まれないと解しており，尊属殺重罰規定違憲判決の論証が何らかの理由によりイレギュラーな判断を示しただけなのだろうか．

この点について，判例の論証は必ずしも明確ではない．

(2) 他の権利条項との関係　また，仮に判例が，憲法 14 条 1 項が〈付随的弊害の相当性〉要請をも規定している，と解する場合，他の憲法上の権利規定との関係が問題となる．尊属殺重罰規定違憲判決に対しては，しばしば，罪刑均衡の要請は，憲法 31 条・36 条の取り扱う事柄であり，憲法 14 条 1 項で処理すべき事項ではないのではないか，との批判[107]がなされている．

大嶋訴訟についても，同様の指摘ができる．概算控除額が控除すべき実額を下回っている，という事態は，財産権の不当な侵害として理解できないだろうか．とすれば，この問題を憲法 29 条の保障する憲法上の財産権の制約の問題として理解することもできる．

それらの憲法上の権利規定と，憲法 14 条 1 項から導かれた〈付随的弊害の相当性〉要請は，どのような関係に立つものとして整理すればよいのか．また，そもそも〈付随的弊害の相当性〉を憲法 14 条 1 項が保障する要請として理解する必要があるのか[108]．この点について，判例は十分な検討を欠いているように思われる．

(3)〈付随的弊害の相当性〉の位置づけの明確化　このように判例の論証については，憲法 14 条 1 項が〈付随的弊害の相当性〉を規定していると解するのか否か，また，規定していると解するのであればそれと他の権利条項との関係はどのように整理されるのか，を明確にする必要が指摘できる．

---

107) 例えば奥平［1993］136–139 頁，同判決の田中反対意見（刑集 27 巻 3 号 280–281 頁）参照．
108) 奥平［1986］は，この点を鋭く指摘している．

第三章総括

　以上に見たように，判例の〈合理的根拠〉要請の理解には，三つの問題がある．

　第一に，不要なはずの〈立法目的の正当性〉審査を行っている点．判例は，立法目的を解釈により正当なものとして構成されるものだと理解しているが，そうだとすれば，その正当性を審査する意義は不明である．

　第二に，〈立法目的への適合性〉要請の機能や法的効果が明確にされていない点．判例は，自らの採る立法目的概念の理解の仕方を十分に把握していないため，〈立法目的への適合性〉要請の機能と法的効果が不明確になっている．

　第三に，〈付随的弊害の相当性〉要請の位置づけが判然としないこと．そもそも，判例が，それを憲法14条1項から導かれる要請と理解しているのか否かが判然としない．また，憲法14条1項がこの要請を規定しているとの解釈については，他の権利条項もこの要請と同様の機能を果たすのではないかとの疑問が生じる．

　判例の〈合理的根拠〉要請の理解は，十分に整理されておらず，不明確な点が残る．これが，判例理論の第一の問題である．

第四章 〈差別〉概念の不在

判例理論には，〈合理的根拠〉要請の整理の不十分さに加え，もう一つの問題がある．それは，憲法 14 条 1 項の規制対象であるはずの〈差別〉概念の不在である．非嫡出子法定相続分に関する平成 7 年決定法廷意見と反対意見の対立に，このことが端的に示されている．

第一節　平成 7 年決定の分析

1　事　案

最大決平成 7 年 7 月 5 日民集 49 巻 7 号 1789 頁は，婚外子の代襲相続人 X（原告）が，婚外子の相続分を婚内子の二分の一とする民法 900 条 4 号但書前段の違憲性を主張し，均分相続を前提とした遺産分割を求めて提訴した事案に関する決定である．

2　法廷意見

(1)〈合理的根拠の要請〉の確認　十名の裁判官により形成された多数意見は，まず，次のように述べ，憲法 14 条 1 項が〈合理的根拠〉要請を保障していることを確認する．

> 憲法一四条一項は法の下の平等を定めているが，右規定は合理的理由のない差別を禁止する趣旨のものであって，各人に存する経済的，社会的その他種々の事実関係上の差異を理由としてその法的取扱いに区別を設けることは，その区別が合理性を有する限り，何ら右規定に違反するものではない……．[109]

---

109)　民集 49 巻 7 号 1790–1791 頁．

(2) 立法目的の審査　続いて法廷意見は，当該区別の目的を「嫡出子の立場を尊重するとともに」「非嫡出子を保護すること」だと画定する．

> 本件規定の立法理由は，法律上の配偶者との間に出生した嫡出子の立場を尊重するとともに，他方，被相続人の子である非嫡出子の立場にも配慮して，非嫡出子に嫡出子の二分の一の法定相続分を認めることにより，非嫡出子を保護しようとしたものであり，法律婚の尊重と非嫡出子の保護の調整を図ったものと解される．これを言い換えれば，民法が法律婚主義を採用している以上，法定相続分は婚姻関係にある配偶者とその子を優遇してこれを定めるが，他方，非嫡出子にも一定の法定相続分を認めてその保護を図ったものであると解される．[110]

そして，法廷意見は，この目的が正当であることを論証する．

> ……民法七三九条一項は，「婚姻は，戸籍法の定めるところによりこれを届け出ることによつて，その効力を生ずる．」と規定し，いわゆる事実婚主義を排して法律婚主義を採用し，また，同法七三二条は，重婚を禁止し，いわゆる一夫一婦制を採用することを明らかにしているが，民法が採用するこれらの制度は憲法の右規定に反するものでないことはいうまでもない．
> そして，このように民法が法律婚主義を採用した結果として，婚姻関係から出生した嫡出子と婚姻外の関係から出生した非嫡出子との区別が生じ，……内縁の配偶者には他方の配偶者の相続が認められないなどの差異が生じても，それはやむを得ないところといわなければならない．
> ……現行民法は法律婚主義を採用しているのであるから，右のような本件規定の立法理由にも合理的な根拠があるというべきであ[る．][111]

判決の〈立法目的の正当性〉の論証は，次のような論証である．

まず，現行民法の採用した「法律婚主義」は，「憲法に……反するものではない」．「法律婚主義を採用した結果として」相続において，婚内子が優先することは「やむを得ない」．もっとも，婚外子も「被相続人の子」としての立場を有するのであり，保護の必要性は認められる．従って，〈婚内子優先〉の枠内での〈婚外子の保護〉は，正当な目的である．

(3)「法律婚」とは何か？——婚内子相続分設定契約としての婚姻　問題は，ここ

---

110)　民集 49 巻 7 号 1795 頁．
111)　民集 49 巻 7 号 1794–1795 頁．

に言う「法律婚主義」という言葉の意味である.

　法廷意見は,〈法律婚は,婚内子の優先的相続権の設定を含む契約である〉との前提を採っているように思われる. 婚姻が,婚内子の優先的相続のための遺言のような内容を含む契約の一種であるとすれば,その契約に示された意思を忠実に履行させること（婚内子の優先相続）が,その契約を尊重（法律婚を尊重）するために必要である. 法廷意見は,法律婚主義とは,法律婚契約を尊重する主義であり,婚内子優先相続は法律婚契約の内容の一つである,と理解していると思われる.

　(4)〈合理的根拠〉の有無の審査　法廷意見は,このような論証を前提に〈立法目的の正当性〉を肯定する. そして,当該区別について,次のように結論する.

> ……本件規定が非嫡出子の法定相続分を嫡出子の二分の一としたことが,右立法理由との関連において著しく不合理であり,立法府に与えられた合理的な裁量判断の限界を超えたものということはできないのであって,本件規定は,合理的理由のない差別とはいえず,憲法一四条一項に反するものとはいえない. 論旨は採用することができない.[112]

　本判決が,〈合理的根拠〉要請を,〈立法目的への適合性〉要請,〈付随的弊害の相当性〉要請,いずれの要請として理解しているのかは,判然としない.

　但し,〈法律婚を尊重しつつ,婚外子を保護する〉とは,婚内子に婚外子に優越する相続分を認めることであり,当該区別は,その目的をそのまま実現するものである. 従って,先ほど見たような立法目的の画定を前提にする限り,少くとも当該区別が〈立法目的への適合性〉を欠くと結論することは困難であろう. 以上が,法廷意見の論証である.

3　上告理由のロジック

　他方,上告人は,どのようなロジックに依拠して当該区別が憲法14条1項に違反すると主張したのか. 上告人は,上告理由の中で四つの理由を提示している.

　(1) 適切性に関する三つの主張　第一は,法律婚主義を採用している諸外国が,

---

[112] 民集 49 巻 7 号 1795-1796 頁.

法的効果において婚内子・婚外子の区別を行うことを廃止しており，「法律婚主義なので事実婚を差別すべしとは言えない」との主張．第二は，子の相続分は，婚姻当事者である配偶者の相続分に何ら影響を与えないとの主張．第三は，当該区別は婚姻外性交の防止に寄与しない，との主張．

これらの主張はいずれも，当該区別が〈立法目的への適合性〉要請に違反している旨の主張として理解できる．第一の主張は，〈法律婚の尊重〉という目的の実現に，婚外子劣位相続が寄与しないと諸外国では考えられている，との主張として理解できる．第二の主張・第三の主張は，〈法律婚の尊重〉という目的は具体的には〈配偶者相続分の尊重〉及び〈婚姻外性交の防止〉を意味し，婚内子優先相続はいずれの達成にも寄与しないとの主張として理解できる．

(2) 適切性に関する法廷意見の応答　これら三点の主張に対して法廷意見は，一定の論証を示している．法廷意見によれば，日本の民法が定める法律婚は，婚内子の優先相続分設定を含む契約である．

確かに，諸外国の立法者は，法律婚をそのような内容の契約と位置づけなかったのかもしれない．しかし，日本の立法者は，婚内子優先相続分設定を含む契約として位置づけた．従って，「法律婚主義」が婚内子優先相続を導かない，との第一の主張は日本法については該当せず，むしろ，婚内子優先相続が日本法における「法律婚主義」の帰結である．

日本の「法律婚」が，婚内子の相続に関する内容を含むものであるとすれば，婚内子は婚姻契約の受益者であり，「法律婚」の当事者は配偶者に限られない．とすれば，第二の主張も，その前提が誤っている．

また，民法900条4号但書前段の目的は，〈婚姻外性交の防止〉ではなく，〈婚内子優先相続の設定を含む契約（法律婚）を尊重する範囲での，婚外子の保護〉であり，第三の主張は当該規定の目的の理解の仕方を誤っている．

法廷意見は，このような論理によって，上告理由の主張を退けたものと考えられる．

(3) 差別助長のロジック　上告理由の主張は，上記の三つの主張に加え，当該区別が婚外子への差別を助長している，ことを主張する．

そして，法廷意見は，この第四の主張をほぼ黙殺した．法廷意見は，当該規定が差別を助長しているか否かは，その合憲性に影響を及ぼすものではないと

解しているように思われる．

4　法廷意見のロジック

以上に見た法廷意見のロジックを総括すると次のようになる[113]．〈民法900条4号但書前段は，法律婚主義の枠内での婚外子の保護という正当な目的を適切に実現するものである．また，当該規定が差別を助長しているか否かは，その合憲性に影響を及ぼすものではない〉．

第二節　見落とされた問題

1　反対意見の指摘──差別追随・助長の重視

これに対し，本決定には，違憲の結論を採る五裁判官による反対意見が付されている．反対意見は，法廷意見の論証と比較すると，上告理由第四の主張を非常に重視していることが分かる．

（1）目的実現に対する適切性──一応の肯定　反対意見は，まず，次のように述べ，民法900条4号但書前段は，目的の実現にさほど寄与していないと認定する．

> ……本件規定が補充規定であること自体，法律婚や婚姻家族の尊重・保護の目的と相続分の定めとは直接的な関係がないことを物語っている．嫡出子と非嫡出子間の差別は，本件規定の立法目的からして，必要であるとすることは難しいし，仮にあったとしてもその程度は極めて小さいというべきである

この記述は，当該規定の〈立法目的への適合性〉に疑問符をつけるものであるが，それを欠く不合理な区別である，とまでは述べていない．

（2）差別助長の重視　反対意見による違憲の結論は，むしろ，次のような理由から導かれている．

> 本件規定の定める差別がいかなる結果を招いているかをも考慮すべきである．双方ともある人の子である事実に差異がないのに，法律は，一方は他方の半分の権利しかないと明言する．その理由は，法律婚関係にない男女の間に生まれたことだけである．

113）　以上のような平成7年決定の読み方については，大村敦志教授から貴重なご教示を頂いた．

反対意見はこのように述べ，当該規定が単に法定相続分を規定するのみならず，婚外子の地位に関する一定の立場を宣言してしまう性質を有することを指摘する．法文は一種の government speech だ，というわけである．

反対意見は，その上で，次のように述べる．

> 非嫡出子は，古くから劣位者として扱われてきたが，法律婚が制度として採用されると，非嫡出子は一層日陰者とみなされ白眼視されるに至った．現実に就学，就職や結婚などで許し難い差別的取扱いを受けている例がしばしば報じられている．本件規定の本来の立法目的が，かかる不当な結果に向けられたものでないことはもちろんであるけれども，依然我が国においては，非嫡出子を劣位者であるとみなす感情が強い．本件規定は，この風潮に追随しているとも，またその理由付けとして利用されているともみられるのである．

反対意見の議論は，婚外子の権利が婚内子の二分の一であるとの government speech が，婚外子に対する差別感情に「追随」するものであり，あるいは，その感情の「理由付け」として利用されるものだ，というものである．

そして反対意見は，当該規定の追随・助長する「差別的風潮」が，重大な「人の精神生活の阻害」であることを指摘し，違憲の結論を述べる．

> こうした差別の風潮が，非嫡出子の人格形成に多大の影響を与えることは明白である．……
>
> 本件規定が法律婚や婚姻家族を守ろうとして設定した差別手段に多少の利点が認められるとしても，その結果もたらされるものは，人の精神生活の阻害である．このような現代社会の基本的で重要な利益を損なってまで保護に値するものとは認められない．民法自体が公益性の少ない事項で当事者の任意処分に任せてよいとの立場を明らかにしていることを想起すれば，この結論に達せざるを得ないのである．

反対意見は，「差別手段に多少の利点が認められるとしても」と述べ，当該区別の目的実現に対する適合性を一応肯定する．しかし，差別の助長は「現代社会の基本的で重要な利益」を損なうものであり，当該規定は違憲であると結論せざるを得ない．これが反対意見の結論であった．

2　法廷意見の差別問題への無関心

このような反対意見と比較すると，法廷意見が何を無視したのか，がより明

確になる.

　法廷意見は，しばしば，民法900条4号但書前段の規定は〈立法目的の実現に寄与しない〉との観点から批判にさらされる．例えば，〈相続制度の目的は，血縁による相続であり，血の濃さは婚内子・婚外子で変わらない〉との批判や，〈浮気の防止に，当該規定は役に立たない〉という批判である．

　反対意見は，法廷意見に対しそのような批判を行ったものではない．反対意見は，当該規定が，立法目的の実現に寄与することを，一応の前提としつつ，〈立法目的の実現に寄与する区別〉であっても，差別助長の結果を伴う立法は14条1項に違反する，と述べたのである．

　逆に，法廷意見は，差別助長の問題について，全く議論を示していない．これは，法廷意見が，差別助長の問題は当該規定の合憲性とは関係のない問題である，と考えていることを示している．

3　判例理論の根本問題——差別概念の不在

(1) 判例理論の根本問題　婚外子相続分に関する平成7年決定の法廷意見と反対意見の対立に，現在の憲法14条1項解釈の問題が凝縮されている．

　文言を素直に読めば，特定の法文が社会的差別を追随・助長するgovernment speechとして機能してしまう場合に，憲法14条1項後段はその是正を要請するものであるように思われる．

　しかし，法廷意見は，そのような解釈は採らなかった．そして，そのような法廷意見の解釈は，現在の判例理論を前提にしたとき，自然に導かれる解釈である．

(2) 判例理論と差別の関係　現在の判例理論によれば，差別の禁止を規定する憲法14条1項後段は，前段同様，〈合理的根拠〉要請を保障するものであると解される．そして，その〈合理的根拠〉要請は，〈社会的差別を助長されない利益〉を保護すべきであるとの要請ではなく，〈立法目的への適合性〉要請ないし〈付随的弊害の相当性〉要請を意味すると理解される．

　このような解釈においては，〈社会的差別を助長されない利益〉は，〈付随的弊害の相当性〉判断の一考慮要素にすぎないものとされる．そして，〈付随的弊害の相当性〉の位置づけ自体が，第三章第二節に見たように，極めて曖昧で

ある．この結果，〈社会的差別を助長されない利益〉は，憲法14条1項の保護の対象からほぼ外されることになる．

(3)〈差別〉概念の不在　しかし，このような判例理論の現状は，憲法14条1項の文言と整合的ではなく，〈差別されない利益〉という憲法上の保護に値する重大な利益への目配りが欠けている，という点で根本的に問題である．

第四章総括

　平成7年決定法廷意見は，差別助長効果の問題を全く検討していない．しかし，反対意見が指摘するように，差別助長の問題は検討すべき重要な問題であるように思われる．本章の検討から明らかになるのは，判例理論が〈差別〉という問題への配慮を欠いている，という事実である．

　〈差別〉概念の不在．これが判例理論の第二の問題である．

第一部総括

　第一部の検討は，現在の憲法14条1項の判例理論について，大きく分けて二つの問題があることを示している．

　第一に，〈合理的根拠〉要請に関する理解の不十分さ．この要請の下でなされる〈立法目的の正当性〉の審査の必要性には疑問が残る．また，この要請の下に包摂される〈立法目的への適合性〉要請の機能や法的効果について，判例はそれを明確にするための十分な論証を行っていない．さらに，〈付随的弊害の相当性〉要請が，〈合理的根拠〉要請に含まれるのか否か，含まれるとして他の権利条項との関係はどのように整理されるのか，についても，曖昧な点が残されている．

　第二に，〈差別〉概念の不在．平成7年決定の法廷意見と反対意見の対立に端的に示されるように，判例理論には〈差別〉問題への特別な配慮はない．しかし，このような態度の妥当性は疑問であるし，文言とも整合しないように思われる．

　以上の検討を踏まえ，第二部では，アメリカ合衆国憲法第14修正 equal protection 条項の歴史を検討する．同条項の解釈論は，憲法14条1項の解釈学説にも強い影響を与えてきた．また，同条項は約150年にわたる歴史を有しており，豊富な判例の蓄積がある．連邦最高裁の equal protection 条項の解釈の歴史を分析することは，憲法14条1項の解釈にあたり多大な示唆を持つものと思われる．

第二部　equal protection 条項の解釈史と
　　　その示唆

第二部では，アメリカ合衆国憲法第 14 修正第 1 節 equal protection 条項[114] の解釈の歴史を検討したい．ここでは，1866 年の起草過程における解釈と，成立から 1980 年代までの判例における解釈を検討対象とする．1990 年代以降の判例については，それを評価する視点を定めるために十分な時間の経過を経ていないと判断したため，本書では検討対象から外した．

　以下，まず，起草過程における equal protection 条項の解釈を分析し（第五章），19 世紀（第六章），19 世紀末期から 20 世紀初頭（第七章・第八章・第九章），Warren Court（第十章），Burger Court（第十一章）の順に，連邦最高裁判例における同条項の解釈を検討する．

　114）　この条項の equal protection という単語は，時代によって異なる意味で理解されている．この語を〈平等保護〉と訳すことは現在の解釈理論には親和的であるが，起草・最初期判例段階での equal protection 条項を〈平等保護〉条項と訳すことは，誤導の危険がある．
　　そこで，本書では，同条項を訳さずに，equal protection 条項と表記する．

第五章　equal protection 条項の成立：
〈等しい保護〉の概念——1866-1868

　本章では，合衆国憲法第14修正第1節 equal protection 条項の起草と成立の過程を検討する．起草者・制定者によるこの条項の解釈の内容を解明することが，本章の課題である．

　第14修正は，市民権法に根拠を与え，解放奴隷の権利を保障することを目的として起草された（第一節）．第14修正第1節 equal protection 条項は，解放奴隷に〈等しい保護〉を保障し，かつ，それを保障する市民権法を合憲化する規定として起草された（第二節）．このように，起草過程においては同条項の保障の内容は〈等しい保護〉の保障に限定されていた．しかし，この条項の文言は抽象的であり，広範な射程を持つ解釈がなされる可能性を内包していた（第三節）．

第一節　第14修正制定の経緯

1　南北戦争と黒人奴隷の解放

　南北戦争末期，奴隷制の是非をめぐり南北は鋭く対立した．奴隷解放宣言が発布されたのが1863年1月1日．1865年には，奴隷制禁止条項が合衆国憲法に加えられた．第13修正の成立である（1月31日議会通過，12月18日発効）．

　1865年4月9日，南部連合が降伏．北軍の勝利により，アメリカ全土の黒人は奴隷の身分から解放されることになった．しかし，奴隷制の廃止は，黒人に対する差別意識の消滅や，肌の色によって区別された法的処遇の廃止を意味するものではなかった．南部では，ブラックコードと呼ばれる黒人の権利を制限する州法が制定された．黒人奴隷の解放後，肌の色によって区別された法的処遇の撤廃を求める勢力と，それを拒否する勢力が対立することになる．

2　第39議会冒頭の提案

1865年12月4日,第39連邦議会が開会.黒人の権利保護の根拠となる憲法条項の制定が,第39議会の重要な課題の一つであった.この課題に対応するため,第39議会の冒頭で,Stevens・Bingham両下院議員が,黒人の権利保障に関する憲法修正を提案した.

> 【1865年12月5日のStevensの提案】　すべての連邦法および州法は,すべての市民に等しく適用され,人種ないし体色に基づくいかなる差別もなされてはならない.[115]
>
> 【1865年12月7日のBinghamの提案】　合衆国のすべての州において,すべての人の権利,生命,身体,財産に関する等しい保護を確保するために必要で適切なすべての法を制定する権限を議会に付与する.[116]

この二つの憲法修正案は,南北戦争後の合衆国「再建(reconstruction)」に関する審議を行うための両院合同委員会[117]で,取り扱われることになる.

3　解放奴隷局法案と市民権法案

(1) Trumbullの提案　1866年1月11日,Trumbull上院司法委員長は,解放奴隷局法案と市民権法案を提案した.前者は,1865年に設立された解放奴隷局の権限拡張と,南部諸州の解放奴隷に政治的権利を除く民事法・刑事法上の権利を付与する内容であった.後者は,南部に限らず,合衆国全土の黒人に対し,同様の権利を付与することを内容とした.

(2) 連邦議会の権限に関する疑義　共和党議員の多くは,黒人の権利保護のための連邦法制定の必要性を感じていた.このため両法案は賛成多数で可決される.

しかし,黒人の権利保護立法を制定する連邦議会の権限は,憲法条項に明記されていなかった.当時,連邦権限の拡大を警戒する州権主義の主張は強く,

---

115) Congressional Globe 39th Congress, p. 10.
116) *Ibid.*, p. 14.
117) 12月4日,Stevensは,「再建」に関する両院合同委員会(Joint Committee on Reconstruction)の設置を提案する.12月14日,この提案に基づき,上院6名,下院9名からなる合同委員会が設置された.このとき,黒人の権利保障に関する憲法修正案を提案したStevens・Binghamも,合同委員会の委員に選出された.

審議の中でこの点に対する強い批判がなされた．第 14 修正起草の中心人物である Bingham も，市民権法案の制定は連邦議会の越権行為であると主張している[118]．

このため，市民権法制定の根拠となる憲法修正の制定が重要な課題となった．

4 2月案の起草

(1) 合同委員会における 2 月案の起草　Trumbull の 1 月 11 日の提案に呼応して，合同委員会では，市民権法制定に根拠を与え，解放奴隷の権利を保障するための憲法修正案の起草作業が始まる．翌 1 月 12 日，Bingham・Stevens は，下院における自らの提案をベースに次のような憲法修正を合同委員会に提案した．

【1866 年 1 月 12 日の Bingham 憲法修正案】　連邦議会は，当連邦内のすべての州のすべての人に対し，その生命，自由，財産の権利の等しい保護を保障するために，必要かつ適切なすべての立法をなす権限を有する．
【1866 年 1 月 12 日の Stevens 憲法修正案】　すべての州法ないし連邦法は，人種ないし体色にかかわらず，すべての人間に公平かつ等しく効果を持つ．[119]

両提案は，合同委員会内の小委員会[120]で審議されることになった．小委員会の審議を経て，Bingham 案を基に合同委員会憲法修正案が起草された．1866 年 2 月 13 日，この憲法修正案が両院に提案される．以下，この憲法修正案を 2 月案と呼ぶ．

【合同委員会 2 月案】　連邦議会は，すべての州の市民に他の各州の市民の有するすべての免除と特権を保障するために必要かつ適切な立法をなす権限を有する．連邦議会はまた，生命，身体および財産に対する権利について，すべての人々に各州で等し

---

118) Congressional Globe 39th Congress, p. 1291.
119) Kendrick [1914] pp. 46–47. 合同委員会の議論を逐語的に記録した速記録は残されていない．1884 年，提案事項と討議結果を記録した Journal of the Joint Committee on Reconstruction という題名の議事録が，連邦議会上院によって出版された．Kendrick [1914] には，この議事録の全文が収録されている．
120) 小委員会は，Fessenden, Stevens, Howard, Conkling, Bingham 各議員からなる．

い保護 (equal protection) が与えられることを保障するために，必要かつ適切な立法をなす権限を有する。[121]

2月案は，前段の特権免除条項と後段のequal protection条項からなり，due process条項を含んでいなかった．

(2) Bingham案採用の趣旨 Stevens案は，適用対象を人種に基づく区別に限定していた．これに対し，Bingham案を基にした2月案は市民一般の権利保障を行う文言になっている．この文言は，連邦憲法第4編第2節及び第5修正に由来する．Binghamがこのような文言を採用したのは，既存の憲法条項との連続性を強調することで，憲法修正案が連邦議会権限を不当に拡大するものでないことを示すためであった．

彼は，2月案の趣旨説明の中で，次のように説明している．

> この憲法修正案は，まさに，かの有名な起草者の手により我々にもたらされた合衆国憲法の文言と調和するのです．憲法修正案のすべての文言は，今日のわが国の憲法の中に存在しています．合衆国議会に対し明示的に権限を付与する語を除いて．
>
> 残りは，憲法を参照すればお分かりになるように，第4編第2節の言葉と，1789年の第5議会で採択された，わが国の憲法の一部を構成する第5修正の言葉です．第4編第2節の言葉とは，「各州の市民は，他州においてもその州の市民の有する特権および免除のすべてを享有する権利を有する」という言葉であり，第5修正は「何人も……法の適正な過程 (due process of law) によらずに，生命，自由または財産を奪われることはない」と規定しています．[122]

合同委員会が，Stevens案ではなくBingham案を採用した理由も，適用対象の拡大のためではなく，既存の憲法条項との連続性を強調するためであった[123]．この説明によれば，equal protection条項は，第5修正のdue process条項の言い換えだということになる．この時点では，Binghamはequal protectionとdue processを同一視していたようである．

---

121) 訳文は，equal protectionを「平等保護」とではなく，「等しい保護」と訳すことを除いて田中 [1987] 122頁に拠った．
122) Congressional Globe 39th Congress, p. 1034.
123) これに対し，Maltz [2003] p. 91は，対象の拡大のために人種差別に適用対象を限定しない，抽象的な文言の選択がなされたのだとしている．しかし，これはBinghamの趣旨説明と調和しない説明である．

5　4月案の起草と審議

(1) 4月案の起草　2月案に対する議会の評価は芳しいものではなく，決議が延期されるなどして審議は長引いた．2月案の審議中である4月28日，合同委員会は，それまで提案されていた憲法修正案を一つにまとめた新しい憲法修正案を起草した（以下，4月案と呼ぶ）[124]．2月案もこれに吸収され，再提案されることになった．

合同委員会4月案は，五つの節からなった．第2節は下院議員の配分，第3節は反乱に参加した公務員の地位，第4節は南北戦争関係の債務処理，第5節は各節を実施するための連邦議会の権限を，それぞれ規定していた．これらは，現在の第14修正第2節から第5節の規定に相当する．

第1節は，Binghamが4月案の審議の中で新たに提案したものである．この第1節と第5節によって，連邦議会が市民権法を制定するための権限を根拠付けることができる．

【合同委員会4月案第1節】　州は，合衆国の市民の特権または免除を制約する法律を制定または実施してはならない；州は，何人からも，法の適正な過程によらずに，その生命，自由，または財産を奪ってはならない；また州は，その権限内にある者から等しい法の保護 (equal protection of the laws) を奪ってはならない．
【第5節】　連邦議会は，この修正条項をそれに適した立法によって実施する権限をもつものとする．[125]

この憲法修正案は，4月30日，両院に提案された．下院ではStevens，上院ではHoward上院議員が，それぞれ合同委員会を代表して，憲法修正案の趣旨説明を行った．

(2) Stevensの趣旨説明　5月8日の下院本会議でなされたStevensの趣旨説明は，次のようなものであった[126]．

まず，第1節の保障する権利は，既存の憲法が保障する権利の範囲を越えない．また，市民権法案とも，その保障する権利の範囲が重なる．市民権法案

---

124) Kendrick [1914] p. 106.
125) 訳文は，equal protection of the lawsを「等しい法の保護」と訳した他は，田中編 [1993] 235頁に拠った．
126) Congressional Globe 39th Congress, pp. 2459–60.

と別に憲法修正案を制定する意味は，違憲である市民権法案を合憲化するためではなく，合憲である市民権法案を将来の多数派が容易に覆せないようにするためである．

第1節は，特権免除条項・due process 条項・equal protection 条項の三つの条項からなるが Stevens の趣旨説明はこの三つの条項を区別しない概括的なものであった．

(3) Howard の趣旨説明 他方，Howard は，三条項の趣旨をそれぞれ分析的に説明した．5月23日の上院本会議における Howard の趣旨説明は次の通りである[127]．

特権免除条項は，合衆国市民である黒人に対し，財産の取得や取引のための権利，護身令状（writ of habeas corpus）請求権あるいは過度の課税を受けない権利など様々な実体的権利を保障する．また，due process 条項は，黒人と白人で異なる刑事手続を設けることを禁止し，equal protection 条項は，黒人に対し白人と同一の「保護」を保障する．但し，第1節のどの条項も，黒人に対する選挙権の付与を含むものではない．

6 第14修正の成立

4月案は，5月10日に下院を，6月8日に上院を通過した．上院では，市民の地位に関する文言を付加する修正が加えられた[128]．6月13日に，下院が上院でなされた文言の修正を承認し，4月案は議会を通過した[129]．この憲法

---

127) *Ibid.*, pp. 2765–66.
128) これは，5月14日の Stewart 上院議員の主張（*Ibid.*, p. 2560）に基づき，Howard が提案したものである（*Ibid.*, p. 2869）．
129) 第14修正の成立過程に関する最初の詳細な研究が，Flack [1908] である．これは，議会の速記録である Congressional Globe 及び合同委員会の議事録である Journal of The Joint Committee on Reconstruction を基に，第14修正の各節ごとにその成立過程を丁寧にまとめた業績である．第14修正の起草過程については，その後も，Fairman [1949], Frunk & Munro [1950], Graham [1954], Bickel [1955], James [1956], tenBroek [1965], Hyman & Wiecek [1982] pp. 386–437, Kaczorowski [1986], Farber & Sherry [1990] pp. 297–319, Maltz [2003] などの数多くの研究が発表されている．第14修正は，五つの節からなる憲法修正であり，それぞれの研究の着眼点や説明の仕方は，それぞれ異なっている．

邦語文献では，田中 [1987] 117–131頁，勝田 [2003a]，戸松 [1990] 9–15頁を参照．

第二節　equal protection 条項の起草者意思

修正案は，1868 年 7 月[130]，憲法改正に必要な数の州の承認を得た．合衆国憲法第 14 修正は，このようにして成立したのである．

以上が第 14 修正の制定過程である．次に，equal protection 条項に的を絞り，この条項の内容を検討することにしたい．

第二節　equal protection 条項の起草者意思

1 〈法の前の平等〉と〈等しい保護〉

では，起草者が想定した equal protection 条項の内容とは何なのか．この点を把握するためには，第 39 議会で提唱された〈法の前の平等〉の概念を分析することが有益である．

(1)〈法の前の平等〉と〈等しい保護〉の区別　まず，注意すべきは，起草者は，〈法の前の平等 (equality before the law)〉と〈等しい保護 (equal protection)〉の概念を区別していた，という点である．4 月案の趣旨説明において，Howard は次のように述べている．

> この修正の下に連邦議会が有する権限は，この節 [第 1 節] ではなく，第 5 節に由来します．第 5 節は，この修正の偉大なる目的の達成のために適切な法を制定する権限を連邦議会に与えるものです．私は，第 5 節と結び付けられた第 1 節を非常に重要なものと考えます．各州がそれを採択すれば，この第 1 節は，これらの基本的権利及び合衆国市民に付与された特権，そして各州の管轄内に存在し得るすべての人の有する特権を侵害する法の各州による制定を，永遠に不可能にします．[131]

Howard は，このように述べ equal protection 条項単体ではなく，第 1 節全体をトピックとして設定する．そして，上記引用に続き次のように述べる．

---

130) 1868 年 7 月 9 日の段階で，四分の三の数の州が承認を与えた．しかし，この日までに二つの州が，承認を撤回していたため，第 14 修正成立の有効性が問題になった．この撤回が有効であった場合，四分の三以上の州が承認を与えたのは，ジョージア州が承認を行った 7 月 21 日だということになる．詳しくは，田中 [1987] 124-125 頁，田中編 [1993] 235 頁参照．また，各州における批准の過程に焦点を当てた研究として，James [1984] 及び Bond [1997] が挙げられる．

131) Congressional Globe 39th Congress, p. 2766.

これ［第1節］により，法の前の平等（equality before the law）が樹立され，そして，これにより，最も弱い者，最も貧しい者，最も軽んじられている人種の者にも，最も強い者，最も富んだ者，最も尊敬されている者に与えられたのと同一の権利と，同一の法の前の保護 (the same protection before the law) が与えられるのです。[132]

まず，「法の前の平等」は第1節全体が実現すべき目標であることが宣言される．そして，「法の前の平等」とは区別されて，「同一の法の前の保護」が言及される．ここでは，「同一の法の前の保護」の保障は，「法の前の平等」から導かれる複数の要請の一つとして扱われている．

このような認識は，第39議会冒頭のStevens，Binghamの提案の表題が「法の前の平等」とされていることなどからも窺える[133]。

(2)「法の前の平等」＝列挙された権利の保障 では，ここに言う「法の前の平等」とはいかなる構想であったのか．第39議会全体を見たときに見えてくるのは，列挙された権利の均等保障による黒人と白人の平等の実現，という構想である．

第一節3に紹介した1866年市民権法第1条は，黒人に対する差別禁止や法の下の平等という一般原則を宣言するものではなく，黒人に保障されるべき具体的な諸権利を列挙する規定となっている．すなわち市民権法第1条には，契約執行，訴訟，結社，証言，不動産・個人財産の相続・取得・貸出・販売・保有・譲渡，ここに列挙された権利と人身・財産の安全のための訴訟と法による利益，不均等な刑罰を受けない権利が列挙されている．第14修正第1節もまた，合衆国市民の特権免除，due processへの権利などを列挙する．さらに，第14修正に関するStevens・Howardの趣旨説明においても，「法の前の平等」の概念を敷衍して，保障されるべき具体的権利が列挙されている．

このように，第39議会で提唱された「法の前の平等」の概念は，複数の具体的権利の均等保障を意味する概念として理解することが妥当である．

(3) 具体的権利としての「等しい保護」 第39議会のメンバーにとって，〈法の前の平等〉とは，列挙された具体的な権利を等しく保障することであった．そ

---

132) *Ibid.*, p. 2766.
133) *Ibid.*, p. 10, p. 14 参照．

して、この概念は、〈等しい保護〉の概念とは区別されていた。とすると、〈等しい保護〉とは、〈法の前の平等〉のような包括的な理念を示す概念ではなく、むしろ、保障の対象として列挙された具体的な権利を示す概念だったのではないか。このような推測が成立する。

2 〈平等〉ではなく〈保護〉の保障

では、起草者たちは、equal protection 条項の保障の対象をいかなるものとして想定していたのか。

(1) 文言の変遷　この点を検討する際、まず注意すべきは起草過程における equal protection 条項の文言の変遷である。"equal protection of the laws" の文言は、次のような変遷を経て成立した。

> 【① 1 月 12 日の Bingham 憲法修正案】　連邦議会は、当連邦内のすべての州のすべての人に対し、その<u>生命、自由、財産の権利の等しい保護 (equal protection in their rights of life, liberty, property)</u> を保障するために、必要かつ適切なすべての立法をなす権限を有する。
> 【② 1 月 27 日合同委員会小委員会案】　連邦議会は、すべての州においてすべての人に<u>生命、自由、財産の享受の完全な保護 (full protection in the enjoinment of life, liberty, property)</u> を保障するために、必要かつ適切な立法をなす権限を有する；また、すべての合衆国市民に、同一の免除および平等な政治的権利および特権をも保障するために、必要かつ適切なすべての立法をなす権限を有する。[134]
> 【③合同委員会 2 月案】　連邦議会はまた、<u>生命、身体および財産に対する権利 (the rights of life, liberty, property)</u> について、すべての人々に各州で<u>等しい保護 (equal protection)</u> が与えられることを保障するために、必要かつ適切な立法をなす権限を有する
> 【④合同委員会 4 月案＝現行第 14 修正】　また州は、その権限内にある者から<u>等しい法の保護 (equal protection of the laws)</u> を奪ってはならない。（下線は筆者による．）

この文言の変遷において、重要なのは次の二点である。第一に、「保護 (protection)」の対象として、生命・自由・財産が想定されていた、という点。第二に、equal の文言が、一旦、②の時点で full に置き換えられたという点で

---

[134] Kendrick [1914] p. 56.

ある.

この文言の変遷を見たとき，起草者たちが，この条項の保障の対象として想定していたのは「平等(equal, equality)」ではなく，「生命，自由，財産の」「法による保護(protection of the laws)」だったのではないか，との推測が成立する.

(2) 合同委員会代表による趣旨説明　Stevens・Howardの第14修正第1節の趣旨説明も，この推測を裏書する．Stevensは，5月8日の下院本会議において，次のように述べ，4月案第1節の趣旨を説明した．

> この憲法修正は，……，ある一人の人に効果がある法が同じようにすべての人への効果をもたらすように，議会に州の不当な立法を正すことを認めるものです．……白人を保護するいかなる法も，黒人に対し「等しい(equal)」保護を与えることになります．[135]

ここには，「『等しい』保護」の供給が，同条項の狙いであることが示されている．また，Howardは，5月23日に行われた上院本会議でdue process条項およびequal protection条項について次のように述べた[136]．

> 第1節の最後の二つの条項は，各州が，合衆国市民のみならず，それが誰であれ，すべての人から法の適正手続なしに，生命・身体・財産を奪うことを禁止し，また，等しい法の保護を奪うことを禁止します．このことは，各州のすべてのクラス立法(class legislation)を廃止し，他の身分には適用されない法典に特定の身分(caste)の者だけを服従させる不正義を排除します．このことは，ある罪を犯した黒人を死刑にしておきながら，同一の罪を犯した白人を死刑にしないことを禁じます．このことは，<u>白人を覆うのと同一の盾(shield)により，黒人の市民としての基本的権利(fundamental rights)を保護します</u>．（下線は筆者による．）

最後の記述を見る限り，Howardは，白人と同一の基本的権利のための「盾(shield)」を黒人に与えることが，equal protection条項の制定趣旨だと考えていたようである．この「同一の盾」という表現は，同条項が，「生命，自由，財産の」「法による保護(protection of the laws)」を保障するものとして想

---

135) *Congressional Globe* 39th Congress, p. 2459.
136) *Ibid.*, pp. 2765–66.

第二節　equal protection 条項の起草者意思

定されていたことを裏付ける.

(3) 自然権の〈保護〉の概念　では，〈法による保護〉とは何か．政府の治安活動による生命や安全の維持，訴訟手続や民事執行による財産の保全などを意味する概念であったと考えるのが自然である．

アメリカ法学の伝統的思考様式の中で，〈保護〉の概念は特殊な意味を持っていたことに注意する必要がある[137]．

〈保護〉という概念を理解する上で，まず参考になるのが Locke『統治論』の記述である．国家の成立していない自然状態においても，個人は生命・身体・財産への権利を持つ．しかし，その権利の保護は，自然状態においては不完全である．権利を十分に保護するためには，安定した法・公平な裁判官・執行権力を創出する必要がある．これが，個人が国家の下に結合し，政府を創出する目的である[138]．Locke の議論では，自然権を〈保有する〉ことと，自然権が〈政府による保護〉を受けることとが区別されている．ここに言う〈政府による保護〉とは，公平な裁判と権利実現のための権力による強制執行を意味する．

また，Blackstone も Commentaries on the Laws of England の中で，次のように述べている．

> 社会の主要な目的は，個人のこれらの絶対権の享有を保護 (protect) することである．絶対権は，普遍の自然法 (law of nature) により彼らに付与されているのだ．しかし，絶対権は，友好的で社会的な共同体の制度によって得られる相互の結びつきと交流なしには，平穏に保持することはできない．[139]

自然権の〈付与〉〈享有〉と自然権の〈保護〉との区別は，Locke や Blackstone に遡る英米法の伝統的な思考様式であった[140]．自然権として観念された生命・身体や所有権の安全を保持するため，訴訟の提起や強制執行の請求を認め，治安活動によって白人と同じように生命や身体の安全を保障すること．

---

137) 〈保護〉の概念に重点を置いて，equal protection 条項の起草・制定過程を分析する議論として，Heyman [1991]，Maltz [2003] pp. 9-20 など参照．
138) Locke [1690] 参照．特に Ch. 9 を参照．
139) Blackstone [1765] p. 120.
140) Blackstone [1765] Ch. 1, Maltz [2003] pp. 9-28, Heyman [1991] 参照．

〈保護〉の概念は，このようなことを意味する概念である．

　起草者は，その趣旨説明において Locke や Blackstone を直接引用しているわけではない．しかし，合同委員会の委員や上下両院の議員の中には法律家も多く，伝統的思考様式の下にこの条項の意味を理解していた可能性は高い．また，第 14 修正の起草・制定過程に，自然法論が大きな影響を与えていることは，多くの論者が指摘するところである[141]．

　以上に見たことからすると，起草者は第 14 修正に言う "equal protection of the laws" とはこのような政府による〈等しい保護〉を意味すると解していたものと思われる．

3　〈等しい保護〉の保障

(1) 選挙権除外の理由　第 14 修正の起草者意思に関するこのような理解は，なぜ起草当時，equal protection 条項の保障の対象から選挙権が除外されたのか，に関する説明を与える．

　起草当時，〈この条項は黒人に対する選挙権の保障は含まない〉と考えられていた．Howard は，上院で合同委員会を代表して equal protection 条項の内容について，次のように述べている．

> しかし，皆さん，この提案された修正の第 1 節は，いかなる類型の者にも投票への権利を付与するものではありません．選挙権は，憲法により保障された特権・免除の一つではないとされています．それは，ただ単に法律の生産物なのです．[142]

　現在では，選挙権に関する区別が不合理である場合，それは equal protection 条項に反すると解されており，そのことを明言する判例[143]も多い．しかし，Howard によれば equal protection 条項は，選挙権を保障する条項ではなかった．

---

141) Faber & Sherry [1990] Ch. 9, Kaczorowski [1986] pp. 890–893, tenBroek [1965] pp. 117–119 など参照．もっとも，これらは，自然法論の第 14 修正への影響を述べるのみであり，「保護」概念に基づく分析をしているわけではない．

142) Congressional Globe 39th Congress, p. 2766.

143) Harper v. Virginia State Board of Elections, 383 U.S. 663（1966 年 3 月 24 日）以来，選挙権に関する区別は，〈基本的権利〉に関する区別として厳格審査の対象となるとされている．第十章第四節参照．

これは，当初，同条項が生命や財産の政府による保護を保障する規定として理解されていたためだと考えられる．選挙権の剥奪は，生命や財産の直接の剥奪ではなく，政府による保護を奪うものとは言い難い．従って，選挙権保障は，同条項の射程から外れると解されることとなる．

(2) 市民権法との関係　また，このような equal protection 条項の起草者意思に関する理解は，市民権法の内容とも平仄が合う．

市民権法には，契約の執行などを求め訴訟を提起する権利を保障する旨の規定があった．そして，先に述べたように，第14修正は，市民権法の合憲性に関する疑義を払拭するため，ないし，市民権法の内容を憲法に編入するために制定された条項である．第14修正 equal protection 条項により〈等しい保護〉を保障する市民権法の合憲性が明確になり，連邦憲法上も〈等しい保護〉が保障されることとなったのである．

(3) 小括　以上の検討から，起草者たちは，equal protection 条項を，政府の治安活動による生命や安全の維持，訴訟手続や民事執行による財産の保全といった〈等しい保護〉を保障する条項として理解していた，と結論することができる．

このことを前提にすると，equal protection 条項が〈法の前の平等〉や〈法の下の平等〉という文言を用いる欧州の憲法条項と異なる文言を用いている理由も明確になる[144]．同条項は，〈法の前の平等〉とは区別された〈等しい保護〉への権利の保障を目的として起草された．このため，〈法の前の平等〉〈法の下の平等〉という語は用いられなかったのである．

第三節　解釈の可能性——爆発的な射程拡大の基盤

1　文言の抽象化——Bingham 案，"equal"，目的語の削除

このように，equal protection 条項は，〈等しい保護〉を保障する条項とし

[144) 例えば，1789年のいわゆるフランス人権宣言第6条では，「すべての市民は，法律の眼には平等……」，1850年のプロイセン憲法第4条では「すべてのプロイセン人は法の前に平等である」という表現が用いられている．訳文はそれぞれ，髙橋編［2007］317頁，髙田・初宿編訳［2005］53-54頁に拠った．

て起草された．しかし，起草過程で行われた文言の選択は，その後の解釈に少なからぬ影響を与えることになる．

とりわけ重要なものとして，三つの選択が挙げられる．第一に人種差別禁止に限定されない文言の選択，第二に equal という単語の選択，第三に protection の目的語の削除である．

(1) Bingham 案の採用 まず，Bingham 案の採用である．Stevens は人種差別に限定された文言の憲法修正案を起草したが，既存の憲法条項との連続性を強調するため市民一般の権利保障を規定する Bingham 案が採用された．このことが，equal protection 条項が解放奴隷への権利保障を越えた射程を持つ可能性を発生させた．

(2) equal という単語の選択 次に，equal という単語の選択である．

1月27日合同委員会小委員会案では，full protection という言葉が採用されたが，最終的に，equal protection という言葉が採用された．これにより，〈等しい保護〉を保障するための条項に，equal という単語が侵入することになった．

起草者は，〈白人と同一の〉という意味を表現するために，equal という文言を第14修正第1節に招き入れた．しかし，equal という言葉は，何らかの原理・原則・規範を表現する言葉として用いられ易い言葉であり，same や full とは異なるニュアンスを持つ言葉である．equal という言葉の代わりに full ないし same といった単語が用いられていたら，第14修正第1節第3文の解釈の歴史は，かなり異なったものになっていたかもしれない．

(3) protection の目的語の削除 最後に，protection の目的語の削除が挙げられる[145]．2月案から4月案への移行の中で，protection の目的語として掲げられた "the rights of life, liberty, property" という文言が削除された．この文言が残っていたら，この条項の適用対象は，この三つの権利の保護に関係する事項に限定されていた可能性もある．

---

145) Bickel [1955] p. 60, Frank & Munro [1950] p. 140 もこの点に着目している．

2 無自覚な抽象化

　起草者が，以上のような文言の選択を行ったのは，この条項の射程を拡大するためではなかったと考えられる．人種差別に対象を限定しない Bingham 案が選択されたのは，射程拡大のためではなく，既存の憲法条項との連続性を強調するためであった．また，equal という単語が選択されたことの意味や，protection の目的語が削除された明確な理由も説明されていない．

　もちろん，議会でなされた Bingham や Stevens の発言の量は限られており，彼らが解釈による equal protection 条項の射程拡大に対しどのような態度を採っていたのかについて，不明な点は多い．しかし，射程拡大のために意図的に抽象的な文言を選択したとの発言はなされていない．むしろ，彼らは，反対派の議員による文言が広範にすぎるとの批判に対し，この条項の射程が限定されることを再三にわたり強調している．

　従って，このような抽象的な文言の選択は，無自覚的に行われたと言える[146]．しかし，この無自覚な文言の抽象化は，後の解釈の可能性に決定的な影響を与えた．

第五章総括

　起草過程における equal protection 条項は，〈等しい保護〉を保障するための条項として解釈されていた（第一節・第二節）．しかし，この条項の起草過程の中で無自覚に選択された抽象的文言は，その後の解釈による射程の爆発的拡大の可能性を秘めるものであった（第三節）．

　次章以下，equal protection 条項が判例の中で，どのように用いられ，どのように発展していったかを検討する．

---

146) Bingham たちが，この条項の射程を拡大する意図を持っており，この条項の射程が極めて限定されるかのような説明を行ったのは，議会向けの作戦であった可能性はある．
　しかし，現時点で発見されているのは，議会内での発言を記録した資料のみであり，この点に関する十分な資料はない．

第六章　最初期の最高裁判例：
二つの限定——1873-1884

　本章では，1873年から1884年までの連邦最高裁のequal protection条項の解釈を検討する．この時期の連邦最高裁は，この条項の射程を二つの意味で限定していた．第一に，連邦最高裁は，同条項の適用対象を，人種による区別に限定していた（第一節）．第二に，同条項の保障の対象は，〈等しい保護〉に限定されていた（第二節）．

第一節　人種による区別への限定

1　Slaughter-House 判決

（1）**事案と判旨**　連邦最高裁が，第14修正に関する解釈を示した最初の判例が，1873年のSlaughter-House Cases, 83 U.S. 36（1873年4月14日）である．

　この事件は，次のような事件であった．ルイジアナ州法は，ニューオリンズ市付近の一定区画内での屠殺場，家畜の荷揚場・集積場の設置を，州法により設立されたThe Crescent City Live-Stock Landing and Slaughter-House Companyに独占させる旨を定め，この会社の施設以外での家畜の屠殺・売買を禁じた．

　地域内の肉屋たちはこの州法が連邦憲法第13修正・第14修正に反すると主張し，複数の訴訟を提起した．ルイジアナ州最高裁はこれらの複数の訴訟をまとめて審理し，当該州法は合憲だと結論した．原告らが，連邦最高裁に上告したのが本件である．

　この事件につき連邦最高裁は，5対4で州法合憲とする．Miller執筆法廷意見は，当該州法の第13修正の奴隷的苦役禁止条項，第14修正の特権免除

条項，due process 条項，equal protection 条項の四条項への適合性について検討し，当該州法は，いずれの条項にも違反しないとした．

(2) equal protection 条項の位置づけ　この事件で，主要な役割を演じたのは，equal protection 条項ではなく，特権免除条項であった．法廷意見では，equal protection 条項に関する記述は，約 30 頁にわたる論証の一段落を占めるにすぎない．この判断の中で法廷意見は次のように述べ，黒人差別立法の排除のみが equal protection 条項の役割だとした．

> 新たに解放された黒人の住む州における，非常な不正義とクラスとしての彼らに対する苦痛を伴った差別を行っていた法の存在が，この条項 [equal protection 条項] が除去すべき害悪であり，この条項によりそのような法は禁じられる．[147]

そして，当該州法の規制は，黒人と白人の区別に関係するものではなく，そもそも equal protection 条項とは無関係の規制だと結論した[148]．

〈equal protection 条項は人種による区別のみならず，経済規制における区別に適用される〉とする意見は，多数の裁判官の支持を得られなかった．連邦最高裁は，この判例で，この条項を人種による区別にのみ適用される条項として解釈したのである．

それ以降の幾つかの判決を見る限り，しばらくの間，この解釈が維持されたように思われる．

2　性別による区別

(1) Bradwell 判決　この時期，性別による区別についての判決が二件，出されている．

まず，Slaughter-House 判決の翌日出された Bradwell v. Illinois, 83 U.S. 130 (1873 年 4 月 15 日) は，次のような事件についてのものであった．

Myra Bradwell 氏は，既婚女性であることを理由に，弁護士業を営むライセンス申請を拒絶された．この拒絶措置は，イリノイ州最高裁でも合法とさ

---

147) 83 U.S., at 81.
148) 邦語による紹介として，浅見 [1996]，勝田 [2003b] 参照．due process 条項に焦点を当てた分析として田中 [1987] 143-147 頁参照．また，当時の社会状況を含めた分析として Labbé & Lurie [2003]．

第六章　最初期の最高裁判例：二つの限定——1873-1884

れた．Bradwell 氏は，この措置が連邦憲法第 4 編第 2 節の特権免除条項・第 14 修正に違反すると主張し，連邦最高裁に上告した．この事件につき，Miller 執筆法廷意見は次のように判断した．

まず，第 4 編第 2 節の特権免除条項は，州外民のみが依拠できる条項である．従って，州内民が州の措置の不当性を争う本件のような事案には適用されない[149]．また，弁護士として活動する権利は，第 14 修正第 1 節に言う「合衆国市民の特権・免除」には該当しない[150]．以上より，ライセンス申請の拒否は，合衆国憲法に違反しない．

この事件では，弁護士ライセンスにおける性別による区別の equal protection 条項適合性についての判断は何ら示されていない．これはなぜか．

この点，Slaughter-House 判決では，equal protection 条項の適用対象を人種による区別に限定する立場が連邦最高裁の多数派の支持を得た．Bradwell 判決は，Slaughter-House 判決の翌日に出された判決であり，法廷意見を執筆したのは，同判決の法廷意見を執筆した Miller 判事である．

このことからすると，Bradwell 判決が equal protection 条項をこの事件に適用しなかったのは，最高裁多数派が〈この条項は人種による区別にのみ適用される〉と考えていたためだと考えられる．

(2) Minor 判決　さらに，選挙権に関する性に基づく区別が問題となった Minor v. Happersett, 83 U.S. 138（1875 年 3 月 15 日）でも，equal protection 条項に関する判断は示されなかった．この事件の上告人の Virginia Minor 氏は，ミズーリ州民の白人女性であった．氏が 1872 年の大統領選挙などのため，選挙人名簿への登録を申請したところ，選挙登録官 Happersett 氏はそれを拒絶した．州最高裁は，この拒絶措置を合法合憲とした下級審判決を支持．Minor 氏は，拒絶措置が第 14 修正第 1 節に違反するとして，連邦最高裁に上告した．

この事件につき，Waite 執筆法廷意見は次のように判断した．女性も合衆国市民である[151]．従って，女性も，第 14 修正第 1 節に言う「合衆国市民の

---

149) 83 U.S., at 138.
150) *Ibid.*, at 139.
151) 88 U.S., at 169.

第一節　人種による区別への限定　　　　　　　　　　　　　83

特権・免除」を保有する．それゆえ，本件では，第14修正第1節に言う「合衆国市民の特権・免除」に選挙権が含まれるか否かが問題になる[152]．しかし，選挙権は，すべての市民が保有する権利ではない．従って，「合衆国市民の特権・免除」に選挙権が含まれるとは言えない．第14修正の起草者が，すべての市民に選挙権を付与するというラディカルな変化を実現しようとしていたのなら，そのことを明示していたであろう[153]．よって，本件登録拒絶は，第14修正に違反しない．

　この判決でも，equal protection 条項に関する判示はなされていない．ここでも，この条項の適用対象を人種による区別に限定する連邦最高裁の態度は維持されたと考えられる．

　(3) 性別による区別と equal protection 条項　現在の連邦最高裁であれば，上記二事件で問題となった性別に基づく区別は equal protection 条項に違反すると判断するであろう．

　しかし，この時期の連邦最高裁は，この条項は人種による区別に対してのみ適用されると考えていた．このため，上記二事件では，equal protection 条項に関する判示はなされなかった．このように考えるのが妥当であろう．

3　その他の判決

　(1) 経済規制　Slaughter-House 判決の翌年の Bartemeyer v. Iowa, 85 U.S. 129（1874年3月4日）は，酒類販売規制に触れ有罪とされた被告人が，州法による酒類販売規制は第14修正に違反すると主張し，上告した事件である．

　この事件で，Miller 執筆法廷意見は，酒類販売は第14修正第1節に言う特権免除に該当せず，due process によらない財産剥奪でもないと結論した[154]．

---

152)　*Ibid*., at 170.
153)　*Ibid*., at 173. なお，第五章第二節で述べたように，第14修正の保障する権利の中には選挙権は含まれないとする判断は，起草者意思に沿うものである．
　　　Congressional Globe 39th Congress, pp. 2765-66 の Howard の趣旨説明を参照．また，合同委員会でも，一旦採用された political right の保障の文言が，起草過程の中で削除されている．この点は，Kendrick [1914] p. 51 参照．さらに，第14修正とは別に，解放奴隷の選挙権保障のための第15修正が起草されたことが，このことの最大の証拠である．
154)　85 U.S., at 129. この事件では，①酒類販売権が「特権免除」に含まれるか，②州法制定

ここでも，equal protection 条項適合性に関する審査は行われていない．酒類とそれ以外の飲料の販売に関する区別の合理性などは，全く検討されていない．

(2) 選挙権 United States v. Reese, 92 U.S. 214 (1876 年 3 月 27 日) では，人頭税要件による選挙人登録の区別の合憲性が問題とされた．しかしここでも，equal protection 条項適合性に関する検討は示されていない[155]．

4 人種による区分への限定

このように，Slaughter-House 判決は，equal protection 条項は人種に基づく区別についてのみ適用される，との立場を表明した．以降，1870 年代中期までの連邦最高裁は，人種以外の標識に基づく区別について，equal protection 条項適合性に関する判断を全く示していない．

この時期の連邦最高裁は，Slaughter-House 判決に示された立場を踏襲した，と解することができる．

第二節 〈保護〉への限定

では，人種による区分の equal protection 条項適合性は，いかなる枠組みの下で審査されたのか．1880 年代に入ると，幾つかの判例で，人種による区別の合憲性が争点となった．

　　前に酒類を保有していた者の due process によらない property の剥奪にならないか，が争点となった．
155) この事件は，次のような事件である．ケンタッキーの選挙管理人 Reese 氏は，選挙登録に人頭税要件を課した州法に基づいて，有色人種の登録を拒否した．連邦は，この措置が合衆国憲法第 15 修正に違反する措置だとして，Reese 氏を起訴．これが，連邦巡回裁判所により却下されたため，連邦が最高裁に上告した．
　　Waite 執筆法廷意見は，第 15 修正は選挙管理人の刑事責任を基礎付けるものではないとして，巡回裁判所の判断を支持した．その中で，第 15 修正は，選挙権に関する人種に基づく区別を禁止するのみであり，人頭税要件は合憲だと結論した (92 U.S., at 217-218)．この判決では，第 14 修正に関する争点は全く提起されなかった．

1 Strauder 判決

(1) 事案　Strauder v. West Virginia, 100 U.S. 303 (1880年3月1日) は，equal protection 条項に基づいて州法を違憲とした最初の判決である．

　この判決の事案は，次のようなものであった．ウェストバージニア州法の下では，黒人は陪審員となる資格がなかった．黒人男性の Strauder 氏は，このような州法の下で，殺人罪で有罪とされた．Strauder 氏は，この州法は第14修正に違反すると主張し，有罪判決に対する誤審令状 (writ of error) の発行を求め連邦最高裁に上告した．

(2) 判旨　この事件につき，Strong 執筆法廷意見は，州法を equal protection 条項違反とし，上告人の主張を認める．法廷意見は，次のように述べ，州法を違憲とした．

> 人種ないし体色に対する偏見からの生命と身体の保護は権利，つまりこの憲法修正の下での法的権利，ではないのか？　そして，有色人種の者に，州がその体色のみを根拠にその他の点では十分に資格のある彼と同じ人種のすべての者を排除した陪審員名簿から選ばれた陪審員による，彼の命の懸かった裁判 (trial for his life) を受けることを強制することが，彼に対する等しい法による保護 (equal protection of the laws) の否定でないと，どうやって主張することができるのか．[156]

　この議論の構成は，次のような構造からなる．

　まず，〈偏見からの生命と身体の保護〉を，equal protection 条項が保障する憲法上の権利だと構成する．次に，刑事裁判を「生命の懸かった裁判 (trial for his life)」と言い換える．これにより，刑事裁判は，生命が危機にさらされる場だと強調する．とすれば，当然，この中で人種的偏見から保護される権利は，〈人種差別からの生命の保護〉への権利だということになる．そして，判決は，陪審員名簿から被告人と同じ人種の者を排除することは，偏見からの〈保護〉を欠いた状態だと認定する．

　この判決は，protection の文言を重視し，陪審の問題を〈偏見からの生命の保護〉として構成する論証を示した．

---

[156]　100 U.S., at 309.

2 Pace 判決

(1) 事案　Pace v. Alabama, 106 U.S. 583 (1883 年 1 月 29 日) についても，同様の指摘ができる．

この判決の事案は，次のようなものである．アラバマ州法は，異人種間の姦通を同人種間の姦通よりも重く処罰していた．1880 年 11 月，黒人男性 Tony Pace 氏は，白人女性と姦通関係を持ったとして有罪判決を受ける[157]．Pace 氏は，州法の規定が equal protection 条項に違反すると主張し，連邦最高裁に誤審令状 (writ of error) の発行を求め上告した．

(2) 判旨　この事件について，Field 執筆法廷意見は次のように述べ，当該アラバマ州法は違憲ではないと結論した．

> [姦通罪を規定する] いずれの節も，いずれかの人種に対するいかなる差別を設けるものではない．……違反者に対する処罰は，その違反者が白人であれ黒人であれ，同一である．[158]

要するに，異人種姦通という同一の犯罪に対し同一の刑罰が科されるのだから，equal protection 条項には違反しないということである．

(3) protection の文言の重視　この意見は，結論に至る過程で，次のような論証を示した．

> 法の下の保護の平等 (equality of protection under the laws) は，その人種にかかわらず，彼の身体と財産の安全のための他の者と同一の国家の裁判所へのアクセス可能性のみならず，刑事裁判による処罰において，同一の犯罪に対するものよりも重いあるいは軽い刑罰に科せられないことも意味する．[159]

「裁判所へのアクセス可能性」の保障は，権利の保護のための条件であり，起草者たちの想定した equal protection 条項の保障対象である．この判決も，同条項が保障する主要な内容が〈等しい保護〉の保障であることを強調している．そして，判決は，刑法上の取扱の均等は〈等しい保護〉概念に内包される，とする論証を示す．

---

157) 姦通の相手だった白人女性も同様の有罪判決を受けている．
158) 106 U.S., at 585.
159) *Ibid.*, at 584.

3 〈保護〉への限定

 上記の二つの判決の論証は，問題となっている取扱を〈保護〉に関するものとして構成することに注意を払い，protectionの文言を重視した論証を示している．このような論証から，両判決がequal protection条項は，〈等しい保護〉の否定として構成できるものだけに適用される，との解釈に依拠しているのではないか，との推測が成り立つ．

第六章総括

 最初期の連邦最高裁は，equal protectio条項は，人種に基づく区別にのみ適用され（第一節），かつ，人種に基づく区別のうち〈等しい保護〉の否定として構成できるものだけが同条項の適用対象となると解していたと推測できる（第二節）．これは，起草者の想定したequal protection条項の解釈とほぼ同一の内容の解釈である．
 しかし，1880年代後半に入ると，このような解釈は変更されることになる．次章では，その解釈の変化を分析して行く．

第七章　〈同一状況同一取扱〉要請の成立：
Barbier 判決——1885

　前章までに，起草者・最初期の判例が equal protection 条項を〈等しい保護〉を保障する条項として解釈したことを確認した．

　この解釈は，1885 年の Barbier 判決を境に変更されることになる．同判決は，equal protection 条項は〈同一状況にある者は同一に取り扱うべきだ〉とする要請を保障しているとの解釈を採用し，それまでとは異なる解釈を定着させた（第一節）．この解釈は，equal protection 条項をあらゆる法令上の区別に適用する解釈であり，同条項の適用対象は大幅に拡大した（第二節）．このような解釈の成立は，企業による経済規制攻撃手段への需要と，この条項の文言の抽象性の二つの要因に拠る（第三節）．

第一節　Barbier 判決とその受容

1　Barbier 判決

　起草者や最初期の連邦最高裁は，equal protection 条項を〈等しい保護〉を保障する条項だと解釈した．しかし，1885 年初頭，これとは異なる解釈に依拠した最高裁判決が下される．それが，Barbier v. Connolly, 113 U.S. 27（1885 年 1 月 5 日）である．

　(1) 事案　この事件は，次のようなものであった．サンフランシスコ市は，木造住宅密集地において火災を防止するために，一定地域内での夜間における洗濯を条例で禁止していた．この条例に違反し収監された洗濯業者が，当該条例が equal protection 条項に違反しているとして，連邦最高裁に護身令状（writ of habeas corpus）を請求した．

　連邦最高裁は，問題の条例は第 14 修正に違反しないとして，この請求を棄

却する．その際に，Field 執筆法廷意見は，重要な equal protection 条項の解釈を示した．

(2) 包括的な同一状況同一取扱定式　この判決は，一般論として次のように述べる．

> 第 14 修正は，いかなる州も「その権限内にある者に対する equal protection of the laws を拒否してはならない」と宣言しており，これは明らかに，恣意的な生命や自由の剥奪や，財産の略奪があってはならないことを意味するのみならず，<u>同一状況の下にあるすべての者に，その個人的・市民的権利の享受における等しい保護と安全が与えられることも意味している</u>．[160]（下線は筆者による．）

この判示によれば，「同一状況の下にあるすべての者に」，権利享受への等しい保護を与えることが，equal protection 条項の役割である．この記述は，一見すると，equal protection 条項は黒人に対する〈等しい保護〉を保障したものだとする従来の解釈を踏襲した記述であるかのように思われる．

しかし，これに続く論証は，それまでの判例が equal protection 条項を適用してこなかった対象にも，同条項が適用されると述べる．

> つまり，すべての人間には，幸福を追求し，財産を得，それを保有する資格が等しく与えられる．また，彼らは，人身と財産の保護のために国家の裁判所への同一のアクセス権を持つ．同一状況の下にある他者の同一の営業に適用されるものを除き，いかなる営業への障害も与えられない．何人に対しても，同一の職業と状況にある他者に課される以上の負担は，決して与えられない．刑事裁判の執行にあっては，何人に対しても，同一の違反を犯したすべての者に対して定められているものと異なるあるいはそれ以上の制裁は科されない．[161]

これは，従来の解釈とは隔絶した解釈の提示である．従来の判例は，〈保護〉に関する人種に基づく区別についてのみ，equal protection 条項を適用していた．

しかし，この判決は，〈同一状況同一取扱〉要請を同条項の保障の内容だとの理解を示し，営業規則等を含む極めて広範な領域で，この要請が適用される

---

160) 113 U.S., at 31.
161) *Ibid*., at 31.

と判示している．また，この判決は，別の箇所で第14修正を「包括的（comprehensive）」な内容を持った修正だと述べている[162]．これらの記述を総合すると，Barbier判決は，〈同一状況同一取扱〉要請をあらゆる州による区別に適用可能な包括的・一般的要請として理解していることが分かる．

2 Barbier判決の定着

(1) 1885年の後続判例による引用 この〈同一状況同一取扱〉要請は，Munn v. Illinois, 94 U.S. 113（1877年3月1日）や Rail Road Co. v. Richmond, 96 U.S. 521（1878年3月15日）など，1870年代の判例でも示された要請である．しかし，1870年代には，これらの判決はリーディングケースとしての地位を獲得することなく，その記述は単発的な論証にとどまった．

他方，Barbier判決は，多くの判例で引用され，equal protection条項の保護範囲に関するリーディングケースとしての地位を獲得することになる．

まず，1885年に下された後続の判例が，Slaughter-House判決ではなく，この判決をリーディングケースとして引用する．Soon Hing v. Crowley, 113 U.S. 703（1885年3月16日）[163]，Wurts v. Hoagland, 114 U.S. 606（1885年5月4日）[164]，Missouri Pacific Railway Co. v. Humes, 115 U.S. 512（1885年11月23日）[165]などがその例である．

(2) リーディングケースとしての地位の確立——1886-1899 Barbier判決の示した解釈は，1880年代から1890年代にかけて，equal protection条項の確立した解釈として定着する．この時，同条項が〈同一状況同一取扱〉要請を

---

162) *Ibid*., at 31. 判決は，「しかし，——広く包括的なものとしての——この修正［第14修正］も，他の修正も，しばしばポリスパワーと呼ばれる，人々の健康・安全・道徳・教育そして公序良俗への規制を設け，あるいは州の産業の促進，また，その資源を開発し，その富と繁栄の増進を行うための立法を行う，州の権限に介入するために設けられたのではない」と述べている．
163) Barbier判決同様，夜間の洗濯を禁止する条例の合憲性が問題となった事案．結論は，条例合憲．後述100頁参照．Barbier判決引用は，113 U.S., at 708.
164) 湿地・低地の排水について，5人以上の共有にかかる土地については，一定の手続きの下，過半数持分の所有者の同意があれば，所有者に費用を課す旨を定めた州法が第14修正に違反しないとされた事案．Barbier判決引用は，114 U.S., at 615.
165) 鉄道会社が家畜をひき殺したことにつき，鉄道会社にのみ適用される特別の不法行為法の規定が問題となった事案．結論は，合憲．Barbier判決引用は，115 U.S., at 523.

第一節　Barbier 判決とその受容　　　　　　　　　　　　　　　　　91

規定しているとの解釈の定着を牽引したのは，経済規制に関する膨大な数の訴訟であった．

　1886 年 5 月 10 日の Santa Clara Co. v. South. Pac. Railroad, 118 U.S. 394[166] 以降，法人にもこの条項が適用されるとの解釈が一般化する[167]．この解釈を前提にして，法人が経済規制[168]や租税[169]について equal protection 条項適合性を争った事案が，連邦最高裁に上告されたものに限っても相当な数に上る．鉄道会社が，鉄道業を規制する州法の違憲性を争った事案は，特に多い[170]．これらの事案の中で Barbier 判決はたびたび引用された．

---

166)　Waite 主席判事はこの判決の法廷意見（Harlan 執筆）読上前に，第 14 修正第 1 節における person には corporation も含まれる旨の宣言を行った．118 U.S., at 396 には，この宣言が記録されており，しばしば引用される．
167)　Santa Clara Co. 判決以降，Pembina Mining Co. v. Pennsylvania, 125 U.S. 181（1888 年 3 月 19 日），Missouri Pacific Railway v. Mackey, 127 U.S. 205（1888 年 4 月 23 日），Minneapolis & St. Louis Railway v. Beckwith, 129 U.S. 26（1889 年 1 月 7 日），Charlotte, C. & A. R. Co. v. Gibbes, 142 U.S. 386（1892 年 1 月 4 日），Covington & Lexington Turnpike Company v. Sandford, 164 U.S. 578（1896 年 12 月 14 日），Gulf, C. & S. F. R. Co. v. Ellis, 165 U.S. 150（1897 年 1 月 18 日），Southern R. Co. v. Greene, 216 U.S. 400（1910 年 2 月 21 日）などで，繰り返しこのことは確認されている．
168)　鉄道会社規制以外の経済規制が問題となった事案として，酒類販売規制に関する *In re* Rahrer, 140 U.S. 545（1891 年 5 月 25 日），Giozza v. Tiernan, 148 U.S. 657（1893 年 4 月 10 日）や，穀物保管業に関する Budd v. New York, 143 U.S. 517（1892 年 2 月 29 日）などが挙げられる．
169)　Bell's G. R. Co. v. Pennsylvania, 134 U.S. 232（1890 年 3 月 3 日），Norfolk & W. R. Co. v. Pennsylvania, 136 U.S. 114（1890 年 5 月 19 日），Charlotte, C. & A. R. Co. v. Gibbes, 142 U.S. 386（1892 年 1 月 4 日），Pacific Express Co. v. Seibert, 142 U.S. 339（1892 年 1 月 4 日），Columbus S. R. Co. v. Wright, 151 U.S. 470（1894 年 1 月 29 日），Merchants' & Mfrs' Bank v. Pennsylvania, 167 U.S. 461（1897 年 5 月 24 日）など参照．
170)　料金規制が問題となった主な事案として，Dow v. Beidelman, 125 U.S. 680（1888 年 4 月 16 日），Chicago, M. & St. P. Ry. v. Minnesota, 134 U.S. 418（1890 年 3 月 24 日），St. Louis & S. F. R. Co. v. Gill, 156 U.S. 649（1895 年 3 月 4 日），Smyth v. Ames, 169 U.S. 466（1898 年 3 月 7 日）が挙げられる．
　　また，鉄道運行から生じた損害賠償責任の特則に関して equal protection 条項が問題となった事案として，Dow v. Beidelman, 125 U.S. 680（1888 年 4 月 16 日），Chicago, M. & St. P. Ry. v. Minnesota, 134 U.S. 418（1890 年 3 月 24 日），St. Louis & S. F. R. Co. v. Gill, 156 U.S. 649（1895 年 3 月 4 日），Smyth v. Ames, 169 U.S. 466（1898 年 3 月 7 日）などが挙げられる．

また，経済規制に関する事案以外の判決の中にも，Barbier 判決を引用するものが多く存在する[171]．さらに，Barbier 判決を直接引用していない判決も，その多くが，Barbier 判決を前提とした先行判例を引用している．Missouri Pacific Railway Co. v. Mackey, 127 U.S. 205（1888年4月23日），Bell's G. R. Co. v. Pennsylvania, 134 U.S. 232（1890年3月3日）の二つは，Barbier 判決を引用し，その一般論を前提とした鉄道業者に対する特別規制に関する判例である．この時期の鉄道関連の判例は，Barbier 判決ないしこれらの判決のいずれかを引用している．また，租税に関する equal protection 条項適用の先例として，しばしば引用される Kentucky Railroad Tax Cases, 115 U.S. 321（1885年11月16日）は，Barbier 判決を引用していないが，equal protection 条項を〈同一状況同一取扱〉要請を規定するものとして解釈している[172]．

このように 1880～1890 年代の判例は，equal protection 条項を〈同一状況同一取扱〉要請を規定しているものとして解釈した．

(3) 教科書類による引用——19世紀末　19世紀後半は，アメリカのロースクールでの法学教育が本格的に始まった時期にあたる．

Harvard Law School の 19 世紀末の講義においても，Barbier 判決は，equal protection 条項に関する重要判例として取り上げられた[173]．また，こ

---

171) Barbier 判決を引用したこの時期の判例として，Hayes v. Missouri, 120 U.S. 68（1887年1月17日），Mugler v. Kansas, 123 U.S. 623（1887年12月5日），Pembina Consol. Silver Mining & Milling Co. v. Pennsylvania, 125 U.S. 181（1888年3月19日），Powell v. Pennsylvania, 127 U.S. 678（1888年4月9日），Missouri Pacific Railway Co. v. Mackey, 127 U.S. 205（1888年4月23日），Minneapolis & St. L. R. Co. v. Beckwith, 129 U.S. 26（1889年1月7日），Bell's G. R. Co. v. Pennsylvania, 134 U.S. 232（1890年3月3日），Home Ins. Co. v. New York State, 134 U.S. 594（1890年4月7日），In re Kemmler, 136 U.S. 436（1890年5月23日），In re Rahrer, 140 U.S. 545（1891年5月25日），Charlotte, C. & A. R. Co. v. Gibbes, 142 U.S. 386（1892年1月4日），Pacific Express Co. v. Seibert, 142 U.S. 339（1892年1月4日），Giozza v. Tiernan, 148 U.S. 657（1893年4月10日），Marchant v. Pennsylvania R. Co., 153 U.S. 380（1894年5月14日），Jones v. Brim, 165 U.S. 180（1897年2月1日）などが挙げられる．
172) 115 U.S., at 338-339.
173) 当時，Harvard Law School で憲法を講じていた Thayer 教授の講義ノートには，equal protection 条項に関する重要判例として Barbier 判決の解説をした箇所がある（Thayer [1895] p. 41 参照）．

の時期, ケースブックや論述式の教科書類が続々と出版されて行った. 19世紀末から20世紀初頭に出版された憲法の教科書類は, Barbier判決をequal protection条項の解釈に関する重要判例として位置づけるものが多い[174].

他方, 人種による区別にのみこの条項を適用するとの解釈を支持した記述は, この時代の教科書類には登場しない. 法学教育の現場でも, equal protection条項を, Barbier判決のように, 〈同一状況同一取扱〉要請を規定するものとして解釈する見解が, 支配的になったと言える[175].

第二節 〈同一状況同一取扱〉要請

1 〈同一状況同一取扱〉要請の射程——あらゆる法令への適用

Barbier判決の定着以降, equal protection条項は〈同一状況同一取扱〉要請を規定している, との解釈が定着した. では, この解釈は, それまでの判例の解釈といかなる点で異なるか. この解釈の特徴は, equal protection条項があらゆる法令上の区別に適用されるという点にある.

第六章で述べたように, 最初期の連邦最高裁の解釈によればequal protection条項は, 〈保護〉に関する人種による区別にのみ適用される. しかし, 〈同一状況同一取扱〉要請は, ありとあらゆる区別に適用される. Barbier判決による解釈が定着した結果, 経済規制に関する区別, 租税に関する区別, 性別による区別[176]について, equal protection条項が適用されるようになった.

2 選挙権に関する区別への適用

重要なのは, 選挙権に対する区別についてもequal protection条項が適用

---

174) Evans [1916] p. 247, Gilmore [1914] pp. 287–288, Burdick [1922] p. 593, Watson [1910] p. 1634, McClain [1905] p. 354, Barnes & Milner [1913] pp. 247–249, Cooley [1898] p. 249 など参照. なお, Black [1895] や Pomeroy [1888] は, 陪審や分離校など個別の問題ごとに節を設け, 総論的記述を設けていないため, Barbier判決を一般論を述べた判決としては引用していない. Barbier判決の位置づけについては, Harris [1960] p. 61 をも参照.
175) 19世紀末の文献を収集するにあたり, 中里実教授と神山弘行氏より多大なご協力を頂いた.
176) 但し, 性別による区別のequal protection条項適合性に関する判例は, 20世紀半ばまで登場しない. その最も初期の判例として, Goesaert v. Cleary, 335 U.S. 464 (1948年12月20日): 性別によるバーテンダー資格の制限を合憲とした判例, 参照.

されることとなったという点である．起草過程において，同条項は選挙権を保障するための条項ではないと説明されていた[177]．また，最初期の判例も，選挙権に関する区別に対しては第14修正を適用しなかった[178]．

しかし，Williams v. Miss, 170 U.S. 213（1898年4月25日）は，選挙権の制限がequal protection条項に違反し得る可能性を認めた．この訴訟の事案は，選挙人となる資格について，読み書きの能力を要求した州法の合憲性が問題となった事案である．この事案につき，McKenna執筆法廷意見は，次のように述べ州法合憲の結論を示した．

> この批判［問題の州法がequal protection条項に違反するとの批判］は，ミシシッピ州憲法とその州法には当たらない．それらは，文言上は人種間に差別を設けるものではなく，その実際の運用が邪悪なものであったということも示されておらず，ただその可能性があったということだけが示されているにすぎない．[179]

最初期の判例は，equal protection条項は選挙権に関する区別には適用されないと解釈しており，選挙権に関する区別について同条項適合性を審査していなかった．他方，この判示は，「人種間に差別を設ける」もの，「実際の運用が邪悪なもの」である場合，選挙権に関する制限はequal protection条項に違反する，との解釈を前提にした判示であるように思われる．

この判決にも示されるように，Barbier判決以降の連邦最高裁は，equal protection条項はありとあらゆる区別に適用される，との解釈を前提に判決を出して行く．

第三節　解釈変更の要因

では，なぜ19世紀末に，equal protection条項の解釈の変更が生じたのか．結論は二点に要約できる．すなわち，企業による射程拡大の要請と文言の抽象性の二点である．

---

177)　第五章第二節で紹介したHowardによる趣旨説明を参照．
178)　第六章第一節で紹介したUnited States v. Reese, 92 U.S. 214（1876年3月27日）参照．
179)　170 U.S., at 225.

第三節　解釈変更の要因　　　　　　　　　　　　　　　　95

1　企業による射程拡大要求

(1) 19世紀末の経済状況の変革　1870年〜1890年代は，アメリカ経済体制の大規模な転換が図られた時代である．鉄道整備によるアメリカ市場の統一，資本・産業の集中と都市化．そこから必然的に生じる都市問題と労働問題の発生[180]．このような時期にあって，各州政府は，公共輸送機関の運賃規制，労働時間規制や都市計画による諸規制，反独占のための規制，特定産業のみを対象とした租税等の経済規制を積極的に設定していった．

Barbier判決も述べていたように，都市問題や労働問題に対応するための経済規制は，しばしば対象が極めて限定された規制になる．とりわけ，鉄道会社に対しては，その事業の公共性と危険性ゆえに，鉄道運行に起因する損害に関する過重責任，運賃上限規制，鉄道委員会維持のための特別課税などの様々な特別規制がかけられていた．

(2) 経済規制への攻撃　このような状況にあって，各事業主体は州政府による規制の有効性を争い，多数の訴訟が提起された．その際，州政府の法令の違憲性を主張する根拠となる連邦憲法上の権利規定は，第13修正・第14修正・第15修正だけであった．

第13修正は奴隷制廃止．第15修正は解放奴隷の選挙権の保障．このため，頼りになるのは第14修正のみということになる．第14修正第1節は，特権免除条項・due process条項・equal protection条項からなる．このうち，特権免除条項は，「市民 (citizen)」の特権と免除を保障する条項である．そして，連邦最高裁は，第14修正に言う「市民」に法人は含まれないとの解釈を採用した[181]．他方，残りの二つの条項は，「人 (person)」に対し，due processとequal protectionを保障している．本章第一節2に述べたように，ここに言う「人」には法人が含まれる，というのが連邦最高裁の立場であった．このため経済規制を攻撃する企業ないしその弁護士は，equal protection条項と

---

180) 当時の時代状況につき，ベネディクト（常本訳）[1994] 113-114頁参照．
181) これは，第14修正成立当初のPaul v. Virginia, 75 U.S. 168 (1869年11月1日) の中 (75 U.S., at 177-178) で宣言された解釈である．19世紀末のOrient Insurance Co. v. Daggs, 172 U.S. 557 (1899年1月16日) でも，この判例は引用されており (172 U.S., at 561)，この解釈は19世紀を通じて維持されたと言える．この点につきGraham [1938] p. 372参照．

due process 条項を，経済規制を攻撃する根拠条文として援用し，その射程を拡大する解釈論を展開した[182]．

　当時の最高裁は，保守派が大勢を占めており，州権への介入には消極的であった．そのため，企業側が敗訴するケースがほとんどであった．しかし，企業側の熱心な訴訟活動は，経済規制についても equal protection 条項が適用されるとの解釈を成立させた．企業側弁護士の論証は，問題の州法違憲の判決を書かせるには不十分であったが，equal protection 条項の射程拡大を促すには十分な説得力を持ったのである．

2　文言の抽象性——person, protection, equal

　連邦最高裁が，equal protection 条項の射程の拡大を認めたもう一つの理由は，この条項の文言である．

　第五章第三節に述べたように，同条項は，適用対象を人種による区別に限定しない表現を用いており，protection の語の目的語を削除した形で採択された．このため，人種による区別を伴わない経済規制に対して同条項を適用しても，さほどの違和感を発生させなかった．

　そして，full や same とは異なるニュアンスを持った equal の文言が採用されたことが〈同一状況同一取扱〉要請の導出に重要な役割を果たした．この equal という単語は，何らかの原理・原則・規範を示すものとして用いられやすい単語であり，〈等しきは等しく〉の要請も，しばしば〈平等 (equality)〉と呼ばれる．このため，〈等しきは等しく〉と類似する〈同一状況同一取扱〉要請が，equal という文言と結び付けられるのも，無理のあることではなかった．

第七章総括

　Barbier 判決は，equal protection 条項を，〈等しい保護〉ではなく，〈同一状況同一取扱〉要請を保障する条項だと解釈した．この解釈が定着した結果，

[182)]この射程の拡大要請は，equal protection 条項の射程拡大のみならず，実体的 due process 理論の発展をも促した．田中 [1987] 150 頁以下，Karst [1969] pp. 721-722 参照．

同条項は，あらゆる区別に適用されるようになった．このような解釈変更は，経済規制への攻撃手段の需要と文言の抽象性を原因とする．

　続く第八章・第九章では，〈同一状況同一取扱〉要請が，具体的にどのような内容の要請として理解されたか，を分析したい．

第八章 〈同一状況同一取扱〉要請の内容：
州裁量の強調——1885–1896

　本章では，1896年までの判例を分析する．この時期の判例は，州のポリスパワーに関する広範な裁量を認めた（第一節）．このため，州法上の区別の合理性の有無の判断は，州の判断に委ねられた．〈同一状況同一取扱〉要請は，〈敵意に基づく分類の禁止〉という最低限度の内容の要請として解釈された（第二節）．

第一節　裁量的ポリスパワー論と簡潔な審査

1　裁量的ポリスパワー論

　州のポリスパワーとは，荒野の灌漑・給水・火災防止・地域の照明・道路の清掃・公園設置などにより，公益を実現するための州の権限である．

　その権限を行使するにあたり，州は様々な要素を考慮し，数多くある選択肢の中から，その権限発動の態様を選びとる．例えば，人口密集地域での火災防止という公益を実現するためには，様々な手段が考えられる．火を使うこと一切の禁止，木造家屋の除去，防火設備の義務付け，消火栓設置のための特別課税，木造家屋での洗濯業の禁止等．

　ポリスパワー行使の際には，合理的で効率的な選択肢を選ばねばならない．しかし，合理性や効率性に関する判断は，州の判断すべき事項であり，連邦の介入すべき問題ではない．上記の例で言えば，木造家屋の除去を命じるか，特別課税をするかの選択は，州（州議会や州最高裁，州機関としての市など）の判断に委ねられる．州法上の規制や対象の類型化が不合理に見えたり，過剰な負担を強いる選択に見えたりする場合であっても，連邦最高裁はそれに介入しない．これが，19世紀末の連邦最高裁の採った態度であった．

第一節　裁量的ポリスパワー論と簡潔な審査　　99

このような連邦最高裁の態度は，equal protection 条項の解釈にも反映することになる．

2　Barbier 判決の審査

前章第一節に見たように，Barbier 判決は equal protection 条項から〈同一状況同一取扱〉要請を導出する新しい解釈を示した．同判決は，そのような新解釈を提示するとともに，州のポリスパワーへの介入について極めて謙抑的な態度を表明している．この判決は，木造家屋での夜間の洗濯を禁止する条例の equal protection 条項適合性が問題となった事案であった．この条例につき，Field 執筆法廷意見は次のように述べる．

> しかし，——広く包括的なものとしての——この修正［第 14 修正］も，他の修正も，しばしばポリスパワーと呼ばれる，人々の健康・安全・道徳・教育そして公序良俗のための規制を設け，あるいは州の産業の促進，また，その資源を開発し，その富と繁栄の増進を行うための立法を行う，州の権限に介入するために設けられたのではない．[183]

判決は，このように述べ，州のポリスパワーの行使に対する連邦法の謙抑性を強調する．第 14 修正は，州の行為一般に規制をかける包括的な内容のものであるが，州にはポリスパワー行使に関する広範な裁量が認められるというわけである．

ポリスパワー行使の際，その立法や条例はしばしば対象を特定したものになる．従って，しばしば〈同一状況同一取扱〉要請と州のポリスパワーの間に緊張が生まれる．この点について，判決は言う．

> 多くの点で，必然的にその性質は特別なものになるが，それは，もしそれらの規制が同一の状況と条件の下にあるすべての人ないし財産に同じように働くのであれば，それらの規制は異議に対する正当な理由を供給しない．ある者を差別し他のものを優遇するクラス立法は禁じられる．しかし，公共的な目的を実現するため，その適用が限定されている立法には，それがその適用領域において，同一状況にあるすべての人に同様に働くのであれば，この修正の射程は及ばない．[184]

---

183)　113 U.S., at 31.
184)　*Ibid.*, at 32.

上記の引用の直後に,「原審支持」との結論が述べられ判決文は終わる.問題となった区別の合理性や立法目的との関連性について何ら検討されていない.ここでは,木造家屋一般(同一状況)に,夜間の洗濯禁止という同一の規制がなされていること,のみを理由に合憲性を認定しているように思われる.

　Barbier 判決の論証は,州のポリスパワーの裁量の尊重を根拠に〈同一状況同一取扱〉要請を極めて謙抑的な要請として解釈するものであった.

3　Barbier 判決の態度を踏襲した後続判例

　Barbier 判決は,州の裁量を強調し,ほとんど何も検討せずに当該規制の equal protection 条項適合性を認めた.このような論証は,19 世紀末の判例に一般的に見られる論証である.以下,いくつかその例を見ることにしたい.

　(1) Soon Hing v. Crowley──木造家屋での洗濯業規制　Barbier 判決から二ヵ月後の Soon Hing v. Crowley, 113 U.S. 703 (1885 年 3 月 16 日) では,夜間の洗濯禁止を定めた条例が洗濯業と他の業種との間に許されざる差別を設けるものであり,equal protection 条項に反するとの主張がなされた.

　この主張について,Field 執筆法廷意見は,洗濯業の危険性を簡単に指摘し,次のようにポリスパワーに関する裁量を強調する論証を行った.

> 　公共性の保護のために必要である,ある種のビジネスに対する特別な規制は,正当な訴えの根拠たり得ない.なぜなら,異なる種類の別のビジネスには,同一の規制は課されないからである.異議にさらされるべき差別とは,同一の事業に従事する者が異なる規制に服している場合,あるいは異なる特権が同一の条件の下に付与されている場合のそれを言う.[185]

　そして,判決はこの論証に続き,この事案では同一の業種に対し,異なる取扱はなされていないとする簡単な論証を示し,合憲の結論を宣言する.

　ポリスパワー裁量の強調と簡潔な equal protection 条項適合性の審査.これは,Barbier 判決の論証と類似するものである.そして,この判決は,Barbier 判決と並べて,equal protection 条項に関するリーディングケースとして,しばしば引用される.

---

185)　113 U.S., at 709.

(2) Kentucky Railroad Tax Cases——租税　連邦最高裁は，租税法上の分類についても，州の裁量を広範に認めた．この点，参考になるのが Kentucky Railroad Tax Cases, 115 U.S. 321 (1885年11月16日) である．

この判決は，鉄道会社に対する特別課税のための手続や資産評価方法などが，equal protection 条項に違反すると主張[186]された事案である．この事案につき，Matthews 執筆法廷意見は，次のような論証を行った．

> それ [課税対象となる財産の分類] は立法者の裁量にゆだねられており，課税のための財産の分類や，分類によって異なる方法で評価することは，禁じられていない．平等のルールは，この点については，分類されたそれぞれのクラスについて，異なる方法をとってはならないということを要求するのみである．[187]

ここでは，課税のための分類についての州の裁量が強調されている．そして，判決は次のように続ける．

> 課税目的のために，分離されたクラスとして，鉄道会社の財産を分類する権限は，当該財産に固有の性質から生じ，そして，裁量と，必然的にそれに伴う責任の下で，その価値を評価するための特別な手続を伴う異なるスキームを考案し，実現するための権限は，州憲法により立法府に与えられるものである．仮にそのようなスキームが法の適正な手続であるなら，別の財産の種類・類型の評価方法とは異なる点は，equal protection of the laws の否定とはみなされない．[188]

当該分類の合理性の検討などがほとんどなされないまま，この論証で判決文は終わる．

この判決に見られるように，租税法上の分類についても，州の裁量が承認された．この判決も，後の租税関係の事件でしばしば引用される equal protection 条項のリーディングケースの一つとなった．

(3) Missouri P. R. Co. v. Humes——特別損害賠償責任　Missouri P. R. Co. v. Humes, 115 U.S. 512 (1885年11月23日) の事案は，次のようなものであった．ミズーリ州法は，各鉄道会社に対し，線路周辺にフェンスを設置・維

---

186) この他に，due process 条項などに関する争点も提起されている．
187) 115 U.S., at 337.
188) Ibid., at 339.

持することを義務付け，その義務違反から生じた損害については実損害額の二倍の賠償金を支払う義務を課していた．

この州法に基づき倍額の賠償責任を課された鉄道会社が，この州法は equal protection 条項に違反すると主張した．この主張に対し，Field 執筆法廷意見は次のように述べ，州のポリスパワーを強調する．

> 鉄道会社に，……［農地と隣接する線路周辺地域に］，フェンスを建てること［等］……を要求するミズーリ州法は，公衆がその履行から重大な利益を享受できる義務を課すものである．それを執行する権限は，……生命と財産に対する事故に備えるための州の一般的ポリスパワーのうちに見出せる．[189]

この判決における equal protection 条項適合性の審査は，次のようなものであった．

> すべての［鉄道］会社が同一の責任に服しており，……フェンス・門・家畜柵の設置による同一の安全保障が，それぞれに強制されている．すべての会社が同一の状況の下で，同一の義務と責任を課せられているところには，平等のルールの潜脱は存在しない．Barbier v. Connolly, 113 U.S. 27 及び Soon Hing v. Crowley, 113 U.S. 703 参照．[190]

この判決の論証は，法が規制しようとする危険や害悪の認定を細かくは行っていない．また，鉄道会社に倍額の責任を課すことが，いかなる立法目的に，どのように関連しているのか，についても説明がない．

この判決の論証は，すべての鉄道会社が同一の規制に服していると認定するだけであり，極めて簡単に合憲の結論を導くものだと言える．

(4) Powell v. Pennsylvania——マーガリン販売規制 Powell v. Pennsylvania, 127 U.S. 678（1888 年 4 月 9 日）も，やはり上記判例と同様の態度をとっている．この判決は，マーガリンの製造・売買を禁じる州法に違反し有罪判決を受けた被告人が，当該州法は equal protection 条項に違反していると主張した事案である．

この事案につき，Harlan 執筆法廷意見は州法を合憲とした．この判決もや

---

189) 115 U.S., at 522.
190) *Ibid.*, at 523.

はり，州がポリスパワーの行使につき裁量を有することを強調するところから筆を起こす．

> この法律が州の公衆の健康を守り，詐欺を防止するための正当なポリスパワーの行使なのであれば，この修正［第14修正］に違反しない，ということはいうまでもない．つまり，政府は，特に，公衆の健康と公共の道徳の維持のために組織されたということは，当裁判所における確立した理論であり，政府が，これらの対象に備える権限を捨てることはできない．そして，第14修正は，州によるこの権限の行使に介入するために制定されたのではない．[191]

そして，equal protection 条項適合性の判断は，例によって極めて簡潔である．

> この法律は，その禁止の対象とされた商品のすべての製造者・販売者・提供者・販売目的所有者を同一の規制の下に置き，同一の制裁と負担を課している．このようにして，同一の営業に従事する者の間の平等の原則は実現され，維持されているのである．Barbier v. Connolly, 113 U.S. 27, Soon Hing v. Crowley, 113 U.S. 703, Missouri Pacific Railway Co. v. Humes, 115 U.S. 512, 519 参照．[192]

この判決も，すべてのマーガリン販売業に，州法が等しく適用されるという点のみを理由に，州法合憲の結論を導く．そして，直後の判例の引用から判断すると，Barbier 判決や前掲 Missouri P. R. Co. 判決も，これと同様の論証を行うものとして理解しているようである．

4 19世紀末の判決における謙抑的解釈

今見てきたように，19世紀末の equal protection 条項に関する判決の大半は，州の分類に対する裁量を強調し，同一の業種や資産に均一に法が適用されることの認定のみで，安易に合憲性を宣言するものであった[193]．

法律が，他と区別された対象の範囲では均一に適用されるのは当然であり，単に同一業種が同一に扱われているということのみで合憲の結論が導かれるの

---

191) 127 U.S., at 683.
192) *Ibid.*, at 687.
193) この傾向に属する判例として，Dow v. Beidelman, 125 U.S. 680（1888年4月16日），

であれば，違憲判決が皆無であるのも当然である．このような態度をとる判決の解釈は，ほとんど無審査で州法の合憲性を宣言する極めて謙抑的な解釈だと言える．

第二節　19世紀末における〈同一状況同一取扱〉要請の内容

このように19世紀末の判例は，〈同一状況同一取扱〉要請を極めて謙抑的な要請として解釈した．では，このような謙抑的な要請は，いかなる区別を違憲と評価するものなのか．これを理解する上で重要な手がかりとなるのが，この時期に唯一，州の行為を違憲としたYick Wo判決である．

1　Yick Wo判決

(1) 事案　Yick Wo v. Hopkins, 118 U.S. 356 (1886年5月10日) の事案は，次のようなものであった．サンフランシスコ市の条例によれば，木造建築物で洗濯業を営むには，当局の許可が必要であった．当局は，中国系の移民に対して，この許可を全く与えなかった．許可なく洗濯業を営んだ中国系移民Yick Wo氏らが，条例違反で有罪とされた判決について，連邦最高裁に上告した．

この事件につき，Matthews執筆法廷意見は，当該措置は違憲であり，有罪判決は覆されるべきだと結論した．

(2) 監督者の意思による分類　判決はまず，本件における区別の理由は公衆安全などではなく，純粋に監督官の意思であることを説明する．

Missouri P. R. Co. v. Mackey, 127 U.S. 205 (1888年4月23日), Walston v. Nevin, 128 U.S. 578 (1888年12月10日), Minneapolis & S. L. R. Co. v. Beckwith, 129 U.S. 26 (1889年1月7日), Bell's G. R. Co. v. Pennsylvania, 134 U.S. 232 (1890年3月3日), Home Ins. Co. v. New York State, 134 U.S. 594 (1890年4月7日), *In re* Kemmler, 136 U.S. 436 (1890年5月23日), Pacific Express Co. v. Seibert, 142 U.S. 339 (1892年1月4日), Fielden v. Illinois, 143 U.S. 452 (1892年2月29日), Giozza v. Tiernan, 148 U.S. 657 (1893年4月10日), New York & N. E. R. Co. v. Bristol, 151 U.S. 556 (1894年2月5日), Marchant v. Pennsylvania R. Co., 153 U.S. 380 (1894年5月14日), Reagan v. Farmers' Loan & Trust Co., 154 U.S. 362 (1894年5月26日), Convington & Lezington Turnpike Rd. Co. v. Sanford, 164 U.S. 578 (1896年12月14日) などが挙げられる．

第二節　19世紀末における〈同一状況同一取扱〉要請の内容　　　105

　　記録から明らかな事実により示される通り，この事案は上記の分類［恣意的に権力が行使された事案］に属する．その記録によれば，法自体あるいはその執行に当たる当局により想定されていた，火元に隣接する財産の保護や公衆の健康被害への警戒のために必要なすべての要求に，両上告人は従っていた．監督官の意思を除けば，いかなる理由も，なぜ，彼らが生計の基礎とする，無害かつ有用な業務の，許容されてきた方法による実行が許されてはならないのか，を説明できない．[194]

では，「監督官の意思」は，区別を正当化する理由となるか．

　　そして，監督官の許可が原告らおよび同様に許可を申請した二百名の者（そのすべてが偶然にも中国人である）について拒否されている一方，中国人ではない他の八十名の者は，同一の条件の下にありながら，同じ事業を営むことを許可されている．このような差別（discrimination）の事実が，認定できる．このことについて何ら理由は示されておらず，申請者が属する人種と国籍への敵意（hostility）を除いて，このことへの説明は存在せず，法的視点の下での人種と国籍への敵意は正当化されないとの結論を疑う余地はない．
　　従って，この差別は違法であり，差別を行った行政管理は equal protection of the laws の否定であり，憲法第14修正への違反である．[195]

この判決は，監督官個人の中国系移民への敵意に基づく区別は正当でないと判示する．そして，中国系住民も，安全設備などの点で，許可を受けた洗濯業者と「同一の条件の下」にあり，この措置は equal protection 条項に反する，と結論する．

(3) Yick Wo 判決の equal protection 条項に関する理解　この監督官の処分は，中国系移民という状況にある者すべてに対し，許可を付与しないとする同一の処分を与えるものであった．従って，これを〈同一状況にある者を同一に取り扱っている〉処分だと解釈することもできる．しかし，最高裁は，そうは解釈しなかった．

Yick Wo 判決は，〈敵意や差別的意図に基づく区別〉は，equal protection 条項により禁止されるとしたのである．この解釈によれば，〈同一状況にある

---

194) 118 U.S., at 374.
195) *Ibid.*, at 374.

者〉とは,〈敵意や差別的意図以外に区別する理由を見出せない者〉を意味することになる.Yick Wo 判決は,Barbier 判決の示した〈同一状況同一取扱〉要請の内容を〈敵意や差別的意図に基づく区別〉の禁止として解釈したのである[196].

2 Yick Wo 判決を前提にした他の判例の読み方

19 世紀末の判例は,Yick Wo 判決と同様の解釈を前提にしていた.このように解せば,この時期の判例の論証を整合的に理解できる.

(1) 諸判例による論証との整合性 まず,第一節に見た判例が,equal protection 条項に関する論証をほとんど示さなかった点について.

上に見た判例で問題となった規制の対象は,いずれも洗濯業者・鉄道会社など,敵意や差別感情の客体だとは言いにくい存在であった.従って,敵意に基づく立法を禁止する equal protection 条項の適合性審査は,ほとんど必要ないと判断されることになる.

第一節に見た諸判例が,Yick Wo 判決と同様の解釈に立っていたとすれば,その論証が簡潔になるのも当然だと言える.

(2) 州権主義への配慮 また,この解釈は,州法への介入を〈敵意や差別的意図に基づく区別〉という例外的・極限的な場合に限定するものであり,謙抑的な解釈だとも言える.

19 世紀は,州権主義の時代であり,連邦による州への介入には強い警戒が示された.これは第 14 修正の起草過程[197]や,判例のポリスパワー裁量論にも現れている.

---

196) この判決を,いわゆる法適用平等説を前提にした判決として読むことも可能である.しかし,本文で述べたように,この判決で問題となった処分を,〈移民には洗濯業の許可を与えてはならない〉という法を〈平等に適用した〉処分だと構成することも可能である.
197) 第五章に確認したように,第 14 修正は,各州への強度の義務付けを伴う連邦法(市民権法)の合憲性に関する疑義を払拭するために制定された.

(3) 判例・教科書類による引用　そして, Yick Wo 判決は, 後の判例において
も重要な先例として引用されている[198]. また, 19世紀末の教科書類において
も, この判決は, Barbier 判決と並ぶ equal protection 条項の代表的判例と
して扱われている[199].

　これらの引用は, Yick Wo 判決を, 特異な解釈に依拠した突出した判決と
してではなく, 当時の解釈理論に適合した判決として位置づけている. このこ
とからも, 19世紀末の判例が, Yick Wo 判決と同様の解釈に依拠していたこ
とが推測される[200].

第八章総括

　連邦最高裁は, 裁量的ポリスパワー論を前提に, 〈同一状況同一取扱〉要請
は〈敵意や差別的意図に基づく区別〉を禁止する要請だと解釈した.

　しかし, このような解釈は, 19世紀最末期の諸判決を境に変化することに
なる. 19世紀最末期, 判例は, 〈同一状況同一取扱〉要請をより強い要請, つ
まり〈区別の合理性〉要請を意味するものと理解し, その内容を変化させて行
く. 次章では, 19世紀最末期から20世紀初頭にかけての〈同一状況同一取扱〉
要請の内容変化を追うことにしたい.

---

198) Pembina Consol. Silver Mining & Milling Co. v. Pennsylvania, 125 U.S. 181, 190 (1888年3月19日), Powell v. Pennsylvania, 127 U.S. 678, 685–686 (1888年4月9日), Crowley v. Christensen, 137 U.S. 86, 92 (1890年11月11日), Fong Yue Ting v. United States, 149 U.S. 698, 724 (1893年5月15日) 参照.
199) Cooley [1898] p. 250, Barnes & Milner [1913] p. 249 は Barbier 判決と並ぶ重要判例として, この判決を紹介. Black [1895] p. 406 は, 外国人に対する適用例の代表としてこの判決を紹介. McClain [1905] p. 352 も, Barbier 判決と並びこの条項の代表的適用例として紹介.
200) もっとも, Yick Wo 判決の判示は, 当時の判例群の中にあって突出したものであり, 同判決の判示を当時の一般的解釈として読むことには一定の問題がある.
　当時の判例群から確実に論証できるのは, 法律上の区別の合理性や政策的妥当性は, 州に委ねられていた, という点のみである. Yick Wo 判決の理論が19世紀末の判例理論であったという説明は, やや精度に劣るものであることは否めない.

第九章 〈区別の合理性〉要請：
州裁量への歯止め——1896-1939

　19世紀最末期から20世紀前半にかけて，〈同一状況同一取扱〉要請の内容の理解の仕方に変化が生じた．これにより，equal protection 条項は〈区別の合理性〉要請を保障する条項として解釈されるようになる（第一節）．〈区別の合理性〉要請とは，〈立法目的への適合性〉要請である．このように理解された結果，equal protection 条項の適用は，目的論的解釈に類似する機能を営むようになった（第二節）．〈区別の合理性〉要請は，ほとんど無限定に認められてきた州の裁量に歯止めをかけるための要請として登場した．このため，20世紀前半の段階においては，〈区別の合理性〉という言葉は，緩やかで謙抑的な違憲審査基準の採用を示す言葉ではなく，州の裁量に歯止めをかける解釈を示す言葉として用いられていた（第三節）．

第一節　〈区別の合理性〉要請の成立

1　〈区別の合理性〉要請の登場——Gulf 判決

　前章に見たように，19世紀末の連邦最高裁は〈同一状況同一取扱〉要請を，〈敵意や差別的意図に基づく区別〉の禁止の要請という，最低限度の要請を意味するものとして理解していた．この謙抑的解釈は，州のポリスパワー裁量の強調から導かれたものであった．しかし，19世紀最末期から20世紀初頭にかけて，連邦最高裁の〈同一状況同一取扱〉要請の理解は，微妙に変化して行く．この変化を象徴する判決が，Gulf, Colorado & Santa Fe v. Ellis, 165 U.S. 150（1897年1月18日）である．

　(1) 事案　この判決の事案は，次のようなものである．テキサス州法は，鉄道会社に対し損害賠償を請求し勝訴した者は，被告鉄道会社に対し，弁護士

第一節 〈区別の合理性〉要請の成立　　109

費用を請求できる旨を規定していた．Gulf 鉄道会社は，原告の家畜をひき殺したことについて損害賠償を請求され，敗訴した．その際，州地方裁判所は，Gulf 鉄道会社に対し，原告側弁護士費用の負担を命じた．この判断は，州民事控訴裁判所，州最高裁判所によって支持された．

　このため，Gulf 鉄道会社は，鉄道会社にだけ勝訴原告の弁護士費用を負担させる当該州法が第 14 修正の due process 条項，equal protection 条項に反するとして，連邦最高裁に上訴した．

　(2) 従来のポリスパワー裁量論　この事案につき，連邦最高裁は，当該州法が equal protection 条項に違反するとの結論を導いた[201]．まず，Brewer 執筆法廷意見は，過去の判例を引用しつつ，次のように述べる．

> 州の分類の権限を否定することは第 14 修正の射程に含まれず，法律がある類型のすべてを同じように扱ってさえいれば，equal protection の否定だとの攻撃にさらされない，と言われている．一般命題としては，これは疑いなく正しい．[202]

これは，州の裁量を強調する論証であり，前章に見た従来の判例に一般的に見られるものである．この論証に続き，同一の対象に同一の規制が及んでいることを確認し，当該区別の〈立法目的への適合性〉などを検討することなく州法合憲の結論を導く．それが従来の判例の論証であった．

　(3) 適切な根拠の要請　しかし，この判決は，この論証に続き，次のように宣言する．

> とはいえ，その分類は恣意的になされてはならない，ということも同様に正しい．すべての白人が勝訴した相手の弁護士費用の支払いをさせられ，黒人は支払いをさせられないことを州は要求できない．ある年齢以上あるいはある程度以上の財産を保有するすべての者だけがそのような義務に服することも，州は要求できない．これらは，目的とされた分類への適切な根拠 (proper basis) を提供できない区別である．区別は，常に，分類が要求された法律に対する合理的かつ適切な関係を持つ何らかの違いに基づいている必要があり，恣意的でそのような根拠を持たない区別は，あってはな

---

201) この判決は，人種による分類を伴わない州法が equal protection 条項に反するとされた初めての判決として著名である．
202) 165 U.S., at 155.

らないのである.[203]

Gulf 判決は，このように「適切な根拠」を有しない区別は，equal protection 条項に違反すると宣言した.

(4) 州の裁量の制限　法令の区別は合理的でなければならない．これは，当然の原則である．問題は，合理性の判断を誰が行うか，という点である．従来の判例のポリスパワー裁量論は，〈敵意や差別的意図に基づく区別〉を禁止しつつ，それ以外の区別についてこの判断を州に委ねるものとして理解できる．

しかし，Gulf 判決は，〈区別の合理性〉の有無の判断を，連邦最高裁が連邦法（第 14 修正）の適用により行い得ることを宣言した．また，判決は，体色のような敵意や差別感情の対象のみならず，年齢や資産による区別も，不合理な区別であり得ることを例証している．

そして，この判決は次のように述べ，州法違憲の結論を宣言した．

> すべてのケースで，分類が設けられたことのみならず，それが何らかの合理的な理由 (some reasonable ground)——意図された分類に正当かつ適切な関連性を有する何らかの違い——に基づく分類であることが必要であり，単なる恣意的な選択でないことが，示されるべきである．この原理により審査した場合，問題の州法は支持され得ない．[204]

この判決は，敵意や差別的意図に基づかない区別でも，それが「合理的な理由」を欠いた区別である場合，equal protection 条項に反するとの解釈を採用した．

これは，従来の解釈とは異なり，州の裁量の幅を狭めるものであった．

ここに〈区別の合理性〉要請を equal protection 条項の内容とする解釈が登場した．

2　20 世紀初頭の判例——〈同一状況同一取扱〉要請の内容の変化

20 世紀初頭，このような解釈は一般的な解釈となる．

---

203)　*Ibid*., at 155.
204)　*Ibid*., at 165–166.

(1) Cotting 判決　Cotting v. Kansas City Stock Yards Co., 183 U.S. 79（1901 年 11 月 25 日）は，大規模屠殺業者にのみ課せられる規制が，不合理な区別であるとして，equal protection 条項に違反するとされた事案である．

Brewer 執筆法廷意見は，まず Barbier 判決を引用し，equal protection 条項は〈同一状況同一取扱〉要請を規定しているとの解釈を宣言する[205]．そして，州には分類に関する裁量があることを是認しつつも[206]，次のように言う．

> 一日 99 頭の家畜を引き受ける屠殺場と，一日 101 頭の家畜を引き受ける屠殺場では，全く同じ事業を行っているのではないとする論拠は，存在していない．両社は，その基本的要素において同一の事業なのであり，その違いはただ単に，一方が他方よりも規模が大きいという点だけである．[207]

このように，当該州法の区別は，それぞれの類型間の本質的差異に基づいていない不合理なものだと認定し，次のように結論する．

> この法律は単にその間接的結果において異なる個人あるいは会社に異なる影響を与えるというものでもなければ，事業の性質における本来的差異に基づく分類を伴うものでもなく，同一の事業類型間の積極的かつ直接的な差別であり，それぞれが行っている事業の量にのみ基づくものである．……当該州法は，第 14 修正の equal protection 条項に違反するものとして違憲だと宣言されねばならない．[208]

この判決は，再三，規制を受ける屠殺場とそれ以外の屠殺場が「同一の事業」であることを強調している．これは，〈同一状況同一取扱〉要請を意識した論証である．

判決は，その上で，問題の区別を基礎付ける合理的な根拠がないとして，違憲の結論を導いた．その際，Gulf 判決が重要な先例として引用されている[209]．この判決は，〈同一状況同一取扱〉要請を，Gulf 判決の示した〈区別の

---

205) 183 U.S., at 106. ここで「(equal protection 条項は）同一の状況の下にあるすべての者に，その個人的・市民的権利の享受における等しい保護と安全が与えられることも意図している」との Barbier 判決の解釈定式を引用する．
206) *Ibid.*, at 111.
207) *Ibid.*, at 112.
208) *Ibid.*, at 112.
209) *Ibid.*, at 107.

合理性〉要請を意味するものとして理解したのである.

(2) その他の判例——Connolly 判決・Southern 鉄道会社判決　その後の判例も，まず equal protection 条項から〈同一状況同一取扱〉要請を導き，その内容は〈区別の合理性〉要請である，とする論証を示す．例えば，Connolly v. Union Sewer Pipe Co., 184 U.S. 540 (1902 年 3 月 10 日) は，農業以外の産業を規制する独占規制が equal protection 条項に違反するとされた事例である．この事例でも，連邦最高裁は，Barbier 判決を引用し[210]，その定式に依拠しつつ，農業とそれ以外の産業の区別を不合理だと結論した.

租税関連の事案についても，連邦最高裁は同様の論証を示した．Southern R. Co. v. Greene, 216 U.S. 400 (1910 年 2 月 21 日) は，他州の会社に対し特別な課税を行うアラバマ州法を equal protection 条項に違反すると結論した判決である．この判決は，equal protection 条項は〈同一状況同一取扱〉要請を保障すると述べた上で[211]，当該州法上の区別が「実質的な根拠を欠くもの」だという理由で違憲の結論を導いた[212].

(3) 20世紀初頭の判決の特徴　このように，20 世紀初頭の連邦最高裁判決は，equal protection 条項から〈同一状況同一取扱〉要請を導き，その内容は〈区別の合理性〉要請である，とする論証を示すものが多い．そして，上に見てきた equal protection 条項に依拠した違憲判決のみならず，合憲の結論を導いた判決についても同様の傾向が指摘できる[213].

---

210)　184 U.S., at 559.
211)　216 U.S., at 412. Barbier 判決は租税に関する事件ではない．このため，租税関連判例は，Barbier 判決を引用せず別の判例の引用や独自の論証により，equal protection 条項から〈同一状況同一取扱〉要請を導くものが多い．
212)　*Ibid.*, at 417.
213)　同様の傾向が指摘できる判例として，次のようなものが挙げられる．Convington & Lezington Turnpike Rd. Co. v. Sanford, 164 U.S. 578 (1896 年 12 月 14 日), Magoun v. Illinois Trust & Sav. Bank, 170 U.S. 283 (1898 年 4 月 25 日), Orient Ins. Co. v. Daggs, 172 U.S. 557 (1899 年 1 月 16 日), L'Hote v. New Orleans, 177 U.S. 587 (1900 年 5 月 14 日), American Sugar Refining Co. v. Louisiana, 179 U.S. 89 (1900 年 11 月 5 日), Florida C. & P. R. Co. v. Reynolds, 183 U.S. 471 (1902 年 1 月 6 日), Billings v. Illinois, 188 U.S. 97 (1903 年 1 月 19 日), Farmers' & Merchants' Ins. Co. v. Dobney, 189 U.S. 301 (1903 年 4 月 6 日), Atkin v. Kansas, 191 U.S. 207 (1903 年 11 月 30 日), Missouri, K. & T. R. Co. v. May, 194 U.S. 267 (1904 年 5 月 2 日), Fischer v. St. Louis, 194 U.S. 361 (1904 年 5 月 16 日), Kehrer v. Stewart, 197 U.S. 60 (1905 年 2 月

3 20世紀前半の諸判例――Barbier 判決の衰退

しかし,1910年代以降,Barbier 判決や〈同一状況同一取扱〉という定式は,さほど引用されなくなる.

International Harvester Co. v. Missouri, 234 U.S. 199(1914年6月8日)は,独占禁止に関係する州法上の合併禁止規定の違憲性が主張された事例である.この判決は次のような論証を示し,合憲の結論を出した.

> [州の立法目的のために対象を分類する]そのような権限は,もちろん,恣意的に行使されてはならない.その区別は,合理的な根拠を有している必要がある.[214]

Swiss Oil Corp. v. Shanks, 273 U.S. 407 (1927年2月21日)では,石油会社が,石油に連邦税を課しつつ油田に州税を課すのは不当な二重課税だと主張した.この事例についても判決は,〈区別の合理性〉要請を適用し,この区別を合憲とした.

> 第14修正は,課税の均一性を要求しない.これまで述べられてきたように,区別に対する何らかの適切あるいは合理的な根拠が存在することで十分である.[215]

Metropolitan Casualty Ins. Co. v. Brownell, 294 U.S. 580 (1935年3月18日)は,外国保険会社に対して課せられた特別の経済規制が合憲とされた事例である.

---

27 日), New York ex rel. Metropolitan S. R. Co. v. New York State Bd., 199 U.S. 1 (1905年5月29日), New York ex rel. Lieberman v. Van De Carr, 199 U.S. 552 (1905年12月11日), Halter v. Nebraska, 205 U.S. 34 (1907年3月4日), Atlantic C. L. R. Co. v. North Carolina Corp., 206 U.S. 1 (1907年4月29日), Raymond v. Chicago Union Traction Co., 207 U.S. 20 (1907年10月21日), I. M. Darnell & Son Co. v. Memphis, 208 U.S. 113 (1908年1月20日), Ughbanks v. Armstrong, 208 U.S. 481 (1908年2月24日), Muller v. Oregon, 208 U.S. 412 (1908年2月24日), Home Tel. & Tel. Co. v. Los Angeles, 211 U.S. 265 (1908年11月30日), Hammond Packing Co. v. Arkansas, 212 U.S. 322 (1909年2月23日), District of Columbia v. Brooke, 214 U.S. 138 (1909年5月17日), Southwestern Oil Co. v. Texas, 217 U.S. 114 (1910年4月4日), Williams v. Arkansas, 217 U.S. 79 (1910年4月4日), Griffith v. Connecticut, 218 U.S. 563 (1910年12月12日).

214) 234 U.S., at 215.
215) 273 U.S., at 413.

有効性について審査されるべきは，国内会社が国外会社と異なっているか否かではなく，両者の差異が区別の目的である問題に関連性を有するか否か，である．それらの差異が立法の対象に適切に関連しているのであれば，その差別は禁止されない．[216]

これらの判決は，Barbier 判決や〈同一状況同一取扱〉要請に言及することなく，equal protection 条項から直接に〈区別の合理性〉要請を導出している．また，上に引用した判決以外の多くの判決も，同様の論証を示している[217]．

4 〈区別の合理性〉要請の成立と Barbier 判決

そもそも，equal protection 条項の文言は，〈等しい保護〉を保障するためのものであり，〈区別の合理性〉要請のごとき一般原則を保障するものとして解釈するには無理がある文言である．しかし，Barbier 判決は，"equal" という文言を取っ掛かりにして，〈同一状況同一取扱〉要請を導入した．この〈同一状況同一取扱〉要請が，一般的射程を持つ〈区別の合理性〉要請の成立の基礎となった．これは，〈同一状況同一取扱〉という定式が，多様な解釈を許す抽象的な定式であったことに拠る．

しかし，equal protection 条項から直接に〈区別の合理性〉要請を導出する解釈が定着するにつれ，次第に Barbier 判決と〈同一状況同一取扱〉定式の有

---

216) 294 U.S., at 584.
217) Fifth Ave. Coach Co. v. New York, 221 U.S. 467（1911 年 5 月 29 日），Mutual Loan Co. v. Martell, 222 U.S. 225（1911 年 12 月 11 日），Quong Wing v. Kirkendall, 223 U.S. 59（1912 年 1 月 22 日），Yazoo & M. V. R. Co. v. Jackson Vinger Co., 226 U.S. 217（1912年12月2日），Rosenthal v. New York, 226 U.S. 260（1912年12月2日），Baltic Mining Co. v. Massachusetts, 231 U.S. 68（1913年11月3日），Ohio Tax Cases, 232 U.S. 576（1914年2月24日），Missouri, K. & T. R. Co. v. Cade, 233 U.S. 642（1914年5月11日），Pullman Co. v. Knott 235 U.S. 23（1914年11月2日），Jeffrey Mfg. Co. v. Blagg, 235 U.S. 571（1915 年 1 月 5 日），South Carolina ex rel. Phoenix Mut. Life Ins. Co. v. McMaster, 237 U.S. 63（1915 年 4 月 5 日），Reinman v. Little Rock, 237 U.S. 171（1915 年 4 月 5 日），Brazee v. Michigan, 241 U.S. 340（1916 年 5 月 22 日），Sunday Lake Iron Co. v. Wakefield, 247 U.S. 350（1918 年 6 月 3 日），Hayman v. Galveston, 273 U.S. 414（1927 年 2 月 21 日），Colgate v. Harvey, 296 U.S. 404（1935 年 12 月 16 日），New York Rapid Transit Corp. v. New York, 303 U.S. 573（1938 年 3 月 28 日），Mahoney v. Joseph Triner Corp., 304 U.S. 401（1938 年 5 月 23 日），Welch v. Henry, 305 U.S. 134（1938 年 11 月 21 日），Indianapolis Brewing Co. v. Liquor Control Com., 305 U.S. 391（1939 年 1 月 3 日）及び後述するこの時期の複数の違憲判決を参照．

用性は低下し，引用件数も減少して行くことになった．このため，現代のケースブック等においては，Barbier 判決は忘れ去られた判決となっている．

以上が，Barbier 判決の衰退と〈区別の合理性〉要請成立のプロセスである．

第二節　〈区別の合理性〉要請の内容

20世紀前半に成立した〈区別の合理性〉要請とは，どのような内容の要請なのか．本節では，この点について，検討する．

1　〈立法目的への適合性〉要請としての〈区別の合理性〉要請

この時期の判例には，〈区別の合理性〉要請の内容について細かい説明をしないものが多い．このため〈区別の合理性〉要請の内容を一般的な形で画定するためには，複数の事例の横断的・網羅的検討からその内容を抽出する必要がある．

(1) 合憲判決の論証　まず，合憲の結論を導いた判決の論証を分析したい．

Quong Wing v. Kirkendall, 223 U.S. 59 (1912年1月22日) は，ハンドクリーニング業者のライセンスにのみ手数料を課し，かつ，女性業者にはライセンス料を課さない州法について，equal protection 条項適合性が問題となった事案である．Holmes 執筆法廷意見は，ハンドクリーニング業者に手数料を課すことの目的を「スチームクリーニングの促進」，女性に手数料を課さないことの目的を「女性に適した労働における女性労働の促進」と認定した上で，それらの目的実現に適合的であるという理由で，上記区別の合憲性を確認した[218]．

ジャンク（くず鉄）業者のみに買取品が盗品でないかを調査する義務を課したニューヨーク州法の equal protection 条項適合性が問題になった Rosenthal v. New York, 226 U.S. 260 (1912年12月2日) では，ジャンク業者とそれ以外の区別が，「盗品転売の防止」という立法目的から正当化されている[219]．

ここでは，立法目的の実現のために両者（男女，ジャンク業者とそれ以外の

---

[218]　223 U.S., at 63.
[219]　226 U.S., at 270.

業者)を区別する必要がある，ということが合憲の理由とされている．この判断は，①立法目的の画定と②当該区別が立法目的実現に適合的か否かの認定という二段階からなる．ここでは，〈区別の合理性〉要請は，〈立法目的への適合性〉要請を意味するものと解されている．

そして，20世紀前半，州法上の区別がequal protection条項に適合すると述べた判決の多くは，当該区別が〈立法目的への適合性〉を有している，という理由に基づいて結論を導いている[220]．

(2) 違憲判決の論証　違憲の結論を採った判決も，同様の理解に立つ．Hartford Steam Boiler Inspection & Ins. Co. v. Harrison, 301 U.S. 459 (1937年5月24日) では，相互保険会社には雇用者を包括代理人にすることを認めつつ，株式会社にはそれを認めない州法が問題となった．判例は，包括代理人制度の趣旨に照らし，その資格を有すべきものすべてにその資格を配分していない，という理由でこの区別を違憲とした．

Atchison, T. & S. F. R. Co. v. Vosburg, 238 U.S. 56 (1915年6月1日) では，鉄道会社が被告になった場合にのみ弁護士費用の敗訴原告負担を強制する州法の合憲性が問題となった．判決は，訴訟当事者双方の等しい取扱という訴訟法の目的の実現に対し，当該州法上の区別は適合的でない，という理由で当該区別を違憲だと判断した．

---

[220] German Alliance Ins. Co. v. Hale, 219 U.S. 307 (1911年1月16日)：トラストの弊害除去目的から，トラストのメンバーの保険会社に特別責任を課す州法が正当化された事例，Mutual Loan Co. v. Martell, 222 U.S. 225 (1911年12月11日)：労働者保護という目的から，被用者の将来賃金の雇用者への譲渡を無効としたマサチューセッツ州法を合憲とした事例，Williams v. Walsh, 222 U.S. 415 (1912年1月9日)：危険物管理という目的から火薬販売にのみ課される規制が合憲とされた事例，Missouri, K. & T. R. Co. v. Cade, 233 U.S. 642 (1914年5月11日)：原告の訴訟インセンティブの維持という目的から，弁護士費用の敗訴被告負担が合憲とされた事例，Lacoste v. Department of Conservation, 263 U.S. 545 (1924年1月7日)：野生動物保護という目的から，毛皮ディーラーへの課税を正当化した事例，Radice v. New York, 264 U.S. 292 (1924年3月10日)：女性の健康保護という目的から，深夜のレストランでの女性の就業禁止を正当化した事例，Mahoney v. Joseph Triner Corp., 304 U.S. 401 (1938年5月23日)：酒類販売の適正確保の目的から，酒類取引にのみ課せられる規制が合憲とされた事例，Minnesota ex rel. Pearson v. Probate Court of Ramsey County, 309 U.S. 270 (1940年2月26日)：安全の確保という目的から，精神病患者の予防拘禁を合憲とした事例，Tigner v. Texas, 310 U.S. 141 (1940年5月6日)：州の農業政策の実現という目的から，農業部門のアンチトラスト法の適用除外を合憲とした事例，なども参照．

第二節　〈区別の合理性〉要請の内容　　　117

　Quaker City Cab Co. v. Pennsylvania, 277 U.S. 389（1928年5月28日）は，会社のタクシー営業収入に課税しつつ，個人・組合によるタクシー営業収入を非課税とすることが違憲とされた事例である．この判例は，事業総収入への課税という目的に対し，個人・組合のタクシー営業収入を非課税とすることが目的実現に適合しない過少包含だとして違憲とした．

　先に見た合憲の結論を採った判決と同様，ここでも①立法目的を画定し②その区別の立法目的への適合性を判断するという構造の判断が示されている．そして，〈立法目的の実現のために同一取扱が要求される〉との判断が，違憲の結論を根拠付けている．

(3)〈区別の合理性〉要請の内容　これらの判例を整理すると，〈区別の合理性〉要請は，〈立法目的への適合性〉要請を意味するものとして，理解されていることが分かる[221]．

2　判例における〈立法目的の正当性〉

(1)〈立法目的の正当性〉の確保の必要　判例は，equal protection 条項は〈立法目的への適合性〉要請を規定している，との解釈を採った．

　この要請は，〈立法目的の正当性〉が確保されない限り機能しない．例えば，〈人種差別主義者の満足〉という不当な目的が立法目的とされた場合，特定人種に市民権を与えないという区別は極めて合理的な区別だということになる．〈立法目的の正当性〉の確保は，〈立法目的への適合性〉要請を有意義なものとするための重大な前提である[222]．

　では，判例は，いかにして〈立法目的の正当性〉を確保したのか．

　この点，20世紀前半の equal protection 条項に関する判例には，立法目的

---

221) この時期の判例においては，equal protection 条項適合性の判断が，立法目的に対する適合性を基準に判断された，との整理は Tussman & tenBroek [1949] に拠る．この論文は，20世紀前半の判例の蓄積を踏まえ判例理論を整理したものであり，equal protection 条項の解釈に関する古典的業績だとされている．また，Perry [1979] p. 1068 も，「伝統的な equal protection の法理によれば，すべての区別は『正当な統治における利益』に『合理的に関連する』ものでなければならない」として，伝統的に同条項が目的適合性の要請を規定するものとして解されてきたと総括している．

222) Tussman & tenBroek [1949] pp. 349-345 も，過少包含に関する検討の中で，この問題に触れている．また，Sunstein [1982] pp. 50-51 をも参照．

が不当であるとした判例は存在しない．さらに言えば，立法目的の審査という手順が，判例の論証に登場しないのである．これは，なぜなのか．

(2) 立法目的の適正を確保する二つの手法　この点を理解するためには，そもそも，立法目的とは何か，を分析することが有益である．第三章第二節に論じたように，立法目的の概念は，二つの理解の仕方がある．

第一の理解は，〈立法目的とは，経験的に存在する具体的な国家機関の意図を言う〉とするものである．例えば，州議会の議員や条例制定者の意図が，この理解における立法目的である．このような立法目的概念（以下，経験的立法目的概念と呼ぶ）を採用した場合，立法目的自体が不当である，という事態もしばしば生じる．従って，立法目的自体を審査して不当な立法目的に基づく立法を排除することが必要になる．

第二の理解は，〈立法目的とは，立法に関係した国家機関の意図とは無関係に，法解釈者がその法律を正当化するために解釈により構成したものを言う〉とするものである[223]．このような立法目的概念（以下，構成的立法目的概念と呼ぶ）を採った場合，立法目的自体が不当であることは論理的にあり得ない．立法に関係した国家機関の意図とは無関係に正当な目的だけが立法目的として構成され，不当な目的は仮にそれが立法機関の意図であったとしても，立法目的とは構成されないからである．この場合，立法目的は，論理必然的に正当なものになり，仮に立法目的自体の審査を行っても，屋上に屋を重ねる無意味なものになる．

(3) 1930年代までの判例の立場　20世紀前半の連邦最高裁は，後者の構成的立法目的概念を採用していたように思われる[224]．

---

[223] また，〈立法目的とは，立法に関係した国家機関の意図とは無関係に，法解釈者ができるだけ不当な目的を構成しようとする方針の下，解釈により構成したものを言う〉という理解も考え得る．しかし，第三章第二節に述べたように，このような理解の帰結（全法令の違憲化）は極めて不当であり，この理解は現実的ではない．

[224] しばしば，立法目的を一義的に画定することはできないため，立法目的を基準にして合憲性を判断することは不適切であるとの主張がなされる．このような主張は，立法目的の画定という作業が，法解釈の一種であるという点を十分に理解していない主張であるように思われる．ある法文の解釈が一義的に決定できることは稀であるが，それゆえに法解釈という作業が無意味であるとは言えないであろう．立法目的を基準にした判断について論じたものとして，Note [1972], Meyers [1986] 参照．

先に述べたように，この時期の判例に，立法目的自体の正当性を審査するものは存在しない．人種に基づく区別についてすら，その立法目的の正当性の審査を行っていないのである[225]．また，州議会の議事録などの州機関の具体的な意図を示す記録から立法目的を画定する判例の論証は，ほとんど存在しない．さらに，実際に判例が画定した立法目的は，市場競争の促進[226]・労働者の保護[227]・女性の健康保護[228]など，それ自体は文句の付けがたい正当なものばかりである．

このような態度は，判例が構成的立法目的概念を採用していた，と解すると説明がつく．立法目的は正当なものとして解釈により構成されるものなので，その正当性を審査することは不要であり，またそれを画定するために議事録の類を参照することは必ずしも必要ではないのである．

20世紀前半の判例は，構成的立法目的概念を採用することにより，立法目的が不当である事態を排除し，それにより〈立法目的への適合性〉要請を有意味なものとした．このように理解するのが妥当である．

3 〈区別の合理性〉要請の内容と機能

(1)〈区別の合理性〉要請の内容　以上に見た20世紀前半の判例理論を整理すると，次のようになる．

判例の言う〈区別の合理性〉要請とは，〈立法目的への適合性〉要請である．ある区別が〈区別の合理性〉要請に適合するか否かの判断は，①立法目的の画定と，②当該区別が立法目的実現に寄与しているか否かの認定という二段階の手順によりなされる．そして，ここにいう立法目的とは，解釈により正当なものとして構成された立法目的を言う．このような構成的立法目的概念の下で

---

225) Gong Lum v. Rice, 275 U.S. 78（1927年11月27日）参照．この事件は，中国系移民が，白人学校への入学を拒まれたため出訴したという事件である．判決の論証は，後述 Plessy 判決（131頁参照）などを引用しつつ，分離は州政府の権限行使として許容されるとするものであった．その措置の目的審査などを行う論証はない．
226) German Alliance Ins. Co. v. Hale, 219 U.S. 307（1911年1月16日）．
227) Mutual Loan Co. v. Martell, 222 U.S. 225（1911年12月11日）．
228) Radice v. New York, 264 U.S. 292（1924年3月10日）．

は，立法目的は常に合理的なものとして構成されるため，立法目的自体の審査は不要である．

(2) 目的論的解釈と〈区別の合理性〉要請　このように理解された〈区別の合理性〉要請の適用は，目的論的解釈と同様の機能を営む．

目的論的解釈とは，法文の射程が曖昧であるとき，その法文の目的を基準に，その射程を画定する解釈方法である．例えば，瑕疵担保責任は契約責任の実現を目的とするので，「隠れたる瑕疵」（民法 570 条）とは物理的欠陥に止まらず，広く契約適合性の欠如を含む，とする解釈が目的論的解釈の例である．これは，法文の解釈者が，実現されるべき事態（契約責任の実現）を，立法目的の構成という形で提案し，その目的実現に適合的な内容（広く契約適合性の欠如を含む）を法文の意味として画定する解釈である．

20 世紀前半の判例が equal protection 条項の適用に際し行っている作業も，これと同様の性質を有する．そこでは，連邦最高裁は，解釈者が実現されるべきだと考える政策を立法目的だと構成し，その政策に適合的でない法文は，〈不合理な区別〉として，変更を要求している．

目的論的解釈は，法文の解釈方法にすぎず，当然のことながら，法文自体を変化させることはできない．従って，解釈の余地の著しく狭い租税法上の税率，刑法上の法定刑の規定などは，いかに目的論的に不当であっても，目的論的解釈に依拠してその不当性を是正することはできない．他方，憲法上の要請としての〈立法目的への適合性〉要請は，そのような解釈の余地のない法文の変更を導くことができる．今挙げたような解釈の余地のない法文について，equal protection 条項違反の主張がなされることが多いのは偶然ではない．

以上が，〈区別の合理性〉要請の内容と機能である．

第三節　〈区別の合理性〉要請＝緩やかな審査基準？

ここまでに見てきた〈区別の合理性〉要請は，立法目的実現への寄与を要求する相当程度に厳格な要請であるように思われる．

しかし，しばしば〈合理性の基準〉とは極めて緩やかな違憲審査基準であり，〈区別の合理性〉という定式は，極めて緩やかな要請を意味する，との解説が

なされる229). このような解説は，20世紀前半の判例の解説としては妥当ではない．最後に，この点を確認する．

1　州裁量への限定としての〈区別の合理性〉要請

（1）州裁量を強調する判例　20世紀前半の判決には，確かに州裁量を強調する判決も複数存在する．例えば，Lindsley v. Natural Carbon Gas Co., 220 U.S. 61（1911年3月11日）は，ガス会社の株主が，天然鉱水の利用制限を行うニューヨーク州法がequal protection条項に違反すると主張した事案である．この事案につき，Van Devanter執筆法廷意見は，州法合憲の結論を導いた．

> そのような法律における分類が問題にされた場合，何らかの事実状態がそれを合理的に支え得るものであれば，その法律が制定された時点でそのような事実状態が存在したことが推定されねばならない．……そのような法律上の分類を攻撃する側は，いかなる合理的根拠にも基づかないのであり，本質的に恣意的であることを証明する責任を有する．230)

判決はこのように述べ，州法の合憲性を推定し，原告の側に「合理的根拠」の不在についての立証責任を課した．そして，この判決は，後の判例でも，州の裁量を強調する論証として引用されている231).

（2）〈州には裁量がある．しかし……〉というニュアンス──Gulf判決　しかし，〈区別の合理性〉要請は，州のポリスパワーに関する裁量を強調する19世紀末の判例理論を乗り越え，州裁量に一定の歯止めをかける形で登場した要請である．

確かに，〈区別の合理性〉要請を導入したGulf判決の論証も州の裁量を強調

---

229) 例えば Sullivan & Gunther [2004] pp. 641-642, Stone & Seidman & Sunstein & Tushnet & Karlan [2005] p. 501.
230) 220 U.S., at 78-79.
231) Central Lumber Co. v. South Dakota, 226 U.S. 157（1912年12月2日），Darnell v. Indiana, 226 U.S. 390（1912年12月23日），International Harvester Co. v. Missouri, 234 U.S. 199（1914年6月8日），Jeffrey Mfg. Co. v. Blagg, 235 U.S. 571（1915年1月5日），Whitney v. California, 274 U.S. 357（1927年5月16日），Minnesota ex rel. Pearson v. Probate Court of Ramsey County, 309 U.S. 270（1940年2月26日）など．

し[232]．19世紀末の代表的な諸判例を引用する[233]．しかし，Gulf 判決は，〈区別の合理性〉要請を宣言し，州の裁量が無限定ではないことを述べている．そして，この要請について，Gulf 判決は，依拠すべき先例を挙げていない．従って，Gulf 判決はこの要請を先例にはない新しい要請として位置づけている，とも読める．少なくとも，〈区別の合理性〉〈合理的根拠〉という表現を用いた19世紀の判例は見当たらず，依拠できる先例が皆無であったことは事実である．

　これらの記述から窺える Gulf 判決のニュアンスは，こうである．〈確かに，先例は州の分類に対する裁量を認めてきた．しかし，その分類は合理的なものでなければならない．〉つまり，Gulf 判決は，それまでの判決が強調しすぎた州裁量に一定の歯止めをかけるものとして，〈区別の合理性〉要請を導入したのである．

　(3) 連邦最高裁の権限拡大という時代的文脈　当初，equal protection 条項は，経済規制には適用されなかった．経済規制を射程に含む〈同一状況同一取扱〉定式による同条項の解釈は，州による経済規制に対する私企業の攻撃について，連邦最高裁が一定の配慮を示すことにより成立した．そして，〈区別の合理性〉要請は，19世紀末の経済規制への攻撃・州権主義の後退の中で成立した要請であった．19世紀最末期から20世紀にかけて，連邦裁判所は，さらにその権限を強化し，経済規制の合理性の判断に介入するようになった．これが，〈区別の合理性〉要請成立の経緯である．

　州権主義を前提にしつつも，漸進的に連邦権限を拡大して行く．このような

---

[232]　先に引用した 165 U.S., at 155 の論証を参照せよ．
[233]　Gulf 判決の引用した判例は，次の通り．Hayes v. Missouri, 120 U.S. 68（1887年1月17日）：専断的陪審忌避．Missouri Railroad Company v. Mackey, 127 U.S. 205（1888年4月23日）：鉄道会社の労災補償．Walston v. Nevin, 128 U.S. 578（1888年12月10日）：資産税．Bell's Gap Railroad v. Pennsylvania, 134 U.S. 232（1890年3月3日）：額面評価による債権課税．Pacific Express Co. v. Seibert, 142 U.S. 339（1892年1月4日）：運送会社に対する特別課税．Giozza v. Tiernan, 148 U.S. 657（1893年4月10日）：酒類販売免許．Columbia Southern Railway v. Wright, 151 U.S. 470（1894年1月29日）：鉄道会社に対する課税．Marchant v. Pennsylvania Railroad, 153 U.S. 380：鉄道工事に対する賠償請求．St. Louis & San Francisco Railway v. Mathews, 165 U.S. 1（1897年1月4日）：鉄道会社に対する損害賠償．

時代的文脈の下に成立した要請である以上，その枕詞として州裁量の強調が語られるのは，当然のことである．Gulf 判決や，それに続く判例が州裁量の強調を述べるのも，この文脈において理解すべきである．従って，州裁量の承認の部分を，必要以上に強調することはミスリーディングである．

(4) 20 世紀前半の判例　Gulf 判決以降の 20 世紀前半の判決も，このような時代的文脈に即した論証を行っている．

先に見た Lindsley 判決も，Barbier 判決等の 19 世紀末の判例と比べると，丁寧な立法事実の認定を行っていることが分かる[234]．この判決で問題となった天然水の汲上に関する区別を，判決は，「地下水の汲上がガス採掘目的で行われる場合，それ以外の目的の場合に比して，ガスのみに対するより大きな需要とこの需要の帰結として生じるそれに付着した価値が，共有された権利の過度且つ浪費的な行使へのより大きなインセンティブを発生させる」[235] という立法事実を認定して，合憲の結論を下している．

さらに，〈区別の合理性〉要請が，州裁量への歯止めの強化の文脈において登場したことは，違憲判決の数にも現れている．19 世紀末の時期には，そもそも，equal protection 条項に依拠した違憲判決自体，極めて例外的であった．他方，20 世紀前半には，〈区別の合理性〉要請に依拠した少なからぬ数の違憲判決が下されている[236]．

---

234) 戸松 [1990] 30 頁は，Lindsley 判決は「州法に対して司法審査の権限を抑制的ないし制限的に行使する」態度を示したものであり，そこに示された「合理性の基準は，別名，抑制的・制限的審査基準と呼ばれる」とする．しかし，このような記述は，Lindsley 判決と〈区別の合理性〉要請の一面だけを強調した記述であるように思われる．

235) 220 U.S., at 80.

236) この時期の州法の equal protection 条項違反を宣言した判決として，以下のものがある．Atchison, T. & S. F. R. Co. v. Vosburg, 238 U.S. 56 (1915 年 6 月 1 日): 被告鉄道会社に対し，弁護士費用を負担させた州法が違憲とされた事例．Truax v. Raich, 239 U.S. 33 (1915 年 11 月 1 日): ある割合以上の外国人の雇用を禁じた州法が違憲とされた事例．F. S. Royster Guano Co. v. Virginia, 253 U.S. 412 (1920 年 6 月 7 日): 州外でも活動する会社に対する所得税法の規定が違憲とされた事例．Truax v. Corrigan, 257 U.S. 312 (1921 年 12 月 19 日): 雇用者・被用者間の紛争に，インジャンクションを出すことを禁じるアリゾナ州法が違憲とされた事例．Schlesinger v. Wisconsin, 270 U.S. 230 (1926 年 5 月 1 日): 死亡後 6 年以内の贈与につき，恣意的な区分だとして相続税を課した州法を違憲とした事例，Yu Cong Eng v. Trinidad, 271 U.S. 500 (1926 年 6 月 7 日): フィリピンで，華僑商人に対し，英西フィリピン語以外の言語で会計帳簿をとることを禁止した州法が違憲とされた事例，Hanover Fire Ins. Co. v. Harding, 272 U.S. 494 (1926 年 11 月 23 日): 州外保険業者への課

2 20世紀前半の equal protection 条項審査の厳格度

この時期の判例の〈違憲審査基準の厳格度〉については，このような経緯を踏まえて理解する必要がある．

現在では〈合理的根拠の基準〉〈合理性の基準〉という言葉は，極めて緩やかな審査基準を指すとされている．しかし，20世紀前半の判例の審査は，上に言及したように比較的丁寧であり，しばしば「ほとんど無審査・無干渉」[237] と言われる現在の〈合理性の基準〉による審査とは一線を画している．20世紀前半の判例は，現在の〈厳格審査〉ほど厳しくはないが，〈合理性の基準〉による審査ほど緩やかでもない中間的な審査を行っていたと言える．

後述するように〈equal protection 条項に関する違憲審査基準の厳格さ〉という概念は，後期 Warren Court 以降に成立した新しい概念であり，この概念を用いて20世紀前半の判例を分析・記述することには一定の無理が伴う．しかし，敢えて違憲審査基準論の枠組みに当てはめるなら，20世紀前半の判例では，概ねすべての事案が〈中間審査基準〉〈厳格な合理性の基準〉によって審査されていた，と言える．

なぜ，〈合理性〉〈合理的根拠〉という言葉が，緩やかな審査基準を意味するものとして使われるようになったのか．これは，Burger Court による旧判例の読み替えという作業の結果である．この点については，第十一章で説明することにしたい．

税が違憲とされた事例．Power Mfg. Co. v. Saunders, 274 U.S. 490（1927年5月31日）：その会社が財産も負債も置いていない郡での訴訟において，その会社の被告適格を認めた州法が違憲とされた事例．Louisville Gas & Electric Co. v. Coleman, 277 U.S. 32（1928年2月29日）：5年満期以下の信託証書について，モーゲッジ税が免除されることが違憲とされた事例．Quaker City Cab Co. v. Pennsylvania, 277 U.S. 389（1928年5月28日）：個人・組合のタクシー営業収入に課税せず，会社のそれにのみ課税を行う州法が違憲とされた事例．Iowa-Des Moines Nat'l Bank v. Bennett, 284 U.S. 239（1931年12月14日）：原告と競合する州内会社に対し，低い税率で課税されていたことが違憲とされた事例．Concordia Fire Ins. Co. v. Illinois, 292 U.S. 535（1934年6月4日）：保険会社に対する課税につき，資産評価の不均衡が違憲とされた事例．Hartford Steam Boiler Inspection & Ins. Co. v. Harrison, 301 U.S. 459（1937年2月2日）：相互保険会社には，雇用者を包括代理人にすることを認めつつ，株式会社の場合に，それを認めない州法が違憲とされた事例．Barndeis や Holmes は，これらの判例で，しばしば反対意見を執筆している．

237) Sullivan & Gunther [2004] p. 641 によれば，「合理性の基準」はしばしば「理論的には最小限度の，実際上は無意味な」基準だと言われる．

第九章総括

　19世紀最末期，Gulf判決などを契機として，equal protection条項は，〈区別の合理性〉要請を規定する条項だとの解釈が確立した．これは，〈立法目的への適合性〉要請を意味するものであり，この要請は目的論的解釈と同様の機能を営む．そして，この〈区別の合理性〉要請は，州の裁量の幅を狭める傾向の中で成立した，相当程度に厳格な要請であった．

　20世紀中葉の連邦最高裁（Warren Court）は，この解釈を前提に人種分離を解消しつつ，新しい理論を付加して行く．次章では，この点を検討する．

第十章　Warren Court と〈厳格審査〉
——1938-1969

　1953年，カリフォルニア州知事 Earl Warren が Eisenhower 大統領により，連邦最高裁主席判事に任命される．以降，Warren 退任の1969年までが，いわゆる Warren Court の時代にあたる．本章は，1930年代末から Warren Court の時代の判例を検討対象とする．

　前期 Warren Court は，従来の equal protection 条項の解釈を維持しつつ（第一節），人種分離の解消に積極的に取り組んだ（第二節）．

　後期 Warren Court は，二つの新理論を採用したと言われる．

　第一に，〈疑わしい区別〉に対する〈厳格審査〉の理論．これは，人種などの標識に基づく区別は，立法目的の実現に寄与していないという事実を推定した上で，〈立法目的への適合性〉を審査すべきである，との理論であった（第三節）．

　第二は，〈基本的権利〉についての区別に関する〈厳格審査〉の理論．この理論に関する判例の論証は多様である．その中で重要なのが，Shapiro 判決である．この判決は，equal protection 条項は〈立法目的への適合性〉要請に加え，〈付随的弊害の相当性〉要請を保障するものである，との解釈を示し，当該区別から重大な付随的弊害が生じている場合には，compelling な立法目的を実現するものでない限り同条項に反するとの解釈を提示した（第四節）．

第一節　〈区別の合理性〉定式の維持

1　1940年代の代表的判例

　前章に見たように，equal protection 条項は〈区別の合理性〉を要請している，との解釈は1930年代までに確立した解釈となっていた．そして，1940年代の判例も，この解釈を維持した．

第一節 〈区別の合理性〉定式の維持　　　127

　Railway Express Agency, Inc. v. New York, 336 U.S. 106（1949 年 1 月 31 日）では，自己所有の乗り物に自己の広告添付のみを許容し，他者の広告添付を禁じた州法の equal protection 条項適合性が問題となった．判決は，この区別が交通事故防止目的に適合的である，という理由で州法合憲の結論を導いた[238]．Sage Stores Co. v. Kansas, 323 U.S. 32（1944 年 11 月 6 日）は，食の安全という目的に適合的である，という理由で脂肪や油を加えた牛乳の販売を禁じる州法が equal protection 条項に反しないとされた．Williamson v. Lee Optical Co. of Oklahoma, 348 U.S. 483（1955 年 3 月 28 日）でも，眼鏡に起因する目の不健康の抑止という目的に適合的であるという理由で，眼科医・検眼士以外の者による眼鏡レンズの複製禁止が合憲とされた．

　ここに挙げたいずれの判例も，equal protection 条項を〈区別の合理性〉要請を保障した条項だと解している[239]．このように，1940 年代の判例は，従来の判例の解釈理論を踏襲するものであった．

2　Warren Court による従来の解釈の維持

　1953 年以降の Warren Court の判例も，従来の equal protection 条項の解釈に変更を加えるものではなかった[240]．

---

238) 336 U.S., at 110. 判決は，自己の製品の広告を行う車両と，それ以外の車両では交通事故を誘発する危険が異なるとの州当局の認定も，不当とは言い難いとして合憲の結論を導いた．
239) 具体的には，Railway Express Agency 判決の「分類が，その目的に関連性を持つ」（336 U.S. at 110），Sage Stores 判決の「立法行為に対する合理的根拠（rational basis）があるか否か」（323 U.S., at 35），Lee Optical 判決の「当該規制がその目的に対する合理的関係（rational relation）を欠き，従って，憲法上の限界を越えているとは言い難い」（348 U.S., at 490）などの記述を参照．
240) この時期の equal protection 条項に関する判例として，Asbury Hosp. v. Cass County, 326 U.S. 207（1945 年 11 月 5 日）：外国会社に対し，州内の農地の処分を強制する州法が，合憲とされた事例，Kotch v. Board of River Port Pilot Comm'rs, 330 U.S. 552（1947 年 3 月 31 日）：水先案内人のライセンスに必要な実習訓練の資格につき，現職水先案内人に自由裁量を認めることが，合憲とされた事例，Wheeling Steel Corp. v. Glander, 337 U.S. 562（1949 年 6 月 20 日）：外国会社の所有する無体財産に対する価格に応じた課税が違憲とされた事例，Morey v. Doud, 354 U.S. 457（1957 年 6 月 24 日）：特定の会社を，為替販売のライセンスの要求から除外するイリノイ州法が違憲とされた事例，Allied Stores of Ohio, Inc. v. Bowers, 358 U.S. 522（1959 年 2 月 24 日）：州民の在庫商品にのみ課税する州法が合憲とされた事例，Safeway Stores, Inc. v. Oklahoma Retail Grocers Asso., 360 U.S. 334（1959 年 6 月 22 日）：費用以下の値段で商品を販売することを禁じる

しかし，Warren Court は，二つの点[241]でそれまでの判例とは異なる傾向を有していた．以下，この点を検討する．

第二節　前期 Warren Court による人種差別解消

Warren Court の特徴の一つは，人種差別に対する対応である．後掲 Brown 判決に代表されるように，Warren Court は人種差別に対する厳しい対応を示した．では，Warren Court の下における人種差別の解消は，いかなる解釈理論に基づいて行われたのか．

この点，Warren Court の下における人種差別への対応は，〈厳格審査〉を採ることを宣言した後期と，それ以前の二つに分けることができる．以下，第二節では前期の対応を，第三節では後期の対応を検討する．

1　人種分離の解消に関する諸判例

(1) 高等教育における分離解消　1940 年代以降，連邦最高裁は，高等教育における人種分離に対し厳しい態度を示して行く．Missouri ex rel. Gaines v. Canada, 305 U.S. 337（1938 年 12 月 12 日）は，州立ロースクールへの入学を拒否された黒人が，授業料を負担する形で他のロースクールへの入学を勧められたが，その措置は申請人に同等の施設を与えることにならないとして equal protection 条項に違反するとされた事例である．

この判決を皮切りに，黒人の高等教育における分離の違憲性が次々に確認されて行く．黒人の州立ロースクールへの入学拒否が Sipuel v. Board of

---

インジャンクションが合憲とされた事例，Phillips Chemical Co. v. Dumas Independent School Dist., 361 U.S. 376（1960 年 2 月 23 日）：連邦政府所有財産の賃借人が，他の公共財産の賃借人よりも重く課税されることが違憲とされた事例，Ferguson v. Skrupa, 372 U.S. 726（1963年3月20日）：債権整理業務を弁護士に独占させた州法が合憲とされた事例，を参照．
241) Gunther [1972] は，equal protection 条項を〈立法目的への適合性〉要請として理解する一般定式が Warren Court の下でも継承されたとしつつ (p. 20)，後述の〈疑わしい区別〉と〈基本的権利〉による〈厳格審査〉が Warren Court における新理論であるとする (p. 8)．Gunther によって示された，Warren Court の下における〈厳格審査〉の領域とそれ以外の領域の二層化，という認識は，1970 年代以降の論稿により広く引用され（例えば Kwasnick [1973] p. 155, Simson [1977] p. 663, Note [1987] p. 1146 参照），共有された認識となったようである．

Regents, 332 U.S. 631（1948年1月12日）で，入学後の黒人の分離措置が McLaurin v. Oklahoma State Regents for Higher Education, 339 U.S. 637（1950年6月5日）で，黒人専用ロースクールの設備が白人専用のそれに全く及ばないことが Sweatt v. Painter, 339 U.S. 629（1950年6月5日）で，それぞれ違憲とされた[242]．

(2) 〈区別の合理性〉と Brown 判決　今見た判例は高等教育に関するものであったが，1950年代には，grade school 及び high school における人種別学の違憲性が宣言される．それが有名な Brown v. Board of Education, 347 U.S. 483（1954年5月17日）である．

Warren 執筆法廷意見は，問題を次のように設定する．

> 我々は，かくして，次のような問題に突き当たる．人種という根拠のみに基づく公立校における生徒の分離は，それが物理的施設その他の「有形」要素が平等だとしても，マイノリティグループの生徒たちから平等な教育の機会を奪うことになるか？ 我々は，なると信じる．[243]

そして，次のような理由で，人種別学の違憲性を宣言する．

> 彼ら［小中高生］を同年齢の他の者から分離し，人種にのみ基づいて分類することは，彼らの共同体における地位（Status）に関する劣等感を発生させ，それは彼らの感情と精神（hearts and minds）に取り返しの付かない方法で影響を与える．[244]

人種別学は，劣等感の付与というネガティブな作用を伴う制度であり，黒人生徒に対し白人生徒と同等の教育の機会を与えるものではない．連邦最高裁は，このような理由で，人種別学の違憲性を宣言した．

Brown 判決は，人種別学が定型的に違憲となると述べたのではない[245]．スティグマ付きの教育の提供は瑕疵ある教育の提供にすぎないため，人種別学は違憲だと述べたのである[246]．

242）これらの判例の展開については奥平 [1958] 参照．
243）347 U.S., at 493.
244）*Ibid.*, at 494.
245）この点につき Wechsler [1959] pp. 32–33 参照．
246）この判決は，特定人種の生徒が劣等感を持つという事情がないのであれば，人種別学は equal protection 条項に反しないとする前提に立つように読める．このため，人種別学を定型

(3) Brown 判決の後続判例　Brown 判決に続き連邦最高裁は，ビーチにおける分離を Mayor of Baltimore v. Dawson, 350 U.S. 877（1955年11月7日）で，ゴルフコースにおける分離を Holmes v. Atlanta, 350 U.S. 879（1955年11月7日）で，バスにおける分離を Gayle v. Browder, 352 U.S. 903（1956年11月13日）で，公園における分離を New Orleans City Park Improvement Association v. Detiege, 358 U.S. 54（1958年11月20日）で，違憲と断じた．これらの判決は，結論だけを述べた簡潔なものである．

2　〈区別の合理性〉と人種分離の解消

(1) 通常教育と劣等教育を受ける者の区別　高等教育における分離違憲判決から，Brown 判決に至る判例の共通点は，〈黒人に対する教育が何らかの点で劣悪である〉との認定にある．テキサス州のロースクールにおける人種分離を違憲とした Sweatt v. Painter, 339 U.S. 629（1950年6月5日）は，次のように認定する．

> 教員の数，専門家になるための講座と機会の多様性，学生集団のサイズ，蔵書の範囲，法学雑誌の利用可能性，その他の活動の点で，テキサス大学のロースクール［白人校］は優れている．より重要なことに，テキサス大学ロースクールは，遥かに多くの，客観的判断が不可能であるがロースクールにおいて重要である資質を有している．そのような資質には，ほんの幾つかを挙げると，教授団の評判，運営の経験，同窓会の地位と影響力，共同体内での地位，伝統と名声が含まれる．[247]

また，Brown 判決は，先に見たように，分離による黒人の「劣等感」の発生を認定した．

これらの判例は，人種による区別それ自体ではなく，〈通常の教育を受けている者と劣悪な教育を受ける者の区別〉を問題にしている．この区別について，合理的な理由を見出すことができない，という理由で，判決は分離違憲の結論

　　的に禁止すべきだとする批判がなされた．
　　　さらに，劣等感の付与という事実認定の論拠についても，議論がなされた．Brown 判決脚注11は，いくつかの社会学者の論文を引用し，事実認定を正当化する．この脚注11の妥当性をめぐって幾つかの論争が行われた．この点については，毛利［1994］668頁以下参照．
247)　339 U.S., at 634–635.

を導いた.

(2)〈区別の合理性〉解釈の継承 これは, 従来の判例理論を前提にした論証である. 従来の判例理論によれば, 当該区別が立法目的の実現に適合的である場合に合憲とされ, 逆に, 立法目的に適合的でない場合は違憲とされる.

教育法の立法目的を正当なものとして構成しようとすれば,〈すべての者に対し, その能力に応じた適切な教育を提供すること〉というものになるはずである. そして, 通常の教育を受ける者と(設備やスティグマ付与の点で)劣悪な教育を受ける者の区別が, このような目的に適合的であるとは言い難く, 立法目的からは白人も黒人も同等の瑕疵のない教育を受けることが要請されるのは当然であろう. 上記の諸判例は, このような前提に立って, 黒人に対する瑕疵のある教育の提供, すなわち人種分離を違憲とした, と理解すべきである[248].

このように理解した場合, 1930年代以降の人種分離違憲判決は, 20世紀前半に成立した equal protection 条項の解釈を前提にしていると解される.

(3)事実認定の違い 〈区別の合理性〉要請＝〈立法目的への適合性〉要請を equal protection 条項から導く解釈は, 19世紀最末期に遡る解釈理論である. 他方, この解釈に依拠して人種分離の解消が行われたのは, 20世紀半ばに入ってからのことであった.

なぜ, このように大きなタイムラグが生じたのか. それは,〈区別の合理性〉要請を適用した際の結論つまり, その区別が立法目的の実現に寄与しているか否かは, 立法事実の認定に大きく左右される, という理由に基づく.

例えば,〈分離すれど平等〉の理論を確立したとされる Plessy v. Ferguson, 163 U.S. 537 (1896年5月18日) は, 鉄道における人種分離を,「人民の慣行・習慣・伝統を参照し, そして彼らの快適さの促進, 公衆安全と善き秩序の維持」という目的の実現に寄与する「不合理とはいえない」区別であると認定[249]し, 合憲の結論を下した. 他方, Brown 判決は, 教育の目的に対し分離

---

248) Brown 判決は, 教育法における立法目的の画定に関する論証を明確には行っていない. しかし, 同判決は, 旧来の equal protection 条項の解釈に変更を加える旨の宣言をしていないこと, さらに, 基礎的教育機関の設置目的が瑕疵のない教育の提供であることは当然であること, からここで述べた前提が省略されていると解するのが相当である.
249) 163 U.S., at 550.

はスティグマ付けを伴う点で不適切だ，との立法事実の認定の下に違憲の結論を導いた．

つまり，この二つの判決の結論の差異は，その前提となる equal protection 条項の解釈（実体法の理解）が異なるのではなく，立法事実の認定の仕方が異なることに由来している[250]．

(4) 前期 Warren Court による従来の解釈理論の維持　以上に見たように，1940 年代から Warren Court 前期までの連邦最高裁は，equal protection 条項を〈区別の合理性〉要請を規定した条項として解釈していた．そして，Brown 判決の結論は，従来の判例における解釈を変更することなく導かれたものであり，前期 Warren Court における人種分離の解消は，〈区別の合理性〉要請に依拠して実現された，と言える．

第三節　〈疑わしい区別〉の理論

1　McLaughlin 判決――〈厳格審査〉の確立

第二節に述べたように，1950 年代までの人種分離に関する違憲判決は，従来の解釈を変更するものではなかった．それらは画期的な結論を導いたが，解釈理論としては，何ら新しいところのないものであった．

しかし，1960 年代に入ると，最高裁は，人種に基づく区別は〈疑わしい区別〉であり，その equal protection 条項適合性は厳格に審査される，とする理論を宣言する．その〈疑わしい区別〉理論を宣言した最初[251]の判例が，McLaughlin v. Florida, 379 U.S. 184（1964 年 12 月 7 日）である．この事件では，異人種間の男女による未婚同棲を禁じる州法の合憲性が問題となった．

(1) 審査対象の設定　White 執筆法廷意見は，まず Gulf 判決[252]など複数の

---

250)　従って，Brown 判決が Plessy 判決の equal protection 条項の〈解釈〉を覆した，との理解は正確ではない．両判決はともに，全く同一の解釈に依拠しており，異なるのは事実認定である．Plessy 判決の読み方については，Black [1960] p. 422 を参照．

251)　Klarman [1991] は，人種分離に関するルールが成立したのは 1964 年であると指摘し（p. 214），この判決がそれまでの判例と一線を画している点を説明する（p. 255）．

252)　Gulf, Colorado & Santa Fe v. Ellis, 165 U.S. 150（1897 年 1 月 18 日）；人種差別以外の事例で equal protection 条項違反を認定した初めての事例．第九章第一節で紹介．

19世紀最末期から20世紀前半の判例[253]を引用し，それらの判例の記述を根拠に，審査の対象を次のように設定する．

> 従って，equal protection 条項の下での司法審査は，立法によって定義された類型のメンバーの間の等しい適用を示すだけでは終わらない．裁判所は，制定法の行った分類がその目的に照らし合理的であるか否か，――本件では，フロリダ同棲法のカバーする類型とそれが排除している類型との間に，恣意的あるいは不快な差別が存在するか否か――まで踏み込み，決定しなければならない．[254]

この判例は，先例を引用することで，equal protection 条項から導かれる要請の解釈は，それまでの判例と異ならないことを強調する．実際，判例の設定した「目的に照らし合理的であるか否か」という審査対象は，同条項が〈立法目的への適合性〉要請を規定している，とする解釈を前提にした場合に設定される対象である．

(2)〈厳格審査〉の宣言 そして，判例は，次のようにも述べる．

> 我々が本件で扱っている分類は，対象者の人種に基づくものである．この分類は，第14修正の中心的目的が各州における公的な要因から生ずる人種差別の根絶にある，という歴史的事実を踏まえて審査される必要がある．この強い方針は，人種に基づく分類を「憲法上，疑わしい（constitutionally suspect）」ものとし，そしてそれを「最も厳格な審査（most rigid scrutiny）」に服させ，いかなる憲法上受容可能な立法目的に対しても「関連性の低い最たる事情」とする．[255]

---

253) 379 U.S., at 190–191 における引用判決は，以下の通り．Atchison, T. & S. F. R. Co. v. Matthews, 174 U.S. 96, 104–105（1899年4月17日），American Sugar Ref. Co. v. Louisiana, 179 U.S. 89, 92（1900年11月5日），Southern R. Co. v. Greene, 216 U.S. 400, 417（1910年2月21日），F. S. Royster Guano Co. v. Virginia, 253 U.S. 412, 415（1920年6月5日），Air-Way Elec. Appliance Corp. v. Day, 266 U.S. 71, 85（1924年10月20日），Louisville Gas & Elec. Co. v. Coleman, 277 U.S. 32, 37–39（1928年4月30日），Hartford Steam Boiler Inspection & Ins. Co. v. Harrison, 301 U.S. 459, 461–463（1937年2月2日），Skinner v. Oklahoma ex rel. Williamson, 316 U.S. 535, 541–543（1942年6月1日），Kotch v. Pilot Comm'rs, 330 U.S. 552, 556–557（1947年3月3日），Hernandez v. Texas, 347 U.S. 475, 478（1954年5月3日），Griffin v. Illinois, 351 U.S. 12, 17–19（1956年4月23日），Morey v. Doud, 354 U.S. 457, 465–466（1957年6月24日），Central R. Co. v. Pennsylvania, 370 U.S. 607, 617–618（1962年6月25日），Douglas v. California, 372 U.S. 353, 356–357（1963年3月18日）．
254) 379 U.S., at 191.
255) *Ibid.*, at 192.

この判決は，人種による区別は，「最も厳格な審査 (most rigid scrutiny)」により審査することを宣言した．これが，人種による区別への equal protection 条項の適用に際し，〈厳格審査〉を行うことを明確にした最初の判示である．Brown 判決などには，審査基準に関する特別な言及はない．

このように述べた上で，同判決は，異人種間の未婚同棲禁止は equal protection 条項に違反するとした．その根拠は，「性的礼節の基本概念 (the basic concepts of sexual decency)」の崩壊の防止という立法目的の実現のために，人種による区別を設ける必要はないとするものであった[256]．

ここで「最も厳格な基準」により審査されているのは，当該区別が立法目的実現に対して適切であるか否か，である．そしてこれは，判例が冒頭で設定した通り，それまでの判例の審査対象と同様の対象である．従って，ここでの「最も厳格な審査」の宣言は，equal protection 条項の実体的解釈を変更するものではない．

(3) Loving 判決　続く Loving v. Virginia, 388 U.S. 1 (1967年6月12日) でも，人種による区別が〈厳格審査〉に服することが確認された[257]．ここで問題になったのは，異人種間結婚を禁じる州法であった．ここでは，正当な立法目的を構成することができないという理由で，違憲性が宣言されている[258]．

このような理由付けは，当該区別が目的実現に寄与しているか否かの事実認定の前段階で，当該区別の equal protection 条項適合性を否定したものである．

2　〈厳格審査〉とは何か？

では，〈厳格審査〉とは何なのか．

McLaughlin 判決は，先に引用したように，人種による分類を「いかなる憲法上受容可能な立法目的に対しても『関係性の低い最たる事情』」として位置づける審査を，「最も厳格な審査」と呼んでいる[259]．これは，人種による分

---

256) *Ibid.*, at 193.
257) 388 U.S., at 11.
258) *Ibid.*, at 12.
259) 先に引用した 379 U.S., at 192 の記述を参照せよ．

類は，立法目的に対して関連性を持たない，つまりその実現に寄与しないとの推定を宣言したものとして理解できる．

問題の区別の立法目的実現への寄与の有無の認定について，裁判所は，①寄与有り，②寄与無し，③不明の三種類の心証を形成し得る．寄与の有無が，明確に認定できる場合には，立証責任の配分は結論に影響を及ぼさない．寄与の有無が明確に認定できない場合（いわゆるノンリケットの場合）に，②寄与無しとして扱うことを宣言したのが上記推定の宣言である．

このように，McLaughlin 判決は，〈その区別が立法目的実現に寄与すること〉の立証責任を政府の側に課す審査を，〈厳格審査〉と呼んだ．

これに対し，Loving 判決では，正当な立法目的が構成できないとされたので，〈その区別が立法目的実現に寄与すること〉の立証責任の配分は重要な役割を果たしていない．しかし，Loving 判決の Warren 執筆法廷意見は，〈厳格審査〉の説明として，McLaughlin 判決の Stewart 補足意見の説明を引用する．それによれば，〈厳格審査〉の下で人種による区別が支持されるためには，「それが何らかの許容可能な州政府の目標の達成に必要であること，が証明されねばならない」[260]．

この説明の引用によれば，Loving 判決も，McLaughlin 判決と同様の〈厳格審査〉の理解を前提にしていると言える．

3　Warren Court の〈厳格審査〉

(1) 立証責任の配分　Warren Court が，人種による区別に対し〈厳格審査〉を行うことを明確に宣言しているのは，この二つの判決のみである．従って，Warren Court の〈厳格審査〉とは，〈その区別が立法目的実現に寄与すること〉の立証責任を州政府の側に課す審査を言う，と結論することに問題はないように思われる．

とすれば，Warren Court の〈厳格審査〉については，その新しさよりも，伝統的解釈の継承の側面が強調されるべきである．すなわち，この審査基準論は実体法的観点から見る場合，従来の equal protection 条項の解釈を忠実に

---

260) 388 U.S., at 11. 引用された Stewart 補足意見は，379 U.S., at 198.

継承している．審査の対象は，あくまで当該区別の〈立法目的への適合性〉であり，20世紀の判例は一貫してそれを審査対象としてきた．Warren Courtにおける〈厳格審査〉は，伝統的な実体法的解釈を前提に，立法目的に寄与していることの立証責任を州の側に課したものにすぎない．

(2) 立法目的の compelling 性？　それに関連して注意が必要なのは，上記判例は，いずれも立法目的のcompelling性を要求していない，という点である．

立法目的のcompelling性の要求は，しばしば〈厳格審査〉の不可欠の要素として語られる[261]．しかし，Warren Courtは，これを〈疑わしい区別〉に関する〈厳格審査〉の要素とはしなかった．後述するように，Warren Courtがcompelling性を要求する〈厳格審査〉を採用したのは，〈基本的権利〉に関する一部の事例に限られる．

後に見るように，Burger Courtでは，人種による区別などの〈疑わしい区別〉は，compellingな利益の実現のためでなければ用いることはできない，との理論が提案される．これは，実体法的な解釈変更である．他方，Warren Courtにおける〈疑わしい区別〉の理論は，実体法的な解釈変更を伴わない立証責任の配分のための理論であったのが特徴である．

4 〈区別の合理性〉要請による人種差別の解消

ここまでの検討が示すのは，Warren Courtにおける人種分離の解消は，基本的に〈区別の合理性〉要請に依拠して行われた，という事実である．

前期Warren Courtの分離違憲判決は，〈区別の合理性〉要請に依拠して行われた．また，後期Warren Courtの採用した〈疑わしい区別〉の〈厳格審査〉も，それまでの実体法的解釈を前提にして，立証責任を州政府に配分する旨を宣言するに過ぎないものであった．

従って，人種差別関連事件についてWarren Courtが示した判断は，実体法的には従来の解釈に何ら変更を加えるものではなかった[262]．

---

[261]　芦部［2000］27頁参照．
[262]　もちろん，その結論という観点から見た場合には，Warren Courtの判例は革新的である．

第四節 〈基本的権利〉の理論

1 〈基本的権利〉の理論とは何か？

 Warren Court のもう一つの特徴は，〈基本的権利〉の理論を新たに定立した点である．これは，〈基本的権利〉に関係する州法の equal protection 条項適合性は，厳格な基準によって審査されねばならない，とする理論である．一般には，Warren Court が〈基本的権利〉として認定した権利として，裁判所へのアクセス権・選挙権・州際移動の権利の三つが挙げられる[263]．

 以下，それぞれの判例の論証を順に分析する．

2 裁判所へのアクセス権 = 従来の判例理論の踏襲

 (1) Griffin 判決 Warren Court の〈基本的権利〉の理論に関する最初の判例として，Griffin v. Illinois, 351 U.S. 12 (1956 年 4 月 23 日) を挙げるのが一般的である．この事件は，次のようなものである．イリノイ州法の下では，有罪判決に対し控訴を提起する際，公式の訴訟記録の複写を提出する必要があった．Griffin 氏は，貧困ゆえに手数料を払うことができず，記録の複写を入手できなかった．Griffin 氏は，これが控訴の権利の制限であり，equal protection 条項に違反する措置だとして，訴訟を提起した．

 この事件につき，Black 執筆法廷意見は，州法違憲を宣言した．

> 貧困者の刑事裁判において自らを防御する権利を否定する規則と，前もって費用を支払うに十分な資金を有するすべての者に与えられるはずの上訴審を貧困者について否定する規則との間に有意な差異はない．[264]

 これに続き，法廷意見は，上訴権と刑事法の執行の関係を検討する．

> 上訴審は，いまや，被告人の有罪無罪を究極的に判断するイリノイ刑事訴訟システ

---

263) Sullivan & Gunther [2004] p. 837 以下，松井 [2004] 305 頁以下参照．この他に，食料への権利や教育の権利などの「基本的権利性」が議論されている (Sullivan & Gunther [2004] p. 870 以下参照)．
264) 351 U.S., at 18.

ムの完全な一部となっている．……統計は，有罪判決のかなりの部分が州上訴審によって覆されていることを示している．従って，貧困者に対する十分な審理を否定することは，彼らの多くが上訴審で覆されるであろう不当な有罪判決によって生命・身体・財産を失うであろうことを意味している．……そのような上訴審の否定は，刑事法の執行において，何者にも特権を与えず，すべての者に等しい裁判を行うことを標榜する国家において，ふさわしくない．[265]

Griffin 判決は，このように述べ，州法の違憲性を宣言した．

(2)〈厳格審査〉? 同判決は，しばしば〈基本的権利〉の理論を宣言した判例だと説明される．しかし，この判決は，論証の中で，〈厳格な違憲審査基準を採用する〉旨の宣言を行ってはおらず，その論証は，伝統的解釈そのものである．すなわち，①立法目的を画定し，②当該区別が立法目的の実現に寄与していないことを根拠に，州法上の区別の違憲性を宣言する，という論証である．

具体的には，Griffin 判決は，①刑事司法制度の目的を「すべての者に等しい裁判を行うこと」と画定し，②その目的実現のために富者と貧者を同一に扱うことが要請されることを根拠に，イリノイ州法の違憲性を宣言している．

Warren Court の下では，その他にも裁判所へのアクセスの制限を違憲とした判決が下されるが，その判断の構造は，いずれも Griffin 判決と同様の伝統的判断である[266]．従って，裁判所へのアクセスに関する判例には，〈基本的権利〉の理論として特筆すべき論証は見当たらない．

3 選挙権＝権利の重要性の強調

(1) Reynolds 判決と Harper 判決 Reynolds v. Sims, 377 U.S. 533（1964年6月15日）は，アラバマ州議会両院の選挙における投票価値の不均等を違憲だとした判決である．この判決において，連邦最高裁は，次のように述べた．

---

[265] *Ibid.*, at 18–19.
[266] 裁判所へのアクセスに関する判例として，Smith v. Bennett, 365 U.S. 708（1961年4月17日）：護身令状（writ of habeas corpus）の請求のために必要な料金を課すことが，equal protection 条項に違反するとされた事例．Douglas v. California, 372 U.S. 353（1963年3月18日）：権利としての最初の控訴に，貧困者が弁護人を得られないことが equal protection 条項に反するとされた事例を参照．

疑いなく選挙の権利は，我々の自由かつ民主的社会における基本的問題である．とりわけ，自由かつ制約のない方法での選挙権行使への権利は，その他の基本的な市民的権利および政治的権利を保全するものであり，いかなる市民の投票への権利に対する侵害の主張も，注意深くかつ慎重に審査されねばならない．[267]

この判決はこのように述べて，州議会議員の選挙においては，厳格な投票価値の均等が要求され，問題の定数不均等を違憲であると断じた．選挙権を憲法で保障された〈基本的権利〉であるとして，厳格な審査を行うという態度は，その後の判例においても継承される．

Harper v. Virginia State Bd. of Elections, 383 U.S. 663（1966年3月24日）もまた，同様に選挙権の制限については厳格な審査がなされる旨の論証を示している．これは，一定額の税金の納付を選挙権行使の要件とした州法が違憲とされた事例である．この判決は，まず，選挙権が基本的な市民の権利であるとした過去の判例を引用し[268]，〈厳格審査〉の伝統を確認する．

我々は長年，基本的権利と基本的自由が equal protection 条項の下に主張された場合，それらを侵害ないし制限しているかもしれない区別は，厳密に審査されねばならず，注意深く限定されねばならないことについて，留意してきた．[269]

このように，Warren Court は，1960年代に入ると，選挙権に関連する事案では equal protection 条項適合性の〈厳格審査〉がなされる，との理論を明確に宣言した[270]．

(2) 権利に着目した判断構造　先に見た〈疑わしい区別〉に関する McLaugh-

---

[267] 377 U.S., at 561–562.
[268] 383 U.S., at 669. ここでは，Yick Wo 判決と Reynold 判決が引用される．前者は，中国系移民に対する木造家屋での洗濯業の許可が拒否された1886年の事例（第八章第二節参照）．
[269] Ibid., at 670.
[270] この他の選挙権関連の事例として，Lucas v. Forty-Fourth General Assembly, 377 U.S. 713（1964年6月15日）：上院議員選挙区の人口不均衡が，違憲とされた事例，Williams v. Rhodes, 393 U.S. 23（1968年10月15日）：州選挙において，新党からの立候補に15％の投票者の署名の提出を要件としたことが違憲とされた事例，Kramer v. Union Free School Dist., 395 U.S. 621（1969年6月16日）：学校区の選挙資格を，学校に子どもを通わせている親及び区内に不動産を所有している者に限定することが違憲とされた事例，などが挙げられる．

lin 判決や Loving 判決は,〈厳格審査〉とは,当該区別が立法目的の実現に寄与していないと推定して行う審査だと宣言していた.

他方,選挙権に関する諸判決の〈厳格審査〉は,いかなる審査を意味するのか,必ずしも明確ではない.

Reynolds 判決は,「投票の資格を有する市民は,彼が都市に住んでいること,あるいは農場に住んでいることにより,優遇されも冷遇されもしない.このことは,我々の憲法の equal protection 条項の明白且つ強固な要請である」と述べ,「二院制の州立法府の両院双方の議席は人口を基準に配分される」ことが「憲法上の標準」である[271]との憲法解釈を,違憲の結論を導くための決定的根拠にしている.Reynolds 判決の結論は具体的な事案の審査ではなく,〈定数の均等が equal protection 条項の保障する要請である〉との憲法解釈から導かれている.

また,Harper 判決の論証も,Reynolds 判決を引用し,その論証に強く影響されている[272].Harper 判決では,〈厳格審査〉の採用は,論証の最後に付加的に述べられているにすぎない[273].

これらの判決が示した判断は,定数均等が憲法上の要請であることを宣言し,端的に定数不均等の違憲を宣言する,という単純な判断である.要するに,選挙権に関する判例においては,選挙権保障や定数均等が憲法上の要請であることから直接に結論を導くという判断が示されており,個別事案の審査基準はさほど重要な役割を担っていないのである.

---

271) 377 U.S., at 568.
272) 383 U.S., at 667. もっとも,Harper 判決の pp. 668–670 の記述は,納税者と非納税者との間の区別が,選挙制度の目的に照らし適切であるか否かを検討した論証として読むことも可能である.
273) 同判決は,厳格審査基準の適用の後,それを適用した当該事案の審査に関する論証を何ら行っていない.先の引用の後に続く記述は,以下の通り.

これらの原理は,ここでも適用される.繰り返せば,富あるいは手数料の支払いの有無は,当裁判所の観点によれば,投票の資格に何ら関連性を持たない.というのも,選挙権は,そのような負担や条件が付けられるには,あまりにも重要で基本的すぎる.原審破棄 (383 U.S., at 670).

4 州際移動の権利に関する判決——〈付随的弊害の相当性〉要請

(1) Shapiro判決 Shapiro v. Thompson, 394 U.S. 618（1969年4月21日）の事例は，生活保護の受給に一年の居住要件を課した州法が違憲とされた事例である．Brennan執筆法廷意見は，次のように述べ，州際移動の権利が〈基本的権利〉であり，これを制限する州法は，極めて重要な立法目的の実現に資するものでなければ合憲とは言えない，とした．

> ここでの分類は州際移動の基本的権利を制約するため，その合憲性は，この分類がやむにやまれぬ（*compelling*）州の利益を促進するか否かにより決せられる厳格な基準により審査される必要がある．（判決では，compellingの語はイタリック書体．）[274]

このような基準を立てた上で，判決は，「行政上の効率[275]」，「詐欺的受給の防止[276]」，「新住民の労働の促進[277]」などが，本件州法の立法目的として構成し得るとする．しかし，これらの目的はさほど重要ではなく，州際移動の権利が優位する．従って，これらの目的実現のために州際移動の権利に制限を加えることは許し難い．判決はこのように述べ，州法を違憲とした[278]．

この判決は，立法目的の実現に適合的でない，という理由ではなく，当該区別は（立法目的の実現に寄与するものであったとしても，）生じる付随的弊害が極めて重大である（〈基本的権利〉の制約が付随的に生じる）との理由により州法を違憲とした．

この判決は，equal protection 条項適合性の審査において，立法目的のcompelling性を要求する〈厳格審査〉を行った最初の判例である．それまでの〈基本的権利〉・〈疑わしい区別〉に関するいずれの判例も，立法目的のcompelling性を要求する〈厳格審査〉を行ったことはない．

では，なぜこの判決は立法目的のcompelling性を要求したのか．

---

274) 394 U.S., at 638.
275) *Ibid*., at 636.
276) *Ibid*., at 637.
277) *Ibid*., at 637–638.
278) この判決は，この時期の判例が構成的立法目的概念を採用していることをよく表しているものとしても重要である．すなわち，判例はいくつかの「想定し得る」立法目的を列挙し，その中で最も重要なものを選び取るという手法を採用している．これは，州議会議員の具体的な意図を解明し，その合理性を問う手法とは全くことなる手法である．

(2)〈立法目的の重要性〉と〈立法目的の正当性〉 この点を理解する上で重要なのは,〈立法目的の重要性〉は,〈立法目的の正当性〉とは異なる概念である,という点である.

〈立法目的の正当性〉の有無は,絶対的な評価の下で判断される.例えば,行政コストの軽減も,州民の生命の安全確保も,正当であることに変わりはない.少しでも公益に資するところがあれば,その目的は正当であり,そうでなければ不当である.

これに対し,〈立法目的の重要性〉は,(その目的が正当であることを前提に)他の利益との比較の中で相対的に評価される.正当な立法目的にも,州住民の生命や身体の安全といった極めて重要なものから,公共輸送施設の運営,独占の禁止といった中程度のもの,市役所の裏口の清潔の維持といった軽微なものまで様々なものがあり,重要性のグラデーションを描いている.

そして,この判決の用いた〈立法目的が compelling でなければならない〉という基準は,〈立法目的の正当性〉があるだけでは足りず,極めて強度な〈立法目的の重要性〉が示されねばならない,という基準である.

従来の解釈によれば,equal protection 条項は,〈区別の合理性〉要請を保障している.〈区別の合理性〉要請とは,〈立法目的への適合性〉要請である.〈立法目的への適合性〉要請は,①正当な目的が構成でき,②当該区別がその目的の実現に資することにより充足される.ここでは,〈立法目的の正当性〉(正当な目的を構成することができるか)は問題になり得ても,〈立法目的の重要性〉は問題とならない.

従って,Shapiro 判決は,従来とは異なる同条項の解釈を示している,と解するのが相当である.ではなぜ,判決は,新しい解釈を示したのか.

(3) Shapiro 判決の equal protection 条項の解釈 Shapiro 判決は,生活保護に関する居住期間による区別は,州際移動の権利の制約と同質の措置であると認定した.このような前提に立つ場合,当該区別を合憲とすることは,州際移動の権利に対する制約を放置することになり妥当ではない.しかし,合衆国憲法には州際移動の権利を保障する条項は存在しない.また,当該区別が二重受給防止という目的に寄与していない,と結論することは困難であり,従来の解釈に依拠して equal protection 条項に違反するとの結論を導くことも難しい.

第四節　〈基本的権利〉の理論　　　　　　　　　　　143

　そこで，同判決は，equal protection 条項は〈立法目的への適合性〉のみならず，〈付随的弊害の相当性〉を保障しているとの解釈を採った．〈付随的弊害の相当性〉要請とは，当該区別が立法目的の実現に寄与していることを前提としつつ，そこで生じる弊害は相当な範囲（当該区別が実現する利益を越えない範囲）に収まらねばならない，とする要請である．

　このような解釈によれば，当該区別が同条項に適合していると結論するためには，正当な立法目的の実現に寄与する（二重受給の防止に寄与する）というだけではなく，それにより実現される立法目的が弊害を上回る重要なものであること，が示される必要がある．

　このような解釈の帰結として，判決は立法目的の compelling 性を要求した．同判決によれば，州法上の区別によって発生する付随的弊害は，〈基本的権利〉の制約という重大なものである．このため，天秤のもう一方に載せられた錘である立法目的が，極めて重要なもの（compelling なもの）だと評価できない限りこの区別を正当化することはできない．

　このような意味で，立法目的の compelling 性の要求は，〈付随的弊害の相当性〉の審査という Shapiro 判決独特の問題設定から発生した要求である．

　(4) 州際移動の権利条項の不在　Shapiro 判決は，それまでの判例とは異なる equal protection 条項の解釈を示し，州際移動の権利の保障のためにこの条項を用いた．同判決がこのような判断を行ったのは，州際移動の権利という重要な権利を保障する条項が，合衆国憲法に欠けていたという事情に基づく．

　仮に，憲法に州際移動の自由を保障する条項があれば，Shapiro 判決は敢えて従来の判例と異なる equal protection 条項の解釈を採るという選択を行う必要はなく，州際移動の権利の条項を用いて問題を解決したはずである．

　このことは，equal protection 条項から〈付随的弊害の相当性〉を導出するという解釈理論が，不文の権利の理論の一種であることを示している．不文の権利の理論とは，憲法上保障されるべき権利について明文の根拠がない場合に，一般条項などを根拠にその権利に対する憲法上の保障を与える理論である．

5 〈基本的権利〉の理論と Shapiro 判決の示唆

(1) 判例の多様性　以上に見たように，〈基本的権利〉の理論に関する判例とされる各判例の論証内容は多様であり，そこに統一的な理論が提示されているわけではない．

裁判所へのアクセス権に関する判例の論証は，従来の〈区別の合理性〉の審査と大差ない．また，選挙権に関する区別に関する判例においては，equal protection 条項適合性が厳格に審査されねばならない，とする記述があるが，その〈厳格審査〉とはどのような審査なのか，明確にはされていない．

(2) Shapiro 判決　〈基本的権利〉の理論に関する判例の中で重要なのは，Shapiro 判決である．この判決は，equal protection 条項は〈立法目的への適合性〉要請のみならず，〈付随的弊害の相当性〉要請を規定している，との解釈を採る．そして，Shapiro 判決は，ある区別によって〈基本的権利〉の侵害という重大な弊害が発生している場合には，その区別が compelling な立法目的を実現するものでない限り，equal protection 条項に適合しているとは言い難い，との判断を示した．

もっとも，Shapiro 判決が示した equal protection 条項の解釈は突出している．同時期あるいは後続の判例は，同判決のように equal protection 条項から〈付随的弊害の相当性〉要請を導出する解釈を採ってはいない．従って，アメリカ法における〈付随的弊害の相当性〉の位置づけには，不明確な点が残っている．

(3) Shapiro 判決の示唆　しかし，Shapiro 判決の論証には，二つの示唆が含まれている．

第一に〈付随的弊害の相当性〉要請が equal protection 条項に盛り込まれたのは，州際移動の権利という〈基本的権利〉を保障する憲法上の権利規定が欠けていたためである，という点．これは，〈付随的弊害の相当性〉要請の保障が，不文の権利の理論と同等の機能を果たすことを示唆している．

第二に，〈立法目的の重要性〉の審査が必要となるのは，〈立法目的への適合性〉の審査ではなく，〈付随的弊害の相当性〉の審査においてである，という点．これは，〈厳格審査〉において常に立法目的の compelling 性が要求されるわけではない，ということを示唆している．

第十章 総括

　本章の検討が示すのは，一口に Warren Court の〈厳格審査〉と言ってもその内容は事案ごとに異なっていた，という点である．

　〈疑わしい区別〉に対する〈厳格審査〉は，当該区別が立法目的の実現に寄与していない，という推定を置いて行う審査を意味した．他方，〈基本的権利〉に関する区別に対する判例の多くは〈区別の合理性〉を普通に審査しただけのものであったが，Shapiro 判決は equal protection 条項から〈付随的弊害の相当性〉要請を導き，〈基本的権利〉の制約が付随的弊害として生じている場合には，立法目的の compelling 性を要求する〈厳格審査〉が採用されるとの判断を示すものであった．

　次章では，これを踏まえて，Burger Court の判例を分析する．

第十一章　Burger Court の新理論
——1970–1985

　1969 年, Warren 主席判事が引退. Nixon 大統領は, 後任に Warren Earl Burger コロンビア特別巡回区連邦控訴裁判所判事を任命した. 以降, Burger 退任の 1986 年までの連邦最高裁は, Burger Court と呼ばれる.

　Burger Court は, 差別的な動機に基づく州法は equal protection 条項に反するとする〈差別的動機〉の理論, 人種や国籍に基づく区別は compelling な立法目的の実現のためでないと用いてはならないとする〈悪しき区別〉の理論 (第一節),〈社会経済立法無審査の法理〉(第二節) の三つの新しい解釈理論を導入した.

第一節　Burger Court と人種差別

1　Burger Court における人種差別問題

　しばしば, Burger Court は, 進歩的な Warren Court に対して, 保守的な傾向を有するとされる. しかし, 両裁判所が扱った問題は, それぞれ時代背景と性質を異にしており, 単純な比較を許さない. 両裁判所の下での人種差別に関する判例理論の展開も, この点を踏まえて分析する必要がある.

　Burger Court の成立時点で, 既に人種分離の違憲性は確立した判例理論となっていた. Burger Court が直面した人種差別の事例は, 法律の文言は中立的であるが, その帰結 (impact) あるいは制定の意図が差別的であると疑われる事例, 積極的差別是正措置が白人に対する逆差別だと争われた事例, など慎重な判断を要する事例 (いわば〈洗練された人種差別〉の事例) であった.

　これらの新しい問題に対処するため, 判例理論も変容を迫られることになる. 判例における equal protection 条項の解釈も, いくつか重要な点で変化

した．本節では，新しい人種差別への Burger Court の対応を分析する．

2 〈差別的動機〉理論の成立又は復活

Burger Court における新理論として，〈差別的動機〉理論が挙げられる．これは，立法の動機が差別的なものである場合，その法律は equal protection 条項に反する，とするものである．

(1) 立法目的と立法動機　ここで，立法目的（purpose of legislation）と立法動機（motive of legislation）の区別をしておくことが有益である．

判例の言う立法目的とは，立法機関の想定したところの目的ではなく，解釈者が法文の解釈により構成するものである．これに対し，立法動機とは，立法機関のメンバーがそのような立法を行った動機を言う．

判例は，この二つの概念を異なる意味で用い，使い分けている[279]．例えば，後掲 Palmer 判決は，立法行為の動機（motivation）を「立法行為の背後に横たわる」ものだと説明する[280]．これは，解釈者が解釈によって構成する立法の目的（purpose）と区別された概念として理解するのが相当である．

通常の場合，立法機関のメンバーは，特定の公益を実現しようとする意図を動機として，立法行為に携わる．この場合，立法機関のメンバーが想定する立法により実現されるべき事態と，解釈者により構成される立法目的は，概ね一致する．しかし，投票の動機は，特定の目的を実現しようとする意図のみならず，党議拘束，贈賄への期待，次回の選挙における得票，ログローリング[281]など，様々であり得る．

20 世紀初頭から 20 世紀中葉までの連邦最高裁判例では，〈立法目的への適合性〉要請の前提としていかなる立法目的が構成されるかは重要な問題とされてきたが，立法動機がどのようなものであるかはほとんど問題にされていなかった．立法動機は，議員それぞれで異なり，内心の問題であるため立証も困

---

279) 判例は，この二つの概念の区別については，慎重な配慮を行っている．しかし，言葉遣いについては些か繊細さを欠いており，立法動機の概念を "purpose" の語で表現する場合もある．
280) 後掲 403 U.S., at 224.
281) ログローリングとは，A 氏がほとんど関心のない法案 b を支持する代わりに，法案 b の熱心な推進者 B 氏に A 氏の推進する法案 a に賛成してもらうような議会内取引を意味する．二本柳［2005］参照．

難を極める．このため，連邦最高裁が，これを無視して司法審査を行ってきたことには，十分な理由がある．

(2)〈差別的動機〉の問題化　しかし，Brown 判決が定着するにつれて，頻繁に立法の動機が問題とされるようになった．

Brown 判決により Warren Court が確立した判例理論の下では，あからさまな人種分離は不可能である．このため，法律の文言は人種要件を排した中立的文言にせざるを得ない．しかし，差別感情は，一朝一夕に消滅するものではない．結果として，黒人の排除を動機とした中立的要件（例えば，土地の広さ）に基づくゾーニングなど，〈差別的動機〉に基づく中立的分類が設けられるようになった．

これらの分類は，その文言が中立的であるため，正当な立法目的を容易に構成できる．このため，容易に〈区別の合理性〉=〈立法目的への適合性〉要請に違反しないとの結論が導かれる．例えば，黒人排除の動機に基づく中立的文言によるゾーニングは，〈良好な住宅地環境の維持〉という目的を構成し，それに適合的な区別であり合憲だと結論される．

しかし，そのような目的の構成の仕方や結論は，説得力に欠け何か引っかかるものがある．Burger Court は，幾つかの事例の中で，この微妙な問題に対する態度決定を迫られることになった．

(3) Palmer 判決——動機の無視　この問題について最初に判断を示した判決が，Palmer v. Thompson, 403 U.S. 217（1971年6月14日）である．これは，裁判所から市営プールにおける人種分離禁止命令を受けたジャクソン市が，市営プールの全廃措置によって対応したという事例である．

原告は，この措置は，人種統合の回避という〈差別的動機〉に基づくものであり，違憲であると主張した．これに対し，Black 執筆法廷意見は，〈差別的動機〉は equal protection 条項違反の根拠にはならないとし，当該措置を合憲とした．判決は，まず，先例の確認を行う．

> 当裁判所のいかなる判例も，投票者の動機のみを理由に，立法行為が equal protection 条項違反だとされ得るとは，述べていない．[282]

---

282) 403 U.S., at 224.

そして，United States v. O'Brien, 391 U.S. 367（1968年10月14日）[283]を引用しつつ，立法動機を違憲の根拠とする解釈の問題を指摘する．

> 第一に，立法行為の背後に横たわる動機（motivation）あるいは異なる動機の集計の確認は，裁判所にとって極めて困難である．……第二に，さらに，それに賛成した者の悪しき動機を理由に，法律を無効化する司法の試みは，無益である．もし，法が，その文言上の内容あるいは影響ではなく，そのような理由で無効とされた場合，立法者あるいは関係政府機関は異なる理由で再可決するや否や，その法律は有効になってしまうことだろう．[284]

認定の困難性，及び無益性の二つを根拠に，Palmer 判決は，立法の動機は equal protection 条項違反の根拠にならないと判示した．判決は，これを前提に，立法の動機に依拠した原告の請求を棄却した[285]．

（4）Washington 判決——〈差別的動機〉の理論　Palmer 判決の論証は，立法動機を根拠とした判断の問題を鋭く指摘するものであり，このような態度決定もやむを得ないものだと考えられる．しかし，従来の〈区別の合理性〉要請だけでは，Brown 判決以降の〈洗練された人種差別〉への対応は不十分なものに止まらざるを得ないことも事実である．差別的意図に基づく立法を許容していては，人種統合は進まない．

かくして，1970年代の後半，Burger Court は Palmer 判決の態度を変更するに至る．

Washington v. Davis, 426 U.S. 229（1976年6月7日）は，コロンビア特別区の警察官採用試験は，黒人の不合格率が白人に比べ高く，差別的意図に基づく違憲な試験制度であると主張された事例である．White 執筆法廷意見は，結論としては試験制度の合憲性を認めるが，次のような判示を行った．

---

283) 徴兵登録証明書の破損の処罰が合憲とされた事例．当時，しばしばベトナム戦争反対の意思を表明するため，公衆の面前における徴兵登録証明書の焼却が行われていた．この事件では，反戦表現抑圧の意図の存在が問題となり，立法の動機を審査することの問題が争われた．
284) 403 U.S., at 224–225.
285) もっとも，Brest [1971] p. 131 は，「市当局の継続的な分離廃止への異議申立，それと同時になされたジャクソン市長による公式声明，（人種間の）暴力と経済的損失が発生するとの被告の予測の現実的論拠が示されていないこと」などからして，ジャクソン市の措置は，人種統合への反対を動機とするものだと考えざるを得ないと指摘している．

第14修正の equal protection 条項の主要な目的は，人種に対する差別に基づく公的行為の防止である．……しかし，当裁判所の判例は，人種差別的意図の反映であるか否かにかかわらず，人種的に不均衡な帰結（impact）を持つというだけで，法律その他の公的行為は違憲であるとの命題を述べてはいない．[286]（下線は筆者による.）

この記述は，人種的に不均衡な帰結（impact）だけでは州法は違憲にならない，としつつ，人種差別的意図の反映であるか否かは，equal protection 条項適合性について重要な事項であると述べるものである．この記述は，「人種差別的意図」に基づく立法は違憲であるとの前提に立っているようにも解され，Palmer 判決とは微妙に異なる立場に立つものであるように思われる．

(5) Arlington Heights 判決　続く，Village of Arlington Heights v. Metoropolitan Housing Development Co., 429 U.S. 252（1977 年 1 月 11 日）は，〈差別的動機〉に基づく立法は違憲であるという立場を明言する．これは，低所得層の黒人でも入居できるような複数家族用の住居建設を禁じるゾーニング条例が合憲とされた事例であった．これについて，Powell 執筆法廷意見は次のように述べる．

前開廷期における Washington 事件に関する我々の決定は，当裁判所は人種的に不均衡な帰結（impact）をもたらすということのみでは，公的行為が違憲とされることはない，ということを明らかにした．…… 人種差別の意図あるいは目的の証明が equal protection 条項違反の証明のためには必要である．[287]

ここでは，「人種的に不均衡な帰結」だけでは違憲の結論が導かれないこと，が宣言される．しかし他方で，差別的意図に基づく立法は違憲であるとする equal protection 条項の解釈が示された[288]．そして，この判例においては，差別的意図の有無の検討が論証の中心を占めており，〈区別の合理性〉の検討に主眼を置く従来の判例とは異なる立場が示されている．

---

286) 426 U.S., at 239.
287) Ibid., at 264–265.
288) この解釈が Washington 判決により既に示されていたものなのか，この判決が新しく示したものなのかは，必ずしも明らかではない．

(6) Rogers 判決——〈差別的動機〉を理由とした違憲判決　そして，Rogers v. Lodge, 458 U.S. 613（1982 年 7 月 1 日）において，連邦最高裁は，差別的な立法動機を理由にした違憲判決を出すに至る．これは，郡委員の選挙区割りの合憲性が問題となった事例である．連邦地裁は，この選挙区割りが黒人の影響力を減じる意図の下に行われた違憲な区割りであると認定する．

そして，連邦最高裁は，「意図的な差別を最終的に見出したことに基づく地方裁判所の事実認定に，明らかな誤りを見出すことはできない」[289] として，差別的意図を根拠にした地方裁判所の違憲判決を支持した[290]．

(7)〈区別の合理性〉と〈差別的動機〉の禁止　Burger Court は，伝統的な〈区別の合理性〉要請では対応できない差別的な立法動機の問題に直面した．これに対応するため，従来の解釈理論に加え，〈差別的動機〉の禁止の理論とでも呼ぶべき新しい理論を付け加えたわけである[291]．

これは，Yick Wo 判決の問題意識の復活と説明することもできる．Yick Wo 判決は，州権主義全盛の 19 世紀末（1886 年）に，区別の合理性の判断を州に委ねつつ，〈差別的動機〉に基づく州の行為を禁止する，という解釈論を示した．しかしその後，19 世紀最末期以降，equal protection 条項の内容が〈区別の合理性〉要請に変化し，〈差別的動機〉への問題意識は忘れられていった．

以降，50 年余りの間，人種分離合憲の結論を維持したことからも分かるように，〈区別の合理性〉要請では，〈差別的動機〉に基づく立法の違憲性を宣言することはできない．このため，Burger Court は，〈区別の合理性〉要請と併用する形で，Yick Wo 判決が示した〈差別的動機〉の禁止要請を復活させたわけである．実際，Washington 判決と Arlington Heights 判決は，〈差別的

---

[289] 458 U.S., at 627.
[290] この他に，学校区財政格差による教育水準の差異についての判断を示した San Antonio Independent Sch. Dist. v. Rodriguez, 411 U.S. 1（1973 年 3 月 21 日）も，合憲の結論を採りつつ，「purposeful discrimination であるか否か」を問題にしている（411 U.S., at 55）．
[291] もっとも，〈差別的動機〉を立証することは困難であり，むしろ，規制の帰結（impact）に着眼すべきである，との主張もなされている．この点については，Nelson [1986], Note [1982] 参照．また Brest [1971] p. 134 は，動機に着目した審査は困難であり，他の理由で違憲と宣言され得る場合には敢えて動機を審査する必要はないが，「立法・行政の動機の審査の一切を拒否することは正当化できない」としている．

動機〉の禁止を根拠付けるため，Yick Wo 判決を引用している[292]．Barbier 判決が現代のケースブックではほとんど参照されないのに対し，Yick Wo 判決は，現代でもしばしば引用される．これは，Burger Court における，その問題意識の復活に由来する．

以上で，〈差別的動機〉の禁止に関する検討を終える．

3 〈疑わしい区別〉の付随的弊害の認識——〈悪しき区別〉の理論

前章第三節では，Warren Court における〈疑わしい区別〉理論は，〈区別の合理性〉要請の枠内に留まる議論であることが確認された．しかし，Burger Court の下で，〈疑わしい区別〉の理論に対する新しい提案が示される．

(1) 国籍による区別に関する二つの判例　1970 年代の連邦最高裁は，国籍による区別は〈疑わしい区別〉の一つであるとの前提に立っていた．

そして，Burger Court は，国籍による区別について，立法目的の重大性を要求した．1971 年，アリゾナ州及びペンシルバニア州における外国人の福祉受給権の合憲性が問題となった Graham v. Richardson, 403 U.S. 365（1971 年 6 月 14 日）で，Blackmun 執筆法廷意見は，次のように述べた．

> 当裁判所の決定は，国籍や人種に基づく区別に類似した外国籍性（alienage）に基づく分類は本質的に疑わしく，そして厳格な司法審査に服することを宣言した．……アリゾナ及びペンシルバニア州は，<u>州の「特別な公共的利益（special public interest）」に基づいてのみ，……外国人に対する……公的扶助への資格の制限を正当化することができる</u>．[293]（下線は筆者による．）

その上で，財政支出の抑制は「特別な公共的利益」ではない，と述べ，州法違憲の結論を下した．

In re Griffiths, 413 U.S. 717（1973 年 6 月 25 日）は，外国人の司法試験受験資格の制限が違憲とされた事例である．ここで，Powell 執筆法廷意見は，次のように述べた．

> 疑わしい区別の使用を正当化するためには，州は，その目的ないし利益が憲法上許

---

[292]　426 U.S., at 241, 429 U.S., at 266 参照．
[293]　403 U.S., at 372．

容し得るのみならず，重要である (substantial) こと，そして，その分類の使用がその目的の「達成のために必要」あるいはその利益の保全手段であることを示さねばならない．[294] (下線は筆者による．)

この二つの判決は，重要な立法目的実現に寄与するものでない限り，〈疑わしい区別〉を用いてはならない，としている．これは Warren Court の〈疑わしい区別〉に関する判示にはない理論である．

(2) Bakke 判決　Regents of the University of California v. Bakke, 438 U.S. 265 (1978年6月28日) は，州立大学のメディカルスクールにおける黒人特別枠の合憲性が問題とされた事例である．連邦最高裁は，5対4の僅差で，この措置を違憲とした．

この事件について最高裁は，多数意見を形成することができず，各裁判官の意見は論点ごとに複雑に分岐した[295]．この事例について，Powell 執筆の意見は，次のように述べる．

> もし分類がある個人の人種ないし民族的背景に関するものであるとき，その個人は，その分類の根拠がやむにやまれぬ (compelling) 政府利益の実現に重大な関連性を有する，ということを証明する責任を要求することができる．この憲法上の保障は，いかなる背景を持つものでもすべての者が有する権利である．Shelley v. Kraemer, 334 U.S., at 22[296]; Missouri ex rel. Gaines v. Canada, 305 U.S., at 351[297]．(下線は筆者による．)

この論証は，人種に基づく分類は「やむにやまれぬ (compelling) 政府利益」の実現に関連するものでない限り違憲だ，とする一般論を述べている．しか

---

294) 413 U.S., at 721-722.
295) この判決の整理として阪本 [1981] 34 頁参照．
296) Shelley v. Kraemer, 334 U.S. 1 (1948年5月3日)：居住用不動産の不動産譲渡証書に白人以外の者にその不動産を使わせない旨の条項があり，州がそれを執行することが違憲だとされた事例．334 U.S., at 21 では，「有色人種であろうが白人であろうが，すべての者は法の前に平等であるべきだ」とする Strauder 判決 (第六章第二節参照) の記述などが引用されている．
297) Missouri ex rel. Gaines v. Canada, 305 U.S. 337 (1938年12月12日)：黒人が州立ロースクール入学を拒否された事例．詳細は第十章第二節参照．305 U.S., at 351 では，equal protection 条項の権利が個人に与えられた権利であり，黒人と白人が同等の法学教育を受ける機会を保障されるべきことが宣言されている．

し，ここで引用された判例は，いずれも立法目的の compelling 性を要求する旨の論証を示したものではない．従って，この点に関する判示は，Powell 意見のオリジナルだと言える．

その上で，同意見は，四つの目的について検討する．

まず，特定人種の学生に占める一定割合の確保という目的は，「実質的でないという理由ではなく，その目的それ自体が違法であるという理由で拒否されるべき」だとされた[298]．次に，特別枠の受益者は，その目的が救済しようとしている差別の被害者とは言えず，社会的差別の是正という目的は「この分類を正当化しない」[299]．第三に，医療サービスの不足する地域への医療サービスの提供という目的について．確かに，「市民の健康促進の州の利益は，十分に，疑わしい区別の使用を正当化するほどに，compelling である」[300]．しかし，特別枠とこの目的との関連を「原告は証明していない」[301]．最後に，学生の多様性の確保も，「大学管理プログラムの文脈では，compelling ということができる」ものの，やはり特別枠と目的との関連性には疑問が残る[302]．Powell 意見は，このように述べ，違憲の結論を導いた．

(3) compelling 性の要求の意味——付随的弊害発生の認識　上に見た国籍に関する判例，及び Bakke 判決 Powell 意見は，〈疑わしい区別〉の使用は，単に正当な立法目的の実現のために必要であるというだけでは正当化されず，重要性の高い (supecial public interest, substantial, compelling) 立法目的の実現のためでない限り許されない，としている．これは注目すべき判示である．

前章に検討した Shapiro 判決の論証が示すように，〈立法目的の重要性〉は，その区別により実現される立法目的と付随的弊害の比較衡量を行う際に問題となる．とすれば，立法目的の重要性を要求するこれらの論証は，問題の区別（国籍・人種による区別）によって重大な付随的弊害が生じていることを前提にしている，と考えざるを得ない．

---

298) 438 U.S., at 307.
299) *Ibid.*, at 310.
300) *Ibid.*, at 310.
301) *Ibid.*, at 311.
302) *Ibid.*, at 314–315.

問題は，これらの事例で問題になった付随的弊害とは何か，である．

例えば，Bakke 判決 Powell 意見について考えてみたい．ここで着目されているのは，メディカルスクール入学の権利の重要性であろうか．しかし，この判例は，入学の権利を〈基本的権利〉だとする論証を行っていない．また，この判例の〈厳格審査〉の根拠は，入学の権利ではなく，人種に基づく分類にあることは，その論証から明らかである．とすると，Powell は，〈人種による区別の存在〉自体が，何らかの重大な付随的弊害を生じさせている，と考えていると理解するのが妥当である．

また，国籍に基づく区別に関する判例も，福祉受給権（Graham 判決）や司法試験受験資格（Griffiths 判決）が〈基本的権利〉であるとする論証なしに，当該区別を使用するためには重要な立法目的の実現のためでなければならないと述べており，〈国籍による区別の存在〉自体に，悪性があることを前提としているように思われる．

(4)〈疑わしい区別〉による被差別感の助長　では，〈疑わしい区別の存在〉自体から生じる重大な付随的弊害とは何か．この点について，いずれの判決・意見も明示的に論証をしていない．このため，この点を理解するための判例の解釈が必要となる．

この問題を検討するための一つの手がかりが Brown 判決である．Brown 判決は，分離による黒人の「劣等感の発生」を，人種分離により生じる害悪として認定した[303]．Brown 判決は，これを教育サービスの瑕疵として認定し，瑕疵なき教育サービスの提供という目的に対する適合性の問題として処理したのであった．

Brown 判決自体は，〈人種による区別それ自体に悪性がある〉とは述べておらず，あくまで，教育サービスの瑕疵を結論の根拠としている．しかし，同判決の考え方を一歩進めれば，〈人種による区別の使用は，（仮に何らかの正当な目的を達成する手段であったとしても，）被差別感の助長という害悪を伴う〉との認識が成立する．上記の国籍に基づく区別に関する判例や Bakke 判決 Powell 意見が，このような認識を前提にしているとすれば，そこで〈立法

---

303) 第十章第二節参照．

目的の重要性〉が必要とされていることを説明することができる．

　つまり，上に見た新しい〈疑わしい区別〉の理論は，人種や国籍[304]に基づく区別は〈被差別感の助長〉という重大な付随的弊害を発生させるため，その使用は，単に正当だというだけでなく，極めて重要 (compelling) な目的の実現のためでなければ正当化されない，ということを宣言した理論として読むことができる[305]．

　また，被差別者の〈被差別感の助長〉という視点に加えて，〈社会的差別の助長〉という視点を想定することも可能である．ある行為が，傍観者の差別感情を増大させる，という性質を持つことはあり得る．例えば，積極的差別是正措置が，〈黒人はそのような措置で救済する必要のある劣った類型だ〉という感情を助長することは大いに考えられる．

(5) 〈付随的弊害の相当性〉要請としての〈悪しき区別〉の理論　ある区別の使用が付随的に被差別感や差別感情を助長するものだとしても，それは，〈立法目的への適合性〉要請に反するとは限らない．この要請は，当該区別が目的の実現に寄与しているか否か，という限定された問題に関する要請だからである．

　Burger Court において提案された新しい〈疑わしい区別〉の理論は，〈人種や国籍に基づく区別は，仮に正当な立法目的の実現に寄与するものであったとしても，その付随的弊害が重大であるので重要な目的の実現のためでない限り用いてはならない〉とする理論である．これは，人種や国籍に基づく区別を，立法目的への寄与が〈疑わしい区別〉だとするものではなく，その使用から重大な弊害が生じる〈悪しき区別〉である，とする理論だと言える．

　この理論は，従来の〈区別の合理性〉要請では対処できない付随的弊害の問題に対応するために提示された理論である．従って，Warren Court の〈疑わしい区別〉の理論とは区別された，〈悪しき区別〉の理論と呼ぶのが適切であろ

---

[304] 国籍に対する差別への配慮は，中国系移民や日系移民に対する排除というアメリカ固有の歴史的経験に基づくものと理解される．このため，この議論が，アメリカ以外の国にどこまで適用できるかは，慎重な検討を要する事項である．

[305] Brest [1976] pp. 8-12 は，この点に着目して，人種に基づく分類を避けるべきだとする「非差別原則 (antidiscrimination principle)」を擁護する．

う．Burger Court は，〈疑わしい区別〉の理論を〈悪しき区別〉の理論へと発展させたのである．但し，この〈悪しき区別〉の枠組みが，積極的差別是正措置の事例に適用されるか否かは，現在でも議論が継続中である[306]．

4 新しい問題と Burger Court の二つの新理論

Burger Court の下，新しい equal protection 条項の解釈論として，〈差別的動機〉の禁止と〈悪しき区別〉理論の二つの新理論が提示された．これらは，〈立法目的への適合性〉要請では，十分に対応できない〈洗練された人種差別〉に対応する中で登場した理論である．

まず，Burger Court は，〈区別の合理性〉の枠組みでは捉えきれない問題領域に対処するため，〈差別的動機〉の禁止を，〈区別の合理性〉要請と並存する形で equal protection 条項の内容に盛り込んだ．これは，19 世紀末の Yick Wo 判決の問題意識の復活でもある．

また，国籍や人種による区別は，〈被差別感と社会的差別の助長〉という付随的弊害を発生させるため，そのような区別の利用は compelling な立法目的を実現するためでなければ正当化されない，とする〈悪しき区別〉の理論が提出された．

以上が，Burger Court における人種差別問題への対応であった．次に，社会経済立法の領域について検討する．

第二節 〈社会経済立法無審査の法理〉と中間審査基準

1 〈社会経済立法無審査の法理〉の成立と定着

標準的な違憲審査基準論に関する説明によれば，〈区別の合理性〉に関する審査基準は三段階に分かれる．人種による区別や〈基本的権利〉に関する〈厳格審査〉基準，社会経済立法に対する〈緩やかな審査基準〉，それ以外の領域に

---

[306] 先に見たように，Bakke 判決において，Powell の意見は，多数の支持を獲得することはできなかった．現在でも，積極的差別是正措置に対する厳格審査基準の適用は，確立した判例の態度であるとはいえない．Powell の厳格審査の論証に対する批判として，Tribe [1979] pp. 865–867 参照．

における〈中間審査基準〉[307].

　〈厳格審査〉は，ここまでの検討に見たように，Warren Court 後期，1960年代頃から登場した概念である．これに対し，社会経済立法の equal protection 条項適合性に対する審査は緩やかでよい，とする理論は，Burger Court 初期に誕生した．まず，判例の言う〈緩やかな審査基準〉とは，いったいいかなる基準であるかを検討する．

(1) Dandridge 判決　1970年，連邦最高裁は，Dandridge v. Williams, 397 U.S. 471（1970年4月6日）において，社会経済立法について極めて緩やかな審査，より端的に言うなら，実質的には無審査でその equal protection 条項適合性を認めること，を宣言した．これは，児童扶養手当の上限規制の合憲性が問題となった事例であった．連邦最高裁は，Lindsley 判決[308]を引用しつつ，本件における審査基準を次のように設定する[309]．

> 州の行為が合理的に根拠付けられ，不快な差別と関係がないということで，十分である．我々の今取り扱っている問題は，このような審査に服する．[310]

そして，上記引用に続く，判決の具体的検討は次の通りである．

> ……公的福祉扶助プログラムの示す扱いの難しい経済・社会・そして全哲学的問題は，当裁判所の扱うべき問題ではない．合衆国憲法は，福祉行政のシステムに対するある種の手続的防護壁を課しうる．しかし，憲法は当裁判所に，無数の潜在的受給資格者の間での限られた福祉資金の配分への困難な責任を有する二次的な州機関としての権限を与えてはいない．
> 　原審破棄．[311]

---

307) 芦部［2000］25–31頁．Sullivan & Gunther［2004］pp. 641–643 参照．
308) Lindsley v. Natural Carbon Gas Co., 220 U.S. 61（1911年3月11日）：天然鉱水の消耗制限を行うニューヨーク州法が equal protection 条項に違反しないとされた事例．しばしば，立法裁量の強調のために引用される．第九章第三節参照．
309) 397 U.S., at 485. 判例はこの箇所で，「政府の問題は実践的な問題であり，それはラフな調整を，要求はしないものの，正当化できる．――それは非論理的で，非科学的であり得る」(Theatre Co. v. City of Chicago, 228 U.S. 61, at 69–70)，「制定法上の差別は，何らかの事実状態がそれを正当化すると合理的に考えられる場合には，無効にはならない」(McGowan v. Maryland, 366 U.S. 420, at 426) という二つの記述も引用している．
310) 397 U.S., at 487.
311) *Ibid.*, at 487.

第二節 〈社会経済立法無審査の法理〉と中間審査基準   159

この論証は，当該法律の〈区別の合理性〉の審査を示したものというより，審査を行うこと自体の拒否の宣言とその理由付けである．

従来の解釈を前提にする限り，〈区別の合理性〉を認定するためには，①立法目的を画定し，②当該区別がそれに寄与しているかについての立法事実を認定する，という二段階の作業が必要である．しかし，Dandridge 判決は，そのような作業を全く行っていない．このような判決の態度は，社会経済立法について〈区別の合理性〉要請を排除していると解さないと，説明ができない．

(2) Dandridge 判決の判断の定着　Dandridge 判決の示した社会経済立法の審査のあり方は，その後の判例においても踏襲される．Lehnhausen v. Lake Shore Auto Parts Co., 410 U.S. 356 (1973 年 2 月 22 日) は，所得税における自然人と会社の扱いの違いが合憲とされた事例である．判決は，次のように述べた．

> ここでの審査は，取扱における差異が不快な差別 (invidious discrimination) であるか，になる．課税が問題になり，equal protection 以外の連邦法上の具体的権利が制約されていない場合，州は，分類と，合理的課税システム構築の判断における線引きに関する広範な裁量を有する．[312]

この判例の具体的な審査も，無審査に近いものである．

Belle Terre v. Boraas, 416 U.S. 1 (1974 年 4 月 1 日) も，社会経済立法の審査基準について次のように述べる．

> 当裁判所が，経済・社会立法を扱う場合，それが「合理的で，恣意的でなく」，「(許容し得る) 州の目的に合理的な関連性」を有していれば，equal protection 条項違反の主張に対し，立法者が歴史的に行った線引きを尊重する．[313]

Burger Court の一連の判例は，社会経済立法において，一貫してこのような無審査に近い審査を行った[314]．これにより，Dandridge 判決の示した社会経済立法に関する審査は，定着した判例理論となるに至った．

---

312) 410 U.S., at 359.
313) 416 U.S., at 8.
314) Burger Court による緩やかな審査基準の例として，次の判例を参照．Gedulig v. Aiello, 417 U.S. 484 (1974 年 6 月 17 日)：州の傷病保険から妊娠出産に伴う傷害が除外されていることが合憲とされた事例．Massachusetts Bd. of Retirement v. Murgia, 427 U.S. 307 (1976

(3)〈社会経済立法無審査の法理〉 20世紀前半以降,判例はあらゆる州法に対しても〈区別の合理性〉要請を適用し,相当程度に厳格な審査を行ってきた.しかし,上記一連の判決の論証は,社会経済立法についてほぼ無審査でequal protection条項適合性を認めている.Dandridge判決について述べたように,このような判決の論証は,社会経済立法について〈区別の合理性〉要請の適用を排除する〈社会経済立法無審査の法理〉とでも呼ぶべき理論に依拠している,と解さないと説明がつかない.

Dandridge判決以降,Burger Courtは,社会経済立法のequal protection条項適合性について新しい解釈論を定立した,と解するのが相当である.

2 〈区別の合理性〉の語の読み替え

(1) Dandridge判決による読み替え 〈合理的根拠 (rational basis)〉〈合理性 (rationality)〉という言葉は,〈州には裁量があるが,州法上の区別には合理的根拠が必要だ〉という州の裁量に歯止めをかけるニュアンスを持って,20世紀初頭に登場した言葉であった.確かに,Dandridge判決が引用するLindsley判決は,〈区別の合理性〉審査において合憲性の推定を宣言しているが,その結論は,ガス採掘目的とそれ以外の目的の地下水汲上では,地盤に及

年12月10日):州警察官の定年制を合理性審査の下,合憲とした事例. Idaho Dep't of Employment v. Smith, 434 U.S. 100 (1977年12月5日):夜間学校の生徒にのみ失業補償給付の受給を認める州法が合憲とされた事例. Califano v. Aznavorian, 439 U.S. 170 (1978年12月11日):一月以上海外に居た人間に対する福祉給付の受給を制限する州法が合憲とされた事例. Vance v. Bradley, 440 U.S. 93 (1979年2月22日):連邦国務省外交局の職員の定年退職が,その他の連邦職員よりも早いことが合憲とされた事例. Harrah Independent School Dist. v. Martin, 440 U.S. 194 (1979年2月26日):ある教師が契約更新を断られ,それが,equal protection条項に反しないとされた事例. United States R. Ret. Bd. v. Fritz, 449 U.S. 166 (1981年2月23日):恩給支給について,勤続年数及び法律制定時退職済であるか否かを基準に区別した法律を合憲とした事例. Minn. v. Clover Leaf Creamery Co., 449 U.S. 456 (1981年10月20日):リサイクルできないプラスチック製牛乳容器の禁止が合憲とされた事例. Schweiker v. Wilson, 450 U.S. 221 (1981年3月4日):連邦の医療補助を受けていない公的施設に収容されている人に生活費補助を拒否することが合憲とされた事例. W. & S. Life Ins. Co. v. State Bd. of Equalization, 451 U.S. 648 (1981年5月26日):カリフォルニア州の保険会社に対して特別課税を行う州の保険会社に対して,報復課税を行うことを定めたカリフォルニア州法を合憲とした事例. Regan v. Taxation with Representation, 461 U.S. 540 (1983年5月23日):非営利法人が,チャリティー法人と同等の免税措置を要求するも合憲とされた事例.

ぼす影響が異なるという立法事実の丁寧な認定から導出されている．

しかし，Dandridge 判決は，ほとんど無審査で当該区別が「合理的に基礎付けられ」ることを認めている．にもかかわらず，この判決は，20 世紀前半期の判例を引用して，そのような審査の仕方を根拠付けた．これは，州の裁量を極端に強調する 19 世紀の判決を乗り越えるために登場した〈合理的根拠〉〈合理性〉という言葉を，〈社会経済立法無審査の法理〉を意味するものとして読み替える作業である[315]．

(2) 読み替えの進展　後続判例も，Dandridge 判決の論証を継承する．

例えば，Schilb v. Kuebel, 404 U.S. 357（1971 年 12 月 20 日）（後述）は，Dandridge 判決の適用した違憲審査基準を「伝統的審査基準（traditional measure）」だと表現する[316]．

また，Weber v. Aetna Casualty & Surety Co., 406 U.S. 164（1972 年 4 月 24 日）[317]，Geduldig v. Aiello, 417 U.S. 484（1974 年 6 月 17 日）[318]，New Orleans v. Dukes, 427 U.S. 297（1976 年 6 月 25 日）[319]も，Lindsley 判決や Lee Optical 判決[320]などを引用し，伝統的な〈区別の合理性〉の基準が極めて緩やかな審査であることを強調する．しかし，Lindsley 判決が，具体的な〈区別の合理性〉審査を行っている点は，先に指摘した通りである．また Lee Optical 判決も，立法目的を基準とした〈区別の合理性〉審査を行うものであり，Dandridge 判決のようなほぼ無審査で合憲性を認める判決ではない[321]．

Dandridge 判決以降の Burger Court の諸判決は，ほとんど実質的な審査

---

[315]　連邦最高裁の「合理性」審査のニュアンスの変遷については，Bennett [1979] p. 1051 参照．
[316]　404 U.S., at 365. この判決自体は，保釈という比較的重要な権利に関するものであり，論証は丁寧である．
[317]　非嫡出子は労働災害に基づく損害賠償ができないとする州法が違憲とされた事例．この判決自体は，嫡出性に基づく些かセンシティブな区別に関するものであったため，無審査で合憲性を認めたものではない．
[318]　州の傷害保険から妊娠出産に伴う障害が除外されていることが合憲とされた事例．
[319]　8 年以上の営業期間を持つもの以外，屋台業の免許を与えなかった条例が合憲とされた事例．
[320]　348 U.S. 483（1955 年 3 月 28 日）．この判例は，眼科医・検眼士以外の者による眼鏡レンズ複製の禁止が合憲とされた事例である．この制限が過包含であるという主張に対し，同判例は，最も明白な問題を優先して対処することによる過少包含は許容されると述べた（348 U.S., at 489）．この箇所も，しばしば立法裁量の強調のために引用される．第十章第一節参照．
[321]　348 U.S., at 487 参照．ここに眼鏡の安全の観点からの論証がある．

を行わない違憲審査基準を〈20世紀初頭からの伝統的な〉〈区別の合理性〉の基準と呼んだ．これにより，〈区別の合理性〉という語の読み替えが行われたのである．

(3) 違和感のある用語法の成立 このような読み替えの作業は，我々の〈合理性の基準〉という言葉の違和感に対する説明になる[322]．

通常，〈合理性(rationality)〉という語は，かなり強い要請を意味する言葉として用いられる．このため，無審査に等しい緩やかな審査基準を，〈区別の合理性〉の基準と呼ぶことには，違和感が生じる．

もとより，〈合理性(rationality)〉・〈合理的根拠(rational basis)〉という言葉は，行過ぎた州政府の裁量への歯止めとして登場した言葉であった．ところが，Burger Court は，それらの言葉を，州裁量の強調を意味するものとして用いてしまったのである．

このような経緯からすれば，用語法に違和感を覚えるのも当然である．

3 〈中間審査基準〉の位置づけ

(1) 伝統的な〈区別の合理性〉審査 〈社会経済立法無審査の法理〉は，伝統的な法理ではなく，Burger Court の下で新しく成立した法理である．このような検討を前提にしたとき，いわゆる中間審査基準の位置づけを再考する必要がある．

しばしば，〈中間審査基準〉は，Burger Court に登場した新しい審査基準であるとされる[323]．しかし，その基準の適用として説明される判例の論証は，20世紀前半に一般的に見られる伝統的な論証によく似ている．

20世紀前半の通常の〈区別の合理性〉審査は，州の裁量を極端に強調するものではなく，かといって，立法目的の compelling 性が要求されるなど〈厳格審査〉ほど慎重な審査も行われていない．そこでは①立法目的を画定し，②立法目的への適合性を検討する，という審査が行われている．

---

322) この点は，本書執筆時に，石川健治教授からご指摘を頂いた．
323) 戸松 [1990] 93 頁，芦部 [2000] 29 頁など参照．また，Kwasnick [1973] も，Gunther [1972] の整理に依拠しつつ，厳格審査と極めて緩やかな審査の二層構造を採る判例のモデルを批判している．

第二節 〈社会経済立法無審査の法理〉と中間審査基準

(2) Burger Court の論証 Burger Court も，社会経済立法と〈疑わしい区別〉以外の領域では，このような真の意味での伝統的審査基準を維持した．

例えば，Tate v. Short, 401 U.S. 395 (1971年3月2日) は，罰金不払いを理由とした収監が，貧困に基づく不合理な区別だとして違憲とされた事例である．

連邦最高裁は，収監は「州に収監者の食費・収監費」がかかり，歳入確保の目的には逆効果であるし，「州が罰金の支払いの強制の利益を実現するために，州が合憲的に依拠することのできる明白に有用な選択肢は存在する」[324] として，違憲の結論を下した．

この判決の論証には，州裁量の強調や立法目的の compelling 性に関する判示は見られない．また，どの審査基準が適用されるかという問題意識も希薄である．判例は，目的の画定と当該区別が目的の実現に寄与していることの認定という伝統的な〈区別の合理性〉審査を行っている．

Schilb v. Kuebel, 404 U.S. 357 (1971年12月20日) は，イリノイ州法の保釈条件に関する事例である．同法によれば，①正式誓約書の提出，②出廷担保金証書を発行し保釈金の10％を預ける，③担保証書を発行し保釈金の全額を預ける，のいずれかを行えば保釈が認められる．そして，出廷した場合，②では，預入金のうちの90％が返却されるが，③では全額が返却されることとなっていた．この区別は，判例によって合憲とされる．Schilb 判決は，一般論としては Dandridge 判決の宣言する〈合理性の基準〉に依拠するが，保釈という比較的重要な権利が問題になっているためか，その論証は，州裁量の極端な強調を行うものではなかった．

判例は，まず「正式誓約書に基づいて釈放された被告人については，保証金の安全管理のコストは発生しない」と指摘する．これが，デポジットシステム (②③) との区別を正当化する．また，③満額支払者が預入により運用できなくなる金額は②より遥かに大きい，として②一部預かりと③満額預かりの区別を正当化する[325]．

---

[324] 401 U.S., at 399.
[325] 404 U.S., at 365–368.

このような管理コストとの均衡という立法目的実現への寄与の有無を認定する論証は，社会経済立法に関する判例の論証とは異なる比較的丁寧な論証であり，20世紀前半以降なされている伝統的な審査が想起される．

(3) 中間審査基準再考 このような正しい意味での〈伝統的審査〉は，その後のBurger Courtの判例においてもしばしば登場する[326]．また，1975年まで[327]の性別に基づく区別に関する判例も，このような〈伝統的審査〉に依拠している[328]．

20世紀前半の判例理論は，このように〈中間審査基準〉と呼ばれる領域で，継承された．従って，〈伝統的な〉緩やかな審査基準に対する，〈新しい〉厳格な合理性の基準という対比には注意を払う必要がある．さらに言えば，この対比は誤った対比であり，〈新しい〉緩やかな審査基準と，〈伝統的な〉厳格な合理性の基準という対比が正しい対比である．

---

326) 次の各事例を参照. Eisenstadt v. Baird, 405 U.S. 438 (1972年3月22日)：避妊具の未婚者への配布の禁止が構成され得る何れの立法目的の達成にも寄与しないとして違憲とされた事例. Stanley v. Illinois, 405 U.S. 645 (1972年4月3日)：子どもの扶養に関する権限を，未婚の父であるという理由だけで排除するのが違憲とされた事例. Jackson v. Indiana, 406 U.S. 715 (1972年6月7日)：被告の訴訟能力の欠缺を理由とした，無期限の精神科施設への収容が，違憲とされた事例. United States v. Kras, 409 U.S. 434 (1973年1月10日)：自己破産手数料の貧者への適用が合憲と判断された事例. San Antonio Independent Sch. Dist. v. Rodriguez, 411 U.S. 1 (1973年3月21日)：学校区財政収入較差による，貧困層居住地域とそれ以外の地域での格差が合憲とされた事例. Young v. American Mini Theatres, Inc., 427 U.S. 50 (1976年6月24日)：ポルノ映画館の設置規制が合憲とされた事例. Jones v. N.C. Prisoners' Labor Union, Inc., 433 U.S. 119 (1977年6月23日)：刑務所長による収監者の囚人労働組合加入拒否が合憲とされた事例. Quilloin v. Walcott, 434 U.S. 246 (1978年3月6日)：未婚・離婚後の父親に養子縁組拒否権がないことが合憲とされた事例. Logan v. Zimmerman Brush Co., 455 U.S. 422 (1982年2月24日)：職場における差別の申し立てにつき一定期間内に審査すべきとする州法が違憲とされた事例.

327) 1975年以降，性別による区別には，特殊な審査基準が適用されるようになる．この点は，本書では扱わない．

328) 次の各事例を参照. Frontiero v. Richardson, 411 U.S. 677 (1973年5月14日)：男性に配偶者手当を自動的に付与しつつ，女性は配偶者生計依存の証明を必要とする軍規が違憲とされた事例. Kahn v. Shevin, 416 U.S. 351 (1974年4月24日)：経済的能力の不均衡を減少させるため，配偶者が死亡した場合，女性にのみ租税の控除を認める州法が合憲とされた事例. Stanton v. Stanton, 421 U.S. 7 (1975年4月15日)：父親の扶養義務を男子は21歳まで女子は18歳まで存続すると定めていた州法が違憲とされた事例.

第十一章 総括

このように Burger Court においては、数多くの新しい解釈論が提案され、それまでとは異なる判例理論が成立した。

Burger Court は、〈差別的動機〉の下に成立した中立的区別の問題に直面した。ここで成立したのが〈差別的動機〉の禁止要請である。また、〈疑わしい区別〉理論については、人種や国籍に基づく区別自体に悪性があり、そのような分類の使用をできるだけ控えるべきだとする〈悪しき区別〉の理論への発展が提案された。

他方、社会経済立法の領域では、極端な州裁量の強調がなされるようになった。ここで20世紀前半の判例の論証の一部が、ディフォルメ的に引用された。結果として、この極端に緩やかな審査が、伝統的審査基準たる〈区別の合理性〉の基準だと呼ばれるようになった。

以上、1980年代までの判例の歴史を検討したところで、アメリカ法の検討を一区切りすることにしたい[329]。ここまでに見た連邦最高裁の判例による equal protection 条項の解釈史は、日本法の解釈への示唆に富んでいる。次章では、ここまでの equal protection 条項の解釈の成立のプロセスを整理し、日本法への示唆をまとめることにしたい。

---

329) ある時期の判例理論の内容を画定するための視点を設定するためには、相当の時間経過が必要である。Rehnquist Court 以降の equal protection 条項関連判例については、時間経過を待って、別稿にて分析したいと考えている。

第十二章　アメリカ法総括と示唆

　本章では，ここまでのアメリカ法の検討を総括し（第一節），日本法への示唆を整理する（第二節）．

第一節　アメリカ法総括

1　起草過程：〈等しい保護〉——1866（第五章）

　起草過程において，equal protection 条項は，黒人に〈等しい保護〉を保障した市民権法に憲法上の根拠を与え，またその内容を憲法に編入するための条項として解釈されていた．

　この解釈によれば，同条項は，裁判や治安活動による生命・身体の〈保護〉に関する人種に基づく区別にのみ適用され，不合理な経済規制や性別に基づく区別には適用されない．しかし，この条項の起草過程の中で無自覚に選択された抽象的文言は，その後の解釈による射程の爆発的拡大の可能性を秘めるものであった．

2　19世紀の判例：〈同一状況同一取扱の要請〉
　　　——1867-1896（第六章～第八章）

　最初期の段階では，連邦最高裁は equal protection 条項を，黒人に対する〈等しい保護〉を保障した条項として解釈した（第六章）．同条項が，〈等しい保護〉条項から脱皮し，一般的な射程を持つようになるきっかけが，1885年の Barbier 判決[330]であった（第七章）．この判決以降，同条項は〈同一状況同一取

---

[330]　Barbier v. Connolly, 113 U.S. 27 (1885年1月5日).

扱〉要請を規定する条項だとの解釈が定着する．これにより，equal protection 条項は，保護に関する人種に基づく区別のみならず，経済規制や選挙権に関する区別にも適用されるようになり，一般的な射程を持つ条項として解釈されるようになった．

19世紀末の段階では，連邦最高裁は州のポリスパワー行使に関する裁量を強調し，〈同一状況同一取扱〉要請も，敵意や差別的意図に基づく区別を禁止する最低限の要請として理解されるに止まった（第八章）．

3　20世紀前半：〈区別の合理性〉要請——1897－1939（第九章）

〈区別の合理性〉要請　1897年の Gulf 判決331) 以降，連邦最高裁は equal protection 条項を，〈区別の合理性〉要請を規定した条項として解釈するようになる．この〈区別の合理性〉要請とは，あらゆる法令上の区別には合理的な根拠がなければならない，との要請である．

この〈区別の合理性〉要請は，敵意や差別的意図に基づく区別の禁止を除けば，それまでほぼ無限定に認められてきた州の裁量に一定の歯止めをかける形で登場した．

20世紀前半において〈区別の合理性〉要請は，〈立法目的への適合性〉要請を意味するものとして理解されている．そこでは，①当該区別の立法目的が解釈により構成され，②当該区別がその目的に寄与しているか否か，が審査される．そして，目的に寄与しない区別は，〈不合理な区別〉だとして違憲と評価された．具体例を挙げれば，事業収入への課税という目的に対するタクシー個人事業者への不課税の不適合性332)，訴訟当事者の同等の取扱いという目的に対する鉄道会社のみの訴訟費用負担の不適合性333) を認定して，違憲の結論を導いた．

---

331) Gulf, Colorado & Santa Fe v. Ellis, 165 U.S. 150（1897年1月18日）．
332) Quaker City Cab Co. v. Pennsylvania, 277 U.S. 389（1928年5月28日）．
333) Atchison, T. & S. F. R. Co. v. Vosburg, 238 U.S. 56（1915年6月1日）．

4 Warren Court: 〈疑わしい区別〉と〈基本的権利〉
　　――1940－1969 (第十章)

(1)〈立法目的への適合性〉要請に基づく人種分離の解消　1940年代以降, 連邦最高裁は, equal protection 条項に依拠して人種分離の違憲性を確認して行く. その際, 教育における分離は, 〈黒人と白人の分離〉としてではなく, 〈劣った教育を受ける者と通常の教育を受ける者の分離〉として把握され, 分離解消は, 〈立法目的への適合性〉要請に依拠して行われた.

　そのような流れを受けて, 後期 Warren Court は, 人種による区別は, 立法目的の実現に寄与していないと推定する〈疑わしい区別〉の理論を提唱した.

(2)〈基本的権利〉の理論と〈立法目的の重要性〉　また, Shapiro 判決[334]は, 従来の解釈とは異なる解釈に依拠して, 州法が equal protection 条項に違反するとの結論を導いた.

　従来の判例は, 〈その区別が立法目的の実現に寄与しているか否か〉を問題とする. しかし, この判決は, (その区別が立法目的の実現に寄与することを前提に) その区別を採用することによる付随的弊害 (〈基本的権利〉制約の不利益) が, それにより達成される利益 (立法目的) を上回らないか否か, を問題として設定した. そして, 生じている付随的弊害が〈基本的権利〉の制約という重大なものである場合, 極めて重要な立法目的を達成するものでない限り, 当該区別は euqal protection 条項に違反すると宣言した.

　これは, equal protection 条項から, 〈立法目的への適合性〉要請のみならず, 〈付随的弊害の相当性〉要請を導出する解釈である.

5 Burger Court: 複数の新理論――1970－1985 (第十一章)

(1)〈差別的動機〉の禁止　Brown 判決以降, あからさまな人種分離は消滅し, 文言は中立的であるが, 〈差別的動機〉が疑われる州の行為が問題にされるようになる. この問題に対応するため, Burger Court は, equal protection 条項から, 〈区別の合理性〉要請とは異なる〈差別的動機〉の禁止という新しい

---

334) Shapiro v. Thompson, 394 U.S. 618 (1969年4月21日).

要請を導いた[335].

(2)〈疑わしい区別〉から〈悪しき区別〉へ　また，Burger Court における幾つかの判例や意見は，人種や国籍などに基づく〈疑わしい区別〉を用いること自体に悪性があり，正当な目的を達成する手段であったとしても，原則として人種や国籍による区別を用いるべきではない，との提案を示した[336]．すなわち，〈疑わしい区別〉を用いる場合，その区別の目的が，単に正当であるだけでは足りず，極めて重要なものである必要があるとする宣言である．

これは，〈疑わしい区別〉理論の〈悪しき区別〉の理論への発展として説明できる．この理論は，〈悪しき区別〉が〈被差別感〉と〈社会的差別〉を助長する付随的弊害をもたらす，という観点から正当化可能である．

(3)〈社会経済立法無審査の法理〉　Burger Court は，社会経済立法に関する区別については，ほとんど無審査でその合憲性を認定した．そして，その新しい〈社会経済立法無審査の法理〉を，〈区別の合理性〉の基準の適用と呼んだ．〈区別の合理性〉〈合理的根拠（rational basis）〉という言葉は，そもそも 20 世紀初頭の州裁量制限の文脈の中で，州の裁量に歯止めをかける形で登場した言葉であった．しかし，Burger Court は，この言葉を社会経済立法における極めて緩やかな審査基準を意味する言葉として用いた．ここで，〈区別の合理性〉という言葉の意味は変容し，現在に至っている．

6　総　括

以上に見た複雑な equal protection 条項の解釈史をまとめると，次の図のようになる．

---

335) Washington v. Davis, 426 U.S. 229 (1976 年 6 月 7 日).
336) Graham v. Richardson, 403 U.S. 365 (1971 年 6 月 14 日), *In re* Griffiths, 413 U.S. 717 (1973 年 6 月 25 日) 及び Regents of the University of California v. Bakke, 438 U.S. 265 (1978 年 6 月 28 日) Powell 法廷意見参照.

【図・1866–1985 年の equal protection 条項の解釈史】

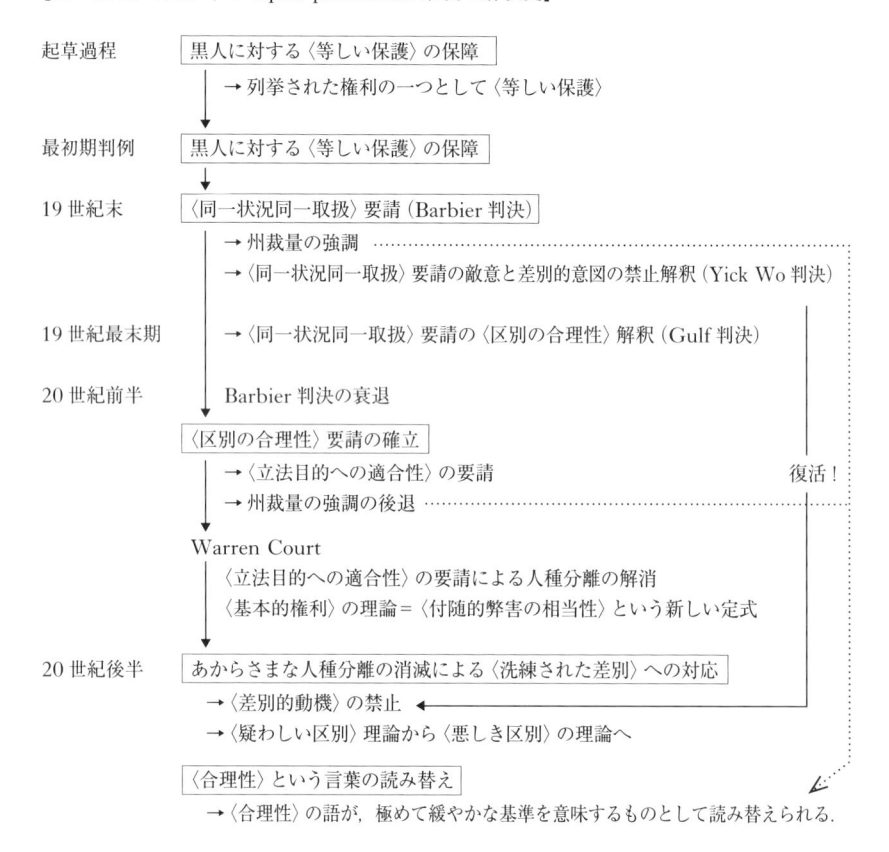

起草過程　　　　黒人に対する〈等しい保護〉の保障
　　　　　　　　　　→ 列挙された権利の一つとして〈等しい保護〉

最初期判例　　　黒人に対する〈等しい保護〉の保障

19 世紀末　　　〈同一状況同一取扱〉要請（Barbier 判決）
　　　　　　　　　　→ 州裁量の強調
　　　　　　　　　　→〈同一状況同一取扱〉要請の敵意と差別的意図の禁止解釈（Yick Wo 判決）

19 世紀最末期　　→〈同一状況同一取扱〉要請の〈区別の合理性〉解釈（Gulf 判決）

20 世紀前半　　　Barbier 判決の衰退

　　　　　　　　〈区別の合理性〉要請の確立　　　　　　　　　　　　　　　　　　　復活！
　　　　　　　　　　→〈立法目的への適合性〉の要請
　　　　　　　　　　→ 州裁量の強調の後退

　　　　　　　　Warren Court
　　　　　　　　　〈立法目的への適合性〉の要請による人種分離の解消
　　　　　　　　　〈基本的権利〉の理論＝〈付随的弊害の相当性〉という新しい定式

20 世紀後半　　　あからさまな人種分離の消滅による〈洗練された差別〉への対応
　　　　　　　　　　→〈差別的動機〉の禁止
　　　　　　　　　　→〈疑わしい区別〉理論から〈悪しき区別〉の理論へ

　　　　　　　　〈合理性〉という言葉の読み替え
　　　　　　　　　　→〈合理性〉の語が，極めて緩やかな基準を意味するものとして読み替えられる．

第二節　アメリカ法の示唆

　以上のようなアメリカ法の分析は，日本法の解釈に対し幾つかの示唆を与える．以下，この点をまとめておく．

1　立法目的の概念と〈立法目的への適合性〉要請の内容

　20 世紀のアメリカ法は，〈区別の合理性〉要請を〈立法目的への適合性〉要請として理解した．

そして，ここで画定される立法目的は，具体的な立法関係者の意図（例えば議員の投票の動機）ではなく，解釈により後から構成されるものである（構成的立法目的概念）．従って，立法目的の画定のために，議事録の類を参照することは決定的ではないことになる．

そして，連邦最高裁は，20世紀の段階では，その目的の正当性についての審査を全く行っていない．これは，構成的立法目的概念を採ったとき，立法目的は正当なものとして構成される[337]ため，不当な立法目的なるものが存在しなくなるためである．

構成的立法目的概念を採用した場合，〈立法目的への適合性〉要請は，目的論的解釈類似の機能を営む．目的論的解釈は正当な目的を構成し，曖昧な法文の意味をそれに合わせて画定する解釈である．〈区別の合理性〉要請は，曖昧ではない法文の文言自体を，目的に合わせて変更させる機能を持つ．これは，文言の意味ではなく，文言それ自体を変更させるという意味で，目的論的解釈の拡張形態だとも言える．

このようなアメリカ法の分析から，構成的立法目的概念を採った場合，〈立法目的の正当性〉の審査は不要であること，〈立法目的への適合性〉要請が目的論的解釈類似の機能を持つこと，が明確になる．

2 〈付随的弊害の相当性〉要請

Shapiro判決は，当該区別が正当な目的の実現に寄与するものであっても，付随的弊害として〈基本的権利〉の侵害が生じる場合，実現される目的が極めて重大なものでなければ，当該区別はequal protection条項に反する，との解釈を提示した．

---

337) 立法目的の解釈はあくまで解釈であり，どんな立法についても，うがった解釈を行い，不当な目的を構成することも可能である．しかし，不当な目的を構成すると，〈立法目的への適合性〉要請は，不当な目的の貫徹要請になってしまう．従って，〈立法目的のうがった解釈〉は〈立法目的への適合性〉要請の前提作業としては適切ではない．

また，立法が現実に果たしている機能を立法目的だと構成することこそが，〈客観的〉な解釈だ，とする主張も考えられる．しかし，その場合，〈立法目的への適合性〉要請は，現に果たしている機能を果たしている，ということにより充たされるトートロジカルな要請となる．従って，このような〈客観的機能〉による立法目的の構成も，〈立法目的への適合性〉要請の前提作業としては適切ではない．この点を論じるものとしてTribe [1988] p. 1440参照．

このような equal protection 条項の解釈は，憲法上の明文の根拠を持たない州際移動の権利に対し，憲法上の保障を与えるためになされた．これは，付随的弊害の相当性の要請が，不文の権利保障の代替的機能を有することを示している．

アメリカ憲法には憲法上の権利条項の数が少なく，しばしば，due process 条項のような一般条項が，不文の権利の保障のために動員される．不文の権利の保障のために，equal protection 条項が用いられることには，アメリカ法固有の理由があった．

このような検討から，〈付随的弊害の相当性〉は，不文の権利の保障と同等の機能を果たすことが明確になる．

3　差別の問題領域

人種分離のようなあからさまな差別立法については，正当に構成された立法目的の実現に寄与しているとは言い難いものが多い．このため，〈立法目的への適合性〉要請による対処が可能である．しかし，〈立法目的への適合性〉要請では十分に対応できない問題領域が存在する．すなわち，〈差別的動機〉に基づく立法や，付随的弊害として被差別感を発生させたり社会的差別を助長したりする立法の問題である．これらの問題領域に対し，Burger Court は，〈差別的動機〉の禁止要請と〈悪しき区別〉の理論によって対応した．

アメリカ法の分析は，〈区別の合理性〉＝〈立法目的への適合性〉要請では対処できない〈差別〉の問題領域を提示している．

第十二章総括

以上が，第二部に検討した equal protection 条項の解釈史と，日本法への示唆である．

第二部総括

　ここまで検討してきたように，equal protection 条項の解釈は，極めて複雑な歴史をたどって変容してきた．

　そして，equal protection 条項の解釈史の分析は，①構成的立法目的概念を採った場合，〈立法目的の正当性〉の審査は不要であること，②〈立法目的への適合性〉要請が目的論的解釈類似の機能を持つこと，③〈付随的弊害の相当性〉要請は，憲法上の権利保障と同等の機能を果たすこと，④〈区別の合理性〉＝〈立法目的への適合性〉要請では対処できない〈差別〉の問題領域が存在すること，を示唆している．

　第三部では，この四点の示唆を踏まえ，日本の判例理論の問題について考察し，あるべき憲法 14 条 1 項の解釈論を示すことにしたい．

第三部　憲法14条1項の新解釈論の提示
　　　──前段・後段の分離

第二部の分析から，次の四つの示唆を得ることができた．

アメリカ法の示唆①：構成的立法目的概念を採った場合，〈立法目的の正当性〉の審査は不要である．
アメリカ法の示唆②：〈立法目的への適合性〉要請は，目的論的解釈類似の機能を持つ．
アメリカ法の示唆③：〈付随的弊害の相当性〉要請は，不文の権利保障と同等の機能を果たす．
アメリカ法の示唆④：〈区別の合理性〉=〈立法目的への適合性〉要請では対処できない〈差別〉の問題領域が存在する．

第三部では，第一部に示された判例理論の問題を踏まえ，第二部から得られたアメリカ法の示唆を参照しつつ，いかにして憲法14条1項を解釈すべきか，を検討する．以下，〈合理的根拠〉要請について検討し（第十三章），〈差別抑制〉要請に考察を加えた上で（第十四章），新しい憲法14条1項の解釈論を提示する（最終章）．

第十三章 〈合理的根拠〉要請の分析

　第一部では，判例の〈合理的根拠〉要請に関する理解には，幾つかの問題があることが指摘された．
　第一に，〈立法目的の正当性〉の審査が必要なのか，という問題．
　第二に，〈立法目的への適合性〉の機能と法的効果が不明確であり，その要請を憲法 14 条 1 項が保障する要請だと解すべきか否かが十分に検討されていない，という問題．
　第三に，〈付随的弊害の相当性〉が憲法 14 条 1 項により保障されているのか否か，また，保障されていると解した場合，他の権利条項との関係はいかに整理されるのか，が明確にされていない，という問題．
　本章では，この三点について，アメリカ法の示唆を踏まえて検討する．

第一節　〈立法目的の正当性〉と〈立法目的への適合性〉

　まず，〈立法目的の正当性〉を審査することの必要性，〈立法目的への適合性〉要請の機能と法的効果，この要請を憲法 14 条 1 項の保障する要請だと解することの妥当性，の三点について検討する．

1　〈立法目的の正当性〉の審査の必要性

　20 世紀前半の連邦最高裁は，equal protection 条項は〈立法目的への適合性〉要請を規定した条項だと解釈していた．不当な目的に適合的な法は，不当である．とすれば，〈立法目的への適合性〉要請を判断する前提として，〈立法目的の正当性〉が審査されるのは当然のことのように思われる．
　しかし，この時期の連邦最高裁は，〈立法目的の正当性〉の審査を行ってい

なかった（第九章第二節参照）．これは，ここに言う立法目的が解釈により構成される性質のものであったことに由来する．連邦最高裁は，立法参加者がどのような意図を持っていたか，という観点ではなく，この法を正当化するにはどのような目的を構成すべきか，という視点から，解釈により立法目的を構成している．このため，立法目的が不当であることはあり得ない．例えば，〈差別的動機〉に基づいて作られた人種分離教育法についても，安全の維持など，もっともらしい立法目的を構成することは可能である（もちろん，その種の立法は，正しい目的の実現のためには不適切・目的不適合と評価される可能性は高い[338]）．

　従って，構成的立法目的概念を採る限り，〈立法目的の正当性〉の審査は不要である（アメリカ法の示唆①）．そして，第三章第二節に述べたように，我が国の判例において審査の対象となる立法目的も，解釈により構成される性質のものである．とすれば，〈立法目的の正当性〉の審査は，全く必要のない審査である．

2 〈立法目的への適合性〉要請の機能と法的効果

　次に〈立法目的への適合性〉要請の機能と法的効果について検討する．

　(1) 機能――目的論的解釈類似の機能　構成的立法目的概念を採用する場合，〈立法目的への適合性〉要請は，目的論的解釈類似の機能を営む（アメリカ法の示唆②）．

　目的論的解釈は，法文の解釈方法にすぎず，当然のことながら，法文自体を変化させることはできない．これに対し，憲法上の〈立法目的への適合性〉要請は，法文自体の変化を要請することができる．解釈の余地の著しく狭い法定相続分の規定や，租税法上の控除額の規定，刑法上の法定刑の規定などは，いかに目的論的に不当であっても，目的論的解釈に依拠してその不当性を是正す

---

[338] いかなる正当と思われる目的を構成しても，それらの目的を実現していないことは明らかである，という場合には，〈正当な目的を構成することができない〉という理由で，違憲が宣言されることがある．例えば，第十章第三節に見た Loving v. Virginia, 388 U.S. 1 (1967年6月12日) 参照．
　　そのような理由付けも，正当な目的の実現に寄与していない，ことを理由に当該区別を違憲とするものであり，〈立法目的への適合性〉要請に違反するとの判断であることに変わりはない．

第一節 〈立法目的の正当性〉と〈立法目的への適合性〉　179

ることはできない．他方，〈立法目的への適合性〉要請は憲法上の要請であり，それに基づく違憲判決は，そのような解釈の余地のない法文に対する変更を行う機能を果たす．

(2) 法的効果——どちらに合わせるのか？　このような〈立法目的への適合性〉要請の機能を理解すると，その法的効果の内容も正確に画定できる．

しばしば，憲法 14 条 1 項適合性が問題となる区別について，〈区別が不合理なのは認めざるを得ないとして，どちらの扱いに合わせるのか〉という問題が提起される．〈立法目的への適合性〉要請に関して言えば，〈どちらに合わせるか〉は，立法目的を基準に決定すべきである．

例えば，堀木訴訟で問題となった併給禁止規定が，それにより十分に所得保障目的を達成できないため，立法目的に適合しない規定だと評価できたとする．この場合，児童扶養手当を全廃することも，併給禁止規定を削除することも，障害福祉年金受給者とそれ以外の者の区別を消滅させる措置であることに変わりはない．しかし，双方の選択肢が許容されるわけではなく，所得保障という児童扶養手当の目的に照らし，より適切な選択肢（併給禁止の解除）が要請される．

このように，憲法上の〈立法目的への適合性〉要請は，目的論的解釈に類似の機能を有し，その効果として，立法目的に適合した区別のみを行うことを要請する．

3　憲法 14 条 1 項で〈立法目的への適合性〉要請を保障する必要性

以上の検討を踏まえ，このような要請を憲法 14 条 1 項により保障する必要はあるのか，を検討する．

この点について結論を下すためには，①この要請がそもそも，憲法上の要請として必要なのか，また，②必要だとしても，その要請をより適切に保障する他の条項が存在しないか，を検討する必要がある．

(1) 憲法規範としての必要性　当該法令を正当化する上で最も好ましい立法目的を，解釈により画定する．その立法目的に適合的でない区別は，違憲無効とし，正当な目的を実現するためにより適切な区別の仕方へと改める．これが，〈立法目的への適合性〉要請の適用によって，なされている作業である．〈立法

目的への適合性〉要請は，法文の内容を，より目的に適合的なものへと精錬して行くための要請である．

それは，法文の内容を正当なものにして行くために重要であるし，堀木訴訟や選挙権関連の判例においても，法文の内容を精査するための重要な枠組みを提供しているように思われる．

従って，〈立法目的への適合性〉要請を憲法上の要請だと解する必要性は高いと言える．

(2) 他の条項との関係　では，憲法14条1項以外に，その要請をより適切な形で保障する条項は存在するか．

この点，憲法14条1項以外の各種の権利条項は，当該条項の保護範囲に含まれる行動の制約や利益の剥奪のみを禁止する．他方，〈立法目的への適合性〉要請は，すべての法令上の区別に適用される包括的な射程を持った要請である．そして，憲法14条1項は，一般的な「法の下」の「平等」を規定しており，そのような包括的な射程を持った要請を保障する条項として解釈するのに適した文言の条項である．

このため，憲法14条1項が〈立法目的への適合性〉要請を保障している，と解することは適切である．

4　結　論

以上の検討から，次のような結論が得られる．

判例が，憲法14条1項適合性の審査において①〈立法目的の正当性〉を審査対象に加えている点は支持できない．他方，判例が，同項を②〈立法目的への適合性〉要請を規定する条項だと解釈している点は，支持できる．今後は，その機能・法的効果を明確に理解した上で，〈立法目的への適合性〉要請に関する審査・論証が行われるべきである．

第二節　〈付随的弊害の相当性〉要請

続いて，〈付随的弊害の相当性〉が憲法14条1項により保障されているのか否か，また，保障されていると解した場合，他の権利条項との関係はいかに整

理されるのか，について検討を行う．

1 Shapiro 判決

第九章に見たように，アメリカにおいては，〈区別の合理性〉要請は，元来，〈立法目的への適合性〉要請のみを意味するものであり，〈付随的弊害の相当性〉要請は equal protection 条項の保障内容には含まれなかった．

しかし，第十章第四節に見た Shapiro 判決は，equal protection 条項から〈付随的弊害の相当性〉要請を導出し，福祉受給の居住期間要件から付随的に生じた州際移動の権利の制約を〈基本的権利〉の制約と構成して，その違憲性を導いた．連邦最高裁がこのような解釈を示したのは，州際移動の権利を保障する憲法条項が不在であったためである．

2 〈付随的弊害の相当性〉と憲法上の権利の関係

このようなアメリカ法の経験は，〈付随的弊害の相当性〉要請が，不文の権利保障と同様の機能を果たすことを示唆している（アメリカ法の示唆③）．そして，この要請が，アメリカ法における〈区別の合理性〉要請に盛り込まれたのは，アメリカ合衆国憲法の権利条項の少なさが原因であった．

他方，日本国憲法には相当程度の個別の権利保障条項が存在し，かつ，我が国の学説においては，憲法 13 条がいわゆる不文の権利を保障しているとの解釈も有力である．とすれば，憲法 14 条 1 項がそのような要請を保障する，と解する必要はない．

実際，尊属殺重罰規定訴訟で問題となった〈刑罰の適度性への権利〉については 31 条や 36 条が，大嶋訴訟で問題となった〈不適切な課税により財産権を侵害されない権利〉については 29 条が，その保障の根拠となると解することができる．

また，憲法上の〈付随的弊害の相当性〉要請は，その弊害により損なわれるものが憲法上保護に値する重要なものだ，というコンセンサスがあって初めて機能する要請である．そのようなコンセンサスは，具体的に想定された保護対象（表現や信仰，財産など）ごとに個別具体的に成立するものであり，それを反映したのが様々な憲法上の権利の概念である．

従って，一般的な〈付随的弊害の相当性〉要請を観念するよりも，個別の権利条項による保障と不文の権利の解釈によって対処する方が，問題の解決に有益である．

3 〈付随的弊害の相当性〉を憲法 14 条 1 項により保障する必要性

〈付随的弊害の相当性〉要請の機能は，他の憲法上の権利条項と〈不文の権利〉保障によって，よりよく実現される．とすれば，憲法 14 条 1 項が，〈付随的弊害の相当性〉要請を保障していると解する必要はない．

第三節 〈合理的根拠〉要請の再構成

1 〈立法目的への適合性〉要請への一元化

以上の検討を踏まえると，判例の憲法 14 条 1 項解釈は，次のように再構成されるべきである．まず，同項は，〈立法目的への適合性〉要請を規定した条項として理解すべきである．

〈立法目的への適合性〉要請は，立法目的の実現に寄与しない区別を排除する要請である．ここに言う立法目的とは，正当なものとして解釈者が構成した目的であり，それが不当であることはあり得ない．とすれば，従来なされていた〈立法目的の正当性〉審査は不要である．

他方，判例の中には，憲法 14 条 1 項は〈付随的弊害の相当性〉要請を規定した条項であると解釈するものがある．しかし，この要請は，他の権利条項ないし不文の権利の理論によって取り扱われるべき問題であり，憲法 14 条 1 項がそれを保障すると解する必要はない．

2 〈合理的根拠〉要請＝〈立法目的への適合性〉要請

このような解釈は，従来の判例と相当程度の整合性を以って構成することが可能である．

判例は，憲法 14 条 1 項は，すべての法令上の区別が〈合理的根拠〉を有するものでなければならない，と解釈している．このような憲法 14 条 1 項の〈合理的根拠〉要請は，あくまで〈立法目的への適合性〉要請に限定される．〈付随

的弊害の相当性〉要請は，憲法21条などの他の権利条項あるいは〈不文の権利〉を保障する憲法13条から導かれる．

このように説明すれば，本章で示した解釈は，従来の判例とも十分に整合する．以上のように，憲法14条1項が保障する〈合理的根拠〉要請は，〈立法目的への適合性〉要請[339]として再構成されるべきである[340]．

第十三章総括

判例の言う〈合理的根拠〉要請は，〈立法目的への適合性〉要請に一元化・再構成されるべきである．これが第十三章の主張である．

しかし，憲法14条1項が〈立法目的への適合性〉要請のみを保障した条項である，と理解するのは不適切である．そのような解釈では，〈差別〉の問題領域が見失われることになる．アメリカ法が示唆するように，〈立法目的への適合性〉要請では〈差別〉の問題に十分に対応できない．

次章では，〈差別〉という社会現象を分析し，いかなる憲法規範が定立されるべきか，を検討する．

---

[339] このように解した場合，合憲性の要件たる〈当該区別が立法目的に寄与していること〉の立証責任の配分が問題となる．この点，〈立法目的への適合性〉が問題となる場面は多様であり，原告・被告どちらに立証責任が配分されるという一般論を立てることは妥当ではない．ここでは，立証責任の配分を裁判所の裁量に委ねつつ，裁判所の配分根拠の説明責任を強調する見解が妥当であるように思われる．

[340] 憲法14条1項については，その保障する要請が，客観法原則に止まるか，主観的権利を保障する要請か，という論点が提起されている（川添［1983］参照）．また，Jellinekは，『主観的公権の体系』の中では，「法的平等（Rechtsgleichheit）」は，立法者を拘束する「等しきものを等しいものとみるべき義務」と理解できるかもしれないが，「それは客観法（objektives Recht）であり，個人的法領域に対するその効果は純粋に反射効である」と述べている（Jellinek［1905］S. 135，また石川［2002］5頁参照）．

判例は，一貫して，憲法14条1項を，個人の主観的権利の主張の根拠とすることを認めている．そして，憲法14条1項が保障する主観的権利（〈合理的根拠〉のない区別をされない権利）は，一定の役割を果たしており，それを敢えて，客観法原則であり主観的権利の保障を含まないと主張する必要はないように思われる．

第十四章 〈差別抑制〉要請の必要性

　判例理論は，〈差別〉への配慮を欠いている．この態度の背景には，〈差別〉が，〈合理的根拠〉要請により解消できる，との理解がある．しかし，それは適切な理解であろうか．第四章ではこのような疑問を提示した．そして，第二部で検討したアメリカ法の歴史は，〈立法目的への適合性〉要請では解消できない〈差別〉の問題があることを示唆している（アメリカ法の示唆④）．
　以下，そもそも，〈差別〉とはどのような現象なのか（第一節），また，〈差別〉現象と国家はいかに関係するか，を考察する（第二節）．その上で，〈差別〉問題への対応のため，どのような憲法規範が導出されるべきか，を検討したい（第三節）．

第一節　〈差別〉という現象

1　〈差別〉とは何か？
　〈差別〉に関する憲法規範を画定するためには，まず〈差別〉という現象を理解する必要がある．
　(1)〈差別〉のニュアンス　〈差別〉の語は，特定の類型に向けられた蔑視感情と嫌悪感を指摘する際に用いられる．この点で，〈差別〉の語は，〈平等〉の語とは異なるニュアンスを持つ．
　例えば，〈差別的表現〉という言葉が用いられるのに対し，〈不平等な表現〉という表現はあまり用いられない．他方，生まれながらの貧富格差は，〈差別〉とは表現されず，〈不平等〉と表現される．〈不平等〉の語は，ある状態が理想と乖離している状態を指して用いられる言葉であり，〈差別〉の語は，ある行為の背景にある蔑視感情・嫌悪感などの心理を指摘して用いられる言葉であ

る[341]．

　また，〈不合理〉と〈差別〉も異なるニュアンスを込めて用いられる．事業所得課税について必要経費控除を認めつつ，給与所得課税についてそれを一切認めない，という区別は，〈不合理〉だとは表現されるが，〈差別〉的区別だと表現されることは稀である．それは，通常，給与所得者に対する蔑視感情・嫌悪感というものが観念されないためである．

　ここに述べた，特定の類型に向けられた蔑視感情・嫌悪感を，以下，差別感情と呼ぶことにしたい．この差別感情に起因して発生する現象が，〈差別〉という現象である．

　(2) 差別感情の共有がもたらす非対象性　最も単純な差別現象は，AがBに対し，Bの属する類型に対する差別感情を発露し，Bが感情的に傷つけられる，という現象である．差別現象が対等な二者の関係の内に止まるものであれば，さほど深刻なものにはなり難い．

　問題が深刻になるのは，差別感情が広く共有され，被差別者が差別者に取り囲まれる場合である．ここでは，差別者と被差別者の間に非対称性が生じることになる[342]．

　差別感情の共有は，二つの点で深刻である．第一に，〈多くの人は，自己の属する類型に差別感情を向けている〉との認識（以下，〈自己への差別の認識〉と呼ぶ）が，被差別感を増大させる点．第二に，〈ある類型への差別感情が広く共有されている〉との認識（以下，〈他者への差別の認識〉と呼ぶ）が，差別感情を助長する点．

　(3) 〈自己への差別の認識〉　複数の人物A・B・Cから，自己の属する類型に

---

341) 和田 [1971] 635 頁も，このことを指摘する．
342) 江原 [1985] 84 頁は，「『差別』とは本質的に非対称的である」と指摘する．江原 [1985] は，次のような主張を示している．

　差別とは，認知の容易な標識により，ある類型（〈男性〉や〈白人〉）からの排除を行うことであり，そのための「差別の論理」は，特定の者がある類型から排除されるべきだ，とする論理である．この「差別の論理」に対して，例えば，〈女性は男性と同じだ〉と主張しても，〈男性と同じだ〉とされた女性が男性というカテゴリーに組み込まれてしまう．逆に，〈女性は男性とは異なる〉ことが論証されれば，女性は〈正当に〉排除されることになる．このように差別の論理が成立しているところでは，排除する側に与するか，排除される側にまわるか，という貧しい二者択一が迫られる．非対称な関係を強制することこそが，差別の論理の問題である．

向けられた差別感情に基づく行為を受けた者は，しばしば，A・B・C以外にも，そのような感情を持っている人物が存在するのではないか，との認識を有するに至る．

　このような〈自己への差別の認識〉を持つに至ると，新しく出会う人々に対し一定の警戒の態度を持つことになるし，当該類型への言及について，非常に神経質になる．警戒心は日常生活において疲れの原因となる．また，差別感情を伴わないものでも，当該類型への言及があるだけで敏感に反応してしまう．

　要するに，〈自己への差別の認識〉は，多大なストレスの原因となる．

　(4)〈他者への差別の認識〉　他方，〈他者への差別の認識〉は，差別感情を助長する．

　多くの人間は，他人を傷つけることに罪悪感を抱く．そして，個人が個人として抱く嫌悪感の責任は，その個人に帰属する．ここに，ある種のブレーキが存在する．

　他方，社会に共有された感情に乗ることは，このような責任の負荷を軽減する．〈みんな〉が持つ感情を共有しているとの認識は，その感情を持つことが正当化されたものだとの認識をもたらす．〈他者への差別の認識〉は，差別感情を持つことへのブレーキを解除する機能がある．差別感情の共有が強化・拡大されると，当然，差別感情の発露行為も増大し，被差別者にとって酷な状況が生じる．

　このように差別感情が広範に共有される場合，被差別者にとって深刻な差別現象が発生する．

2　差別感情の共有はなぜ生じるのか？

　差別感情の共有は，深刻な社会問題を生じさせ得る．そして，それはしばしば生じる事態である．ではなぜ，差別感情の共有が生じるのか．その発生原因は，その類型に向けられたものが，蔑視感情なのか，嫌悪感なのかによって，異なる．

　(1)蔑視感情と嫌悪感　ここまで特定の類型に向けられた蔑視感情と嫌悪感を特に区別せず差別感情と呼んで来た．しかし，両者は，やや異なる概念である．

　蔑視感情とは，特定の類型に属する者を自分より劣った存在だとする認識

(以下，劣位存在の認識と呼ぶ）がもたらす感情である．他方，嫌悪感は，ある存在を嫌悪する感情であり，必ずしも，その存在の蔑視感情を伴わない．例えば，ある著名な映画監督への嫌悪は，必ずしも，その映画監督への蔑視を伴わないであろう．

この二つの感情は，それぞれ異なる要因によって，共有が促される．

(2) 蔑視感情の共有——自尊心の補完装置　まず，蔑視感情の共有がなぜ生じるのか．

それは，自尊心の維持のためである．自尊心とは，自らが他者に比べ高い価値を持った存在だとする認識と，それがもたらす感情である．そして，自尊心は，多くの人間が抱いてしまう，ほとんど普遍的な感情であることが指摘されている[343]．

自らが無価値であると感じ，自尊心の危機が生じた場合，何らかの形で，劣位存在の認識を強化する必要がある．劣位存在の認識強化の方法の一つは，他者と劣位存在の認識を共有することである．このように，自尊心の危機における劣位存在の認識強化の必要性が，劣位存在の認識の共有を促す．

蔑視感情とは，劣位存在の認識の対象とされた者に向けられる感情である．劣位存在の認識が共有されると，その対象に対する蔑視感情も共有される．つまり，劣位存在の認識と蔑視感情の共有は，自尊心の補完装置である[344]．

(3) 嫌悪感の共有——団結強化　次に，嫌悪感の共有について．

特定類型への嫌悪感の共有は，しばしば，団体の団結強化のために要請される．嫌悪感の共有は，娯楽を共有することである．ある存在の悪口を言い合う

---

343) 長尾[1998]46-48頁は，ホッブズの議論と人生を参照しながらこのことを指摘する．また，Rawlsは，自尊を重要な社会的基本財だとしている（Rawls[1971]§67）．
344) 逆に言うと，差別感情は自尊心に必然的に伴う感情である．そして，自尊心は，人間の基本的感情であり，これなしに生活することは困難である．とすれば，差別感情を持たずに生活をすることは，極めて困難だということになる．
　では，過酷な〈差別〉現象の発生は不可避なのか．この点，先に述べたように，〈個人的な差別感情〉は，さほど重要な社会的害悪を生じさせない．過酷な〈差別〉現象をもたらすのは，〈共有された差別感情〉である．つまり，個人が個人的な劣位存在の認識と〈個人的な差別感情〉に基づき自尊心を形成する社会が実現すれば，過酷な〈差別〉現象は生じない．
　差別感情を消滅させることは困難であるが，苛酷な〈差別〉現象を消滅させることは可能である，というのが本書の立場である．

ことは，同じ感情を共有しているとの認識を生じさせ，強固な連帯感を発生させる．また，しばしば指摘されるように，XとYが共同でZを罵っているとき，XとY相互の批判や罵りあいは生じない．人間の口の数は限られており，連帯感を挫く原因となる相互中傷は抑制される．

　要するに，嫌悪感の共有は，団結強化に有益な手法である．

　(4) 差別感情共有の原因　蔑視感情の共有は自尊心を補完し，嫌悪感の共有は団結強化を促す．自尊心は個人の生存にとって重大な要素であり，団体の団結強化が要請される場面は多い．自尊心の補完と団結強化という社会的必要が，差別感情の共有の要因となる．

3 〈差別〉と〈誤解〉の区別

　ここで注意すべきは，差別感情は，類型に向けられた誤った認識（以下，〈誤解〉と呼ぶ）とは異なるという点である．しばしば，早期退職は収益最大化の目的に好ましくないと考える企業が，〈女性は早期退職の可能性が高い〉という認識に基づいて男性を多く採用することは，〈女性差別〉だと表現される．

　しかし，本書の枠組みによれば，これは〈差別〉ではない．仮に，早期退職の可能性に関する認識が誤っている（例えば反証となる信頼できる統計がある）のであれば，それは〈誤解〉に基づく区別であり，目的不適合な不合理な区別である．他方，仮に，早期退職の可能性に関する認識が正しいのであれば，それは目的適合的な合理的な区別である．〈誤解〉の共有がもたらす問題は，多くの場合，目的不適合性の問題[345]である．

　他方，女性への蔑視感情・嫌悪感に基づく雇用拒否は，本書の枠組みにおける〈差別〉現象であり得る．蔑視感情・嫌悪感に基づく雇用拒否に対しては，

---

345) 長谷部[1989] 101頁は，情報費用の節約が差別を引き起こす原因となる，と指摘する．例えば，仕事の能力の有無を正確に判断するには膨大な情報収集コストがかかる．このため，仕事の能力と一定の相関関係があり，かつ，容易に認識できる事柄（性別など）に基づいて判断を行う．それは，情報費用の節約のための主観的に「合理的」な行動である．しかし，「外観と実質との関連についての信念に客観的な基礎がない場合や一般論が当該個別事例にあてはまらない場合には，その信念は『偏見』だということになる」（長谷部[2004] 176頁）．このような情報費用の節約に関する議論については，Posner[1981] pp. 362-363をも参照．

　このような「偏見」に基づく行動は，〈誤解〉に基づく行動であり，差別感情に基づく行動とは性質が異なる．

早期退職や産休を取る可能性が男性と全く同じであり，目的不適合であると仮に立証できたとしても，それは無意味である．

〈差別〉と〈誤解〉は異なる問題であり，区別される必要がある[346]．

第二節　差別と国家

1　差別現象と国家活動

　第一節に述べたように，共有された差別感情は苛酷な差別現象を引き起こす．そして，国家活動が差別現象を強化・拡大する場合がある．

　第十一章第一節に見たように，連邦最高裁は，〈差別的動機〉に基づく国家行為を禁じる理論や，人種に基づく区別は極めて重要な（compellingな）目的を実現するためでないと用いてはならないとする法理を提出した．これらの理論の背景には，州という主体の行動が，州民の意識のありように重大な影響を与える，との認識があるものと解される．

　これは，アメリカ諸州に限らず，近代国家の機関一般に妥当する議論である．近代国家は，その領域における正統性を独占する主体である．あるいは，正統性を独占していると言える程度の基盤がないと近代国家とは呼べない．

　国家の行為は機関を通じて現前し，国家機関の行為は正統化されたものとして被治者・国民に提示される．仮に，ある国家機関の行為が差別的メッセージを発信する性質を有していた場合，その差別感情を持つことが正統化され，その共有が促進される．また，そのメッセージが発生させる被差別感は，他の主体によるものに比して，遥かに深刻である．とすれば，国家機関は，自らの発する差別的メッセージに対して敏感でなければならない．

2　国家機関による差別的メッセージの発信

　では，国家機関の行為が差別的メッセージを発信する性質を有する場合と

---

346)　〈誤解〉がもたらす問題については，遺伝子差別への対応策について米本[1996] 180頁が指摘するように「徹底して正確な知識を一般に伝えるという正攻法以外には，選択肢はないように」思われる．

は，いかなる場合か[347]．

(1) 差別感情に基づく国家機関の行為　その典型例は，当該国家機関が差別感情に基づいて行動する場合である．行政機関が差別感情に基づき移民に対し，その条件を充たしているにも拘らず特定の類型の人々には事業許可を行わない場合（第八章第二節に紹介したYick Wo判決参照），その類型の人々に対する差別的メッセージが発信される．

(2) 意図せざる差別的メッセージの発信　また，当該国家機関が差別感情を持っていなくとも，ある国家機関の活動が差別感情を助長するメッセージを発信してしまうことがあり得る．典型は，〈善意〉のアファーマティブアクションが，差別的メッセージを発信してしまう，という場合である．

ある国家機関の行為の〈意味〉を画定する視点は，国家機関自身の視点に限られない．行為者自身の視点とは異なる視点から見たとき，当該行為の意味は全く異なるものになる場合も珍しくない．このため，意図せざる差別感情の助長という事態が生じる．

では，どのような国家機関の行為が，差別的メッセージの発信として理解されやすいか．大まかな傾向としては，歴史的に形成された〈共有された差別感情〉が向けられた対象を類型化し特別な取扱をするとき，差別的メッセージが読み取られることが多いと言える．

第三節　〈差別抑制〉と憲法

1　憲法規範の必要性

国家機関の行為は，その意図する結果として，あるいは，意図せざる結果として，差別的メッセージを発することがある．そして，国家機関が差別的メッセージを発することは，差別感情の共有を促進し，また，被差別者に精神的苦痛を発生させ[348]，被差別者にとって過酷な状況を作出する．とすれば，それを抑制する必要がある．

---

347) この問題を扱ったものとして，毛利[1993]・毛利[1994]参照．
348) 戸松[1990] 337頁は，国民の「差別感」への対処を憲法14条1項の重要な機能と位置づけている．

第三節 〈差別抑制〉と憲法　191

　そして，アメリカ法の経験は，憲法規範が国家機関の発する差別的メッセージの抑制に対し，一定の有効性を発揮することを示している．具体的に述べれば，①国家機関は差別感情に基づく行為をしてはならない，②意図せざる差別的メッセージの発信に敏感に対応しなければならない，との二つの憲法規範が，〈差別〉問題の解消のために有用である．以下，順に検討する．

2　差別感情に基づく行為の禁止

　国家機関は，個人的な差別感情に基づいて行動してはならない．これは，公益の実現を職務とする国家機関の当然の憲法上の義務であると解される．

　もっとも，国家機関の差別感情を裁判の場で立証することは容易ではない．当該規範は，裁判規範としてよりも，立法・行政の場における行為規範としての有用性が高いように思われる．閣僚や公務員が，公の場で差別的と評価される発言を行い，（裁判以外の方法で）責任が追及される，という事態は珍しくない．

　この差別感情に基づく行為の禁止は，日本の立法・行政実務においても，重要な規範として位置づけられているように思われる．これを憲法規範として定位することも，さほど問題はないと思われる．

3　意図せざる差別的メッセージへの配慮義務

(1) メッセージを読み取る視点の多様性　これに対し，意図せざる差別的メッセージの問題は微妙な問題である．

　国家機関の活動の意味を理解する視点は，一つではない．同じ国家機関の活動であっても，各人の持つ経験や認識枠組みによって，全く異なる意味で理解され得る．例えば，卒業式における君が代斉唱の意味は，〈単なる日本の歌の斉唱〉〈国家主義の押し付け〉〈崇高なる国家精神との同一化〉など，各人によって異なる理解がなされる．

　ある国家活動が，ある者にとっては極めて差別的に映り，それ以外の者にとって全く中立的に映るという事態は珍しくない．

(2) どのように対応すればよいのか？　では，国家はある行為が差別的メッセージの発信だ，との批判に対し，どう対応すればいいのか．

一つの極端な解答は，そのような被害妄想には何らお付き合いする必要がなく，無視すればよい，というものである[349]．しかし，共有された差別感情が帰結する事態の過酷さを考えると，これは妥当ではない．

他方の極端な解答は，差別的メッセージを読み取る者が一人でもいれば，その行為は違憲である，というものである．しかし，これでは，あらゆる国家活動が不可能になりかねない．無免許者への差別的メッセージの発信を読み取る者がいるという理由で，自動車運転免許制を違憲とすることは，非現実的である．

(3) 誠実な対応をなすべき義務　いずれの極端な解答も妥当とは言い難い．差別的メッセージを読み取った者の主張に対し，誠実に対応することが国家の義務となる，との中間的解答が妥当であるように思われる．

では，誠実な対応とは何か．

具体的には，差別的メッセージが読み取られる可能性や，その発信の事実が主張された場合，真摯にその主張を吟味すること，差別的メッセージの発信の事実ないし可能性が認定された場合，当該区別は，それを維持する相当の理由[350]がない限り改めること．これが，意図せざる差別的メッセージの発信について，誠実に対応すべき国家の義務の内容である．

このような国家の義務を憲法上の義務として位置付けることが，共有された差別感情のもたらす問題の解消のためには有益である．

4　憲法上の〈差別抑制〉要請

(1)〈差別抑制〉要請の必要性　〈差別〉の問題を解消するためには，①国家機関は差別感情に基づく行為をしてはならない，②意図せざる差別的メッセージの

---

349)　Plessy v. Ferguson, 163 U.S. 537（1896年5月18日）のBrown法廷意見は，しばしば，そのような立場を表明したものとして批判されている．Eisgruber & Sager[2007] p. 156参照．
350)　差別的メッセージの発信を許容しなければならない場合として，刑罰が挙げられる．刑罰は，犯罪者に対しスティグマ付けの効果を持つ．しかし，このことは犯罪の抑止という高度な必要性を根拠に，許容されるべきだ，とするのが一般的見解である．
　　但し，そのスティグマ付けが過度に及ぶと評価される場合には，刑罰法規の再考が必要となる．尊属殺重罰規定における「親殺し」スティグマの問題は，過度なスティグマ付けの例として理解することも可能である．

第三節 〈差別抑制〉と憲法

発信について誠実に対応しなければならない, との二つの要請 (以下,〈差別抑制〉要請と呼ぶ)[351] を, 憲法上の要請だと解することが有用である[352]. しかし, 判例は, この要請を憲法が保障する要請だとは解してこなかった.

第四章第二節に指摘したように, 非嫡出子の法定相続分に関する平成 7 年決定は, 民法 900 条 4 号但書前段による差別的メッセージ発信の主張を黙殺している. この決定は, 憲法からは差別的メッセージ発信を抑制すべきだとする規範は導かれない, との解釈を前提としている.

このような解釈は, 妥当と言えるか.

(2)〈立法目的への適合性〉要請の限界 この点, 被差別感や差別感情を助長する国家機関の活動は, 第十三章に論じた〈立法目的への適合性〉要請により抑制できるので,〈差別抑制〉要請のような規範を別に保障する必要はない, との見解が考えられる.

しかし,〈立法目的への適合性〉要請は, 当該区別が立法目的の実現に寄与するか否か, のみを問題とする要請であり, この要請が対応可能な問題は限定されている. 例えば,〈女性は労働能力が低いであろう〉という〈誤解〉に基づいて, 国家機関が, 男性を優先して公務員に採用したとする. これについては, 女性の労働能力に関する評価が誤っていることが立証できれば, 当該区別は, 優秀な公務員の採用という目的に適合しない不適切な区別である, として〈立法目的への適合性〉要請に反すると結論できる.

しかし,〈立法目的への適合性〉要請は, 目的の実現には資するが, 付随的に被差別感を助長してしまう区別を排除するものではない. 例えば,〈遺言不

---

351) これに加え, 差別感情の共有解消のための積極的措置 (差別表現禁止法等) を採ることが憲法上の義務である, とする見解も考えられる. しかし, 差別感情の共有は, 強固な社会的必要に基づいて生じるものであり, しかも, 個人の内心で生じる現象である. そのような現象を解消するために国家が具体的にどのような措置を採るべきか, は判然としない. そのような状態で, 積極的措置を採ることが憲法上の義務であると主張することは, 混乱を招くだけであろう.

352) もっとも,〈差別〉という現象に対し, 国家がなし得ることには限界がある. 差別感情の共有は, 自尊心の確保と団体の団結強化という個人の生にとって根源的な欲求の帰結として生じる事態である. 国家が差別的メッセージを発信しないよう努力するだけでは, 差別感情を根絶することはできない.

　共有された差別感情の根絶は, 社会構成員各人の努力により差別感情の共有を根絶しようとする文化を形成できるか否かにかかっている.

在の際の処理の仕方の設定〉という目的を実現するための民法900条4号但書前段の規定が，非嫡出子の被差別感を助長するという重大な弊害を発生させるものであったとしても，同規定は，〈立法目的への適合性〉要請には違反しない[353]．

以上に見たように，〈立法目的への適合性〉要請での国家機関の〈差別〉助長の問題への対応には限界がある．また，他の憲法上の権利条項も，今のところ，差別的メッセージの抑制の機能を発揮していない．とすれば，何らかの形で，〈差別抑制〉要請に対し憲法上の保障が与えられるべきである[354]．

第十四章総括

差別感情とは，特定の類型に向けられた蔑視感情・嫌悪感である．差別感情が広く共有されると，被差別者に対し過酷な状況が創出される．差別的メッセージを発信する性質の国家機関の活動は，社会における差別感情の共有を拡大・強化する．

とすれば，国家機関は，その活動が発する差別的メッセージに敏感でなければならない．憲法は，①国家機関は差別感情に基づいて行動してはならない，②国家機関は意図せざる差別的メッセージの発信について誠実に対応しなければならない，との二つの要請（〈差別抑制〉要請）を保障していると解すべきである．

以上が本章の検討の内容である．次章では，第十三章・第十四章に示した憲法上の要請につき条文上の位置づけを整理し，新しい憲法14条1項の解釈論を示すことにしたい．

---

353) 〈誤解〉は，十分な情報の提供などによって解消できる．しかし，特定の嫌悪感や蔑視感情の存在は，情報の提供によっては解消されない．この点を，経済学的モデルを用いて検討する論稿として飯田［2005］参照．
354) 飯田［2007］は，差別禁止法制の役割には，「情報流通」による〈誤解〉の解消に加え，無意識的な差別に起因する行動の抑制も含まれると指摘する．

終章　憲法 14 条 1 項をどう解釈すべきか

　前章までに，〈合理的根拠〉要請は〈立法目的への適合性〉要請として再構成すべきこと，〈差別抑制〉要請も憲法上保障すべきこと，の二点を確認した．本章では，このような解釈論を，条文上どのように位置づけるべきか，を検討する（第一節）．そして，投票価値の均等の要請（第二節），外国人の公務就任権（第三節），非嫡出子の法定相続分（第四節）の三つの具体的論点について，本書のように解釈された憲法 14 条 1 項がどのように適用されるべきか，を検討する．

第一節　憲法 14 条 1 項の解釈

1　前段・後段分離解釈

(1)〈立法目的への適合性〉要請と〈差別抑制〉要請の位置づけ　〈立法目的への適合性〉要請とは，〈あらゆる法令上の区別は，正当なものとして構成された立法目的に適合的な区別でなければならない〉との要請である．そして，この要請を保障する機能を果たし得る条文は，憲法 14 条 1 項の他にはなく，〈立法目的への適合性〉要請は同項が保障する要請と解すべきである．第十三章で，このことを確認した．

　他方，第十四章に述べたように，〈差別抑制〉要請も，憲法上の要請として理解すべきである．〈差別抑制〉要請とは，①国家機関は差別感情に基づく行為をしてはならない，②意図せざる差別的メッセージの発信に敏感に対応しなければならない，との二つの要請である．

　では，〈差別抑制〉要請は，憲法のどの条項により保障されるものとして理解するのが妥当か．憲法 14 条 1 項の「すべて国民は，……差別されない」との文言を考えると，同項が保障する要請と解するのが自然である．また，現在

のところ，憲法14条1項以外の条項がこの要請を保障するとの解釈は有力ではない[355]．

従って，〈立法目的への適合性〉要請，〈差別抑制〉要請の二つは，ともに憲法14条1項により保障されるべきだと解される．

(2) 前段と後段の分離　もっとも，異なる二つの要請を同一の条文が保障している，と解することは議論を不明確にする虞があり，それぞれの要請が別々の条項により保障されると解することが好ましい．

この点，前段で「法の下に平等」と規定し，後段で「差別されない」と規定する憲法14条1項の文言は，そのような解釈を行うのに適した文言である．憲法14条1項前段（一般平等条項）が〈立法目的への適合性〉要請を，後段（差別禁止条項）が〈差別抑制〉要請を規定すると解する[356]ことが，議論を明確化[357]する上で好ましいと思われるし，起草過程において後段が挿入されたことの意義を生かすことにもつながると思われる．

---

355) 但し，「個人の尊重」を規定する憲法13条1項から，〈差別抑制〉要請を導出する解釈の可能性が，青柳［2007］にて示唆されている．

356) 憲法14条1項は，前段で〈立法目的への適合性〉要請，後段で〈差別抑制〉要請を規定する．私人間に適用される場合，私人は立法の主体ではないので，前段の要請は〈目的への適合性〉要請として再構成される．

　　憲法14条1項の保障する要請を私人間に適用する場合には，どちらの要請を適用しようとしているのかを明確にした上で，議論を展開する必要がある．

　　例えば，女性の昇進を一切認めない企業人事について，考えてみる．企業の目的は，営利活動である．従って，女性の昇進が営利活動に寄与するのであれば〈目的への適合性〉要請に反するので，その人事は禁止される．これに対し，女性に対する差別感情の助長抑制という観点から，憲法14条1項後段の適用を主張する場合，女性の昇進が仮に営利活動に寄与しないとしても，そのような措置の発する差別的メッセージが深刻である，と言えるのであれば，当該措置は違法と評価され得る．

357) このように解したとき，憲法の平等条項の解釈・適用により実現される規範は，政治哲学・法哲学的実践の中でしばしば〈平等〉と呼ばれる規範と内容を異にすることになる．それらの実践の中では，〈平等〉という言葉は，配分的正義の理念を示す言葉として用いられることが多い．しかし，憲法14条1項は，資源や財産の配分に関する規定としては用いられてこなかった．財産の配分は憲法29条，社会福祉は憲法25条で扱われる問題である．配分的正義の問題と，憲法14条1項の解釈の問題との間には距離があり，前者の議論を単純に後者に導入することは困難である．

2 文言の整理

これを踏まえ憲法14条1項を解釈すると、次のようになる。

(1)「法の下」の「平等」——〈合理的根拠〉＝〈立法目的への適合性〉要請　まず、前段は「すべて国民は、法の下に平等であつて」と規定する。ここに言う「平等」は、あくまで「法の下」の「平等」であり、絶対的な「平等」を意味するものではない。「法の下」の「平等」とは、〈合理的根拠〉に基づかない区別を禁止する概念である。そして、〈合理的根拠〉に欠ける区別とは、正当なものとして構成された立法目的に適合しない区別である。従って、憲法14条1項前段は、〈立法目的への適合性〉要請を規定する条項である。

このような解釈は、従来の判例・学説とも相当程度に整合的である。

(2)「差別されない」——〈差別抑制〉要請　次に、後段は人種や性別等により「差別されない」と規定する。この条項は、国家機関が差別感情に基づいて行動してはならず、また、意図せざる差別的メッセージが発信されているとの主張に対し誠実に対応しなければならない、との〈差別抑制〉要請を規定する条項である。

では、このような解釈において後段列挙事由はいかに位置づけられるか。確かに、後段を限定的に解釈し、〈差別抑制〉要請は後段列挙事由に基づく〈差別〉に対してのみ適用される、との解釈も成り立つ。しかし、原理的にはいかなる人間の類型であっても差別感情の対象になるのであって、後段に列挙されたような類型だけが対象になるのではない。従って、後段列挙事由はあくまで例示列挙規定であり、抑制されねばならない差別の対象は後段列挙事由に対する差別に限られない、と解すべきである。

この解釈は、従来の判例理論において見落とされてきた問題に射程を拡大するものである。そして、判例理論の変更の必要性は、これまでに論じてきた通りである。

3 小括

このように、憲法14条1項前段は〈立法目的への適合性〉要請を、同項後段は〈差別抑制〉要請を規定していると解すべきである。第二節以下では、投票価値の均等、外国人の公務就任権、非嫡出子の法定相続分の三つの問題につ

いて，このように解釈された憲法14条1項がどのように適用されるか，を検討する．

第二節　投票価値の均等

1　何が問題なのか？

しばしば，憲法14条1項から投票価値の均等の要請が導かれるとの解釈が示される．しかし，その根拠に関する判例の論証は，多分に曖昧な点を残している．本書の分析は，この点を明確にするためにも有益である．

なぜ，投票価値の均等が要請されるのか．

投票価値の不均等が，差別感情や被差別感を助長すると主張する見解は，さほど多くない．投票価値の不均等は，少なくとも憲法14条1項後段に違反するとは言い難いように思われる．とすれば，検討されるべきは，投票価値の不均等の〈立法目的への適合性〉の有無（憲法14条1項前段）である．

2　なぜ投票価値の均等か？

投票価値の不均等の〈立法目的への適合性〉を審査するためには，まず，立法目的が画定される必要がある．

では，公職選挙法の立法目的をいかに解すべきか．

選挙の目的は，良き議員を選出することである．良き議員とは，公益を実現する能力が高く，正統性の感覚を調達するのにすぐれた議員を言う，と解すべきである．従って，公職選挙法の立法目的は，〈公益を実現するのに適し，かつ，正統性の感覚を調達するのにすぐれた議員を選出すること〉と解するのが妥当である．

では，そのような代表の選出という目的実現のために，投票価値の均等が要請されると言えるか．これには二つの説明があり得る．

(1) コンドルセの定理　第一に，コンドルセの定理からの説明である．

多数決が好ましい意思決定方法である根拠の一つとして，「ある集団のメンバーが二つの選択肢のうち正しい方を選ぶ確率が平均して二分の一より大きく，かつ各メンバーが独立に投票するならば，その集団が多数決によって正し

い答えに到達する確立はメンバーの数が増すにつれて増大し，極限には1に近づく」（二分の一より小さい場合はその逆に0に近づく）とするコンドルセの定理が挙げられる[358]．

コンドルセの定理を前提にすると，集団メンバーの正解を選ぶ確率の平均が二分の一を越えている状況においては，できるだけ投票者の数を増大させることが好ましい．そして，投票価値の不均等は，投票者の数を減少させるのと同じ効果を持つ．とすれば，多数決の結果（選挙の結果）を正解（公益を実現するのにより適切な人材の選択）に導き易くするためには，投票価値の均等化が望ましい．

(2) 正統性の感覚の確保　投票価値の均等の要請の根拠として，もう一つ考えられるのは，正統性の感覚の確保という説明である．

仮に全く同じ内容の決定だったとしても，それが外国政府により強制されたものである場合と，民主的に組織された自国の政府の決定であった場合とでは，被治者の感情的反発の度合いが異なる．全国民（有権者）が参加する国政選挙という手続を経た上で組織された国会が行った決定は，被治者たる国民にとって〈我々の決定〉だと感じられる．このため，反発は弱められ，決定が受容され易くなる[359]．

投票価値の不均等があると，投票価値を減ぜられた者は，選挙の結果を〈我々の決定〉だと感じ取りにくくなる．結果として，選挙結果への反発が生じ易くなり，円滑な統治の遂行に支障を来たすことになる．このため，被治者の正統性の感覚の調達のためには，投票価値の均等化が好ましいと言える．

3　投票価値の均等の要請の相対性

もっとも，上の二つの説明は，いずれも投票価値の均等が，絶対的な要請ではないことをも含意する．

(1) 知識の偏在　コンドルセの定理によれば，投票者の増大（投票価値の均等化）が要請されるのは，集団メンバーの正解を選ぶ確率の平均が二分の一を越

---

358) 長谷部［2000］89頁参照．また，長谷部［2006b］第13章をも参照．
359) このことは，憲法の内容にさして不満を持っていない者が，〈押し付け憲法論〉に依拠して，日本国憲法の改正を主張する現象からも理解できる．

えている状況においてである．そうでない場合には，正解を選ぶ確率の高い者の投票価値の増大をしないと，多数決の結果が正しいものになりにくくなる．

完全な人口比例で定数を割り振れば，必然的に都市部選出の議員が増大する．この場合，農村部の状況に詳細な知識を持った者・地方の政治状況に深い知識を持つ者が選抜した議員が減少することになり，国会の地方政策・農村政策の立案能力が低下する，という事態も生じ得る．

仮に，このような状況がある場合には，投票価値の不均等も一定程度許容されるべきである．コンドルセの定理からの説明は，投票価値の均等の要請を絶対的なものとはしない．

(2) 正統性の確保　正統性の確保という説明についても，同様のことが言える．大半の議員が都市部から選出される状況では，非都市部の住民は国会の決定を〈我々の決定〉だと感じることはできず，決定過程から排除された，との感覚を持つことにもなる．これは，統治の正統性の確保という観点から好ましくはない．

このため，この説明からも，一定程度の投票価値の不均等が許容されることになる．

4　判例理論の明確化とその評価

(1) 本書の枠組みによる分析　結局，投票価値の均等は，〈公益を実現するのに適し，かつ，正統性の感覚を調達するのにすぐれた議員を選出すること〉という公職選挙法の立法目的を実現するための絶対的要請とは言い難く，一定の場合には，不均等が許容あるいは要請されると解される．

以上が，本書の枠組みからの分析の結果である．

(2) 判例理論の明確化と評価　このような分析は，判例の論証の内容を明確化し，それを評価するために有益である．

判例は，投票価値の均等の要請を，「公正かつ効果的な代表」の選出という観点から導かれる要請だとしてきた．「公正かつ効果的な代表」の選出とは，公益を実現するために適切な人材（効果的な代表）を，正統性の感覚を十分に確保しつつ（公正に）選出すること，を意味すると解される．とすれば，このような判例による立法目的の解釈は，上記解釈と一致する．

そして，上に述べたコンドルセの定理と正統性の感覚が，この目的の実現のために投票価値の均等が好ましいこと，また，それが絶対的要請とまでは言えないことを説明する．その意味で，投票価値の均等を憲法 14 条 1 項から導かれる要請だとしつつ，それを絶対的要請とせずに，「投票価値の平等は」「他の政策的目的ないしは理由との関連において調和的に実現されるべきもの」だとする最大判昭和 51 年 4 月 14 日民集 30 巻 3 号 223 頁の結論は，支持できる．

また，最大判昭和 58 年 4 月 27 日民集 37 巻 3 号 345 頁は，参議院議員選挙において都道府県を単位として選挙区を構成することにより生じる投票価値の不均等について，「都道府県が歴史的にも政治的，経済的，社会的にも独自の意義と実体を有し一つの政治的まとまりを有する単位としてとらえうることに照らし，これを構成する住民の意思を集約的に反映させる」ことを正当化の根拠としている．これは，仮に投票価値の不均等が生じても，それにより，それぞれに異なる知識（とりわけ都道府県単位の各地域の状況の知識）を持った者により国会を構成することができ，「公正かつ効果的な代表」の選出に好ましいという理由で，都道府県単位の選挙区構成を正当化するものとして理解できる．

以上が，投票価値の均等の要請に関する本書の憲法 14 条 1 項解釈を前提とした分析である．

第三節　外国人の公務就任権

1　何が問題なのか？

本書の示した解釈論は，外国人の公務就任権が問題となった最大判平成 17 年 1 月 26 日民集 59 巻 1 号 128 頁を分析する上でも有益である．

この事件は，東京都に保健婦として勤務する X が，平成 6 年度及び同 7 年度に東京都人事委員会実施の管理職選考を受験しようとしたが，日本の国籍を有しないことを理由に受験が認められなかったことについて，当該措置が憲法 14 条 1 項等に違反するとして国家賠償を請求した，という事案である．

この事案については，〈立法目的への適合性〉の観点から，有能な外国人を排除することは公務員制度の目的実現のために好ましくないとの主張を提起す

ることも，〈差別抑制〉の観点から，管理職試験からの外国人の排除が外国籍の者に対する差別感情を助長するとの主張を提起することも可能である．

しかし，原告の主張は，差別感情の助長を問題とするものではなく，有能な外国人を管理職から排除することは公務の効率的遂行という観点から好ましくないのではないか，との主張のみであり，判決も，その主張に対する応答という形を採っている．従って，判決で検討されたのは，〈立法目的への適合性〉である．

本書の示す解釈論からは，このような分析が可能である．このような分析を踏まえると，判例の検討において，何が議論されているか，また，どの点が不十分か，が明確になる．以下，検討を示す．

2 国民主権の原理・国籍国への権利義務

まず，平成17年判決が何を検討しているか，を分析する．

(1) 最高裁判決の理由付け　管理職試験から外国人を排除する必要があるのか．この点につき，最高裁は，次のように述べた．

> 公権力行使等地方公務員の職務の遂行は，……住民の生活に直接間接に重大なかかわりを有する……．それゆえ，国民主権の原理に基づき，国及び普通地方公共団体による統治の在り方については日本国の統治者としての国民が最終的な責任を負うべきものであること（憲法1条，憲法15条1項参照）に照らし，原則として日本の国籍を有する者が公権力行使等地方公務員に就任することが想定されているとみるべきであり，我が国以外の国家に帰属し，その国家との間でその国民としての権利義務を有する外国人が公権力行使等地方公務員に就任することは，本来我が国の法体系の想定するところではないものというべきである．[360]

最高裁が挙げるのは，「国民主権の原理」及び，外国人が国籍国との間で「その国民としての権利義務を有する」こと，の二点である[361]．この論証は，管理職試験の受験資格に関する国籍保有者と外国人との区別が，立法目的に適合している旨の論証として理解可能である．

---

[360] 民集59巻1号134-135頁．
[361] 行政判例研究会にて，太田匡彦准教授より，判決は第二の点を根拠にしているとも読めるとのご指摘を頂いた．

(2) 国民主権の原理　まず，第一の点について．なぜ，「国民主権の原理」は，管理職試験から外国人を排除する根拠となるのか．

考え得る説明は，次のようなものである[362]．

国民主権の原理は，正統性確保のための原理である．国民の総体によってなされた決定は，〈我々の決定〉として受け取られ易い．このため，国民の総体によってなされた決定を国政の頂点に位置づけるのが，国民主権の原理である．このような国民主権の原理は，国民の総体以外の存在が国家権限を行使することから生ずる被治者の反発を抑制[363]すべきだ，との趣旨に基づく．

これと同じようなことが，公務員の権限行使についても，妥当する．国籍保有者によってなされた決定と，外国人がなした決定とでは，その決定に服従する者の正統性の感覚は異なる．このため，東京都管理職には，本来，日本国籍保有者が就任することが予定されている．

以上を整理すると，判決のロジックは次のようになる．〈東京都管理職の職務遂行における正統性の感覚の確保〉が当該区別の目的である．国籍保有者と外国人では全く同じ内容の行為でも，それに服従する国民の正統性の感覚は異なる．このため，管理職試験の受験者を国籍保有者に限定することは正統性の感覚の確保という目的の実現に適合的である．これが，「国民主権の原理」に基づく，判決のロジックである．

(3) 国籍国との間の権利義務　また判決は，国籍国との間の権利義務も，外国人排除の理由として掲げる．国籍国が課す義務が公務遂行の妨げ（例えば徴兵義務による徴兵期間中の長期休職）になる場合には，そのような義務を負う外国人を排除することにも一定の理由があると言える．また，外国人が国籍国に対して持つ権利が，公務遂行の妨げになる（入国の権利や訴追を受ける可能性のある国への出国を強制されない権利等の存在により収賄罪の訴追が困難になる等）という事情があれば，そのような権利を有する外国人を管理職から排除することに一定の理由があると言えなくはない．

これは，効率的な公務の遂行という目的の実現のために，公務遂行の妨げに

---

[362] この点については，木村［2007］参照．
[363] 石川［1998］は，「公権力行使に携わる公務員の資格要件であり，それは突き詰めれば，〈自由〉の問題ではなく被治者国民の側の服従根拠（Legitimität）の問題である」と指摘する．

なり得る国籍国への権利義務を持つ者を除外することが適合的である，という論証である．

3 平成17年判決の評価

平成17年判決の論証は，何を論じているのか曖昧な点がある．しかし，本書の示す分析から，判決において検討されているのは，東京都管理職試験から外国人を排除することの〈立法目的への適合性〉であることが明確になる．

また，このような分析は，平成17年判決において何が不十分か，を理解する上でも有益である．同判決は，東京都管理職の職務がどのような職務を含み，外国人がそれに就任するとどのような正統性の危機が生じるか，についても認定がなく，原告が国籍国（大韓民国）との間でどのような権利義務を有しているかも全く認定されていない．

つまり，判決は，当該区別が目的の実現に寄与しているか否かについて，必ずしも十分な認定をしていないのである．このため，藤田宙靖裁判官も補足意見の中で，本件の事実認定について「原審において必ずしも十分な認定がなされているとは言い難い」[364]と述べている[365]．

本書の示す解釈論は，平成17年判決の内容を明確化し，それを評価する端緒としても有益である．

第四節　民法900条4号但書前段再考

最後に，本書の憲法14条1項解釈を前提にしたとき，非嫡出子の法定相続分の規定はどのように評価されるか，を検討したい．

---

[364] 民集59巻1号140頁．
[365] 第一審第五回口頭弁論における，長沼友兄東京都人事委員会試験室長（原告が受験拒否された当時）は，原告代理人の質問に対し次のような曖昧な回答を示すのみである．
　140　外国籍の人が管理職になった場合には，憲法や法令，上司の命令に従わない虞があるということなんでしょうか．
　　いやそうではございませんで，私どもは具体的には公務員になるという考え方は，基本的に憲

1 完全裁量説

　考察の出発点は，法定相続分に関するベースラインの不在[366]と，任意規定としての性質[367]である．相続制度は，歴史的・社会的に見て多様なものが考えられ，その内容は一義的には定まらない．さらに，法定相続分の規定は，遺言などの被相続人の明確な意思表示がない場合の財産の処理の仕方を定めた任意規定である．

　このことを強調し，法定相続分をどのように定めるかは，完全に立法府の裁量に委ねられる，という見解（以下，完全裁量説と呼ぶ）も考えられる．完全裁量説によれば，賽の目で相続分をその都度決定すること，長子独占相続や男性嫡出子にのみ相続分を認めること，特定の宗教を信仰しない者には相続分を認めないこと等，いかなる内容の法定相続分規定も憲法14条1項に違反しないこととなる．

　この見解にも一定の説得力があるが，やはり極端に過ぎる．特定の信仰を持つ者のみに法定相続分を配分することは，特定の宗教を奨励するメッセージを

　　法15条の考え方で，国籍を要するという前提の中で，それぞれの一般職の部分については国際主義の観点から解除をしてきたという経験がある．こういうだけでございます．
141　外国籍の管理職がいた場合には具体的にはどういう支障が考えられるんでしょうか．
　　基本的に外国籍の管理職というのはおりません．
142　だけども外国籍の管理職ができたら困るということで，受験資格を認めなかったんでしょう．
　　困るというよりも，私どもは，憲法の考え方で，公務員の選定権は基本的には国民のみに有するという考え方がまずあるからでございます．
148　……公権力の行使をする公務員が日本国籍のものである必要性というのは基本的には何でしょうか．
　　それは基本的には公権力の行使というのは一つの国家主権の考え方に立つわけでございまして，それを行使するのは，やはり国民である憲法15条のところに立ち戻るものと思っています．
　　この回答は極めて曖昧である．また，他の期日でも，東京都は，原告を排除しなければならない理由を明確に説明しておらず，原告排除の理由は不明確なままにされている．
366）長谷部［2004］189頁は，平成7年決定法廷意見が，相続制度の形態について「裁判所として立法府の裁量を限定しうる確固たるベースラインは見当たらない」という立場に依拠していることを指摘する．また，長谷部教授の弟子B助教授も，相続制度そのものが個人の平等という理念と整合しないものであることを指摘し，相続制度を評価する基準（ベースライン）は不在である，という見解にも一定の説得力があることを指摘している（長谷部［2006a］195-196頁）．
367）安念［1996］46頁は，平成7年決定法廷意見が，民法900条の遺言がない場合の補充規定であることを根拠に，「違憲かどうかという問題を生じない」と理解していると指摘する．また，大村［1997］1561頁をも参照．

発信するものであり，信教の自由や政教分離規定に違反する．また，男性にのみ法定相続分を認めることは，そこから読み取られ得る〈女性蔑視的メッセージ〉の観点から，不適切である．

2 民法 900 条 4 号但書前段の〈意味〉解釈

その定め方について確固たるベースラインが存在しない任意規定であったとしても，その発するメッセージ等の観点から違憲の評価を受けることはあり得る．民法 900 条 4 号但書前段も，差別感情に基づいて制定されたものであれば，あるいは，何らかの差別的メッセージを発信し差別感情の共有を促進するものであれば，違憲の評価を受け得ると言える．

では，民法 900 条 4 号但書前段は憲法 14 条 1 項に適合すると言えるか．この点を考察するために，なぜ非嫡出子の相続分は嫡出子の法定相続分の半分なのか，を検討する必要がある．

(1) 実質的理由の不在 この問題に対する第一の説明は，実質的理由は何もなく，法定相続分の定めは何らメッセージを発信するものではない，というものである．このような見解からすれば，法定相続分の定めは，いかに恣意的なものでもよい．嫡出子が 0 で非嫡出子が 1 という内容でも一向に構わない．現在の内容は完全に偶然的に決まったのであり，そこから何らかの意味を読み取ることは不適切だ，ということになる．

このような説明によれば，憲法 14 条 1 項前段の〈立法目的への適合性〉要請を容易にクリアすることができる．この説明によれば，民法 900 条 4 号但書前段の目的は〈遺言不在の場合のデフォルトを決めること〉に尽き，それ以上のもの（婚姻の尊重など）を含まない．〈決めること〉が目的で，民法 900 条 4 号但書前段は〈決めている〉から目的適合的だということになる．

しかし，このような主張は，現行規定を維持する根拠が皆無であるとの主張でもある．平成 7 年決定の事案において法定相続分の違憲を主張した原告は，この規定から差別的メッセージを受け取り，精神的苦痛を感じた旨の主張をしている．民法 900 条 4 号但書前段の内容を維持する根拠が皆無なのであれば，原告の主張に従い相続分を均分化するコストは 0 のはずである．そして，コスト 0 で，少なくとも原告の気持ちは救われる．にもかかわらず，民法 900 条

4号但書前段の内容を維持するのは，原告の主張に誠実に対応しているとは言い難く，憲法14条1項後段の規定する〈差別抑制〉要請に違反する．

(2) 配偶者と嫡出子の感情 第二の説明は，配偶者と嫡出子の感情の尊重[368]という説明である．非嫡出子に法定相続分を認めることは，配偶者や嫡出子の感情を害する．婚姻契約には，お互い及びお互いの間に生まれた子ども（嫡出子）の感情を害しない旨の内容も含まれる．従って，相続において嫡出子を非嫡出子に比して優先させることが婚姻契約の内容に含まれると解すべきだ．民法900条4号但書前段は，そのような婚姻契約における合意を反映させた条項に他ならない．民法900条4号但書前段の趣旨に関する典型的な説明は，このような説明である．

この説明は一見もっともであるが，重大な問題がある．ここに言う〈配偶者や嫡出子の感情〉とは何か．〈配偶者が婚姻外でもうけた子ども〉という類型に属する人に対する嫌悪感[369]である．これは類型に向けられた嫌悪感であり，本書の定義する差別感情そのものである．要するに，この説明は差別感情の満足こそが民法900条4号但書前段の立法目的だとするものであり，そのような不当な目的を立法目的だとする解釈は説得力に欠ける．また，仮にこのような立法目的しか構成し得ないのであれば，当該規定は憲法14条1項後段に違反すると判断せざるを得ない．

(3) 嫡出子を非嫡出子に優先して保護する旨の合意 では，嫡出子の優先を，配偶者や嫡出子の感情とは異なるものを根拠に説明することは可能であろうか．例えば，婚姻契約はお互いの間の子どもを保護する旨の合意を含むのであり，民法900条4号但書前段はその反映である，という説明が考えられる．

この説明によれば，恐らく〈立法目的への適合性〉要請をクリアすることが

---

368) 内田［2002］375頁は，均分化への世論の反対を引用し，「法律婚の妻や嫡出子の心情には，憲法を持ち出すだけでは説得しきれないものがある」とする．また，星野［1994］115頁は，「配偶者が嫡出子（正規の婚姻による自分の子）と非嫡出子（いわば妾の子）とを同等に扱うことに対する強い反情を不合理といって片づけられるか」と疑問を提出する．

369) 星野［1994］115頁の言う「妾の子」は，「妾の子」である以前に一人の人間であり，多様な個性を持っている．内田［2002］375頁の言う「法律婚の妻」（夫である場合もあり，配偶者と表現すべきだろう）が，どんな個性の持ち主であれ「妾の子」という類型に属する者は肯定的には評価できない，と考えているのであれば，それは，その人物を個性ではなく類型で否定的に評価していることになる．これは，典型的な差別感情である．

できる．婚姻契約の合意内容を尊重すること，が立法目的であり，当該区別はそれを忠実に実現している．第四章第一節に述べたように平成 7 年決定法廷意見も，このようなロジックに拠るものと解される．

しかし，この説明は，子は相続分付与による保護の必要な存在だ，ということを前提とする．そのような前提を置くからこそ，婚姻において当事者はお互いの間の子どもに相続分を付与する旨の合意をする，との説明が成り立つ．この前提の下では，非嫡出子もまた保護の必要な存在として位置づけられるはずである[370]．にもかかわらず，民法 900 条 4 号但書前段は，保護の程度について非嫡出子を嫡出子に対し劣位に置いている．そうすると，そこに非嫡出子は保護の程度が低下してもよい存在である，旨のメッセージが読み取られるのは必然ということにならないだろうか．もちろん，そのようなメッセージの発信を甘受しても，なお実現されなければならない利益がある，というのであれば話は別である．しかし，任意規定としての本規定が，そこまで重要な利益を実現しているとは考え難い．

結局，民法 900 条 4 号但書前段の性質を〈嫡出子の優先〉と考える限り，この規定から〈非嫡出子を劣位に置く〉という発想を切り離すことは困難である．そのような発想の提示は，非嫡出子に対する差別感情を助長するメッセージの提示として機能してしまうだろう．そして，それを正当化するような対抗利益の存在は，任意規定である民法 900 条 4 号但書前段には見出し難い．とすれば，この説明によっても，民法 900 条 4 号但書前段は憲法 14 条 1 項後段に違反すると言える[371]．

---

370) もっとも，非嫡出子は，嫡出子に比して経済的に恵まれている事実等の立法事実が立証・論証されていれば，事情は異なる．しかし，そのような立法事実の存在が主張されることは稀である．
371) しばしば，民法 900 条違憲説に対しては，同条が非嫡出子の相続分を〈減らしている〉と言えるか否かは明白ではない，との指摘がなされる（大村［2002］190 頁，また上記ベースライン不在論をも参照）．
　これに対し，差別的メッセージを読み取られる可能性を理由に違憲とする見解は，必ずしも民法 900 条が非嫡出子の相続分を〈減らしている〉との前提を置くものではない．相続分のベースラインをどこに置くかは，差別的メッセージの問題とは次元が異なる問題である．

3 民法900条4号但書前段の合憲性

平成7年決定反対意見が示すように[372]、〈差別抑制〉要請が憲法上の要請であることが前提とされれば、民法900条4号但書前段の合憲性を導くことは困難である。従って、民法900条4号但書前段は憲法14条1項後段に違反すると解すべきであり、相続分の均等化や双方の相続分の削除[373]等、非嫡出子と嫡出子を同等に扱うことが要請される、と解すべきである[374]。

本書の示す解釈論によれば、これまでの判例の枠組みでは十分に汲み取られていなかった重大な利益を、以上の検討に見たように適切に結論に反映させることができる[375]。

終章総括

本書の課題は、憲法14条1項をいかに解釈すべきか、というものであった。そして、それに対する本書の解答は、同項前段は〈立法目的への適合性〉要請を、同項後段は〈差別抑制〉要請を規定していると解すべきだ、というものである。

このような解釈論は、投票価値の不均等や、外国人の公務就任権に関する論証を明確化し、分析するために有益な視点を提供している。また、憲法14条1項から〈差別抑制〉要請を導く解釈によれば、これまで見落とされてきた民法900条4号但書前段の問題に目を向けることが可能となる。

このように、本書の憲法14条1項の解釈は、従来不明確であった部分を明

---

372) 平成7年決定反対意見の意義を指摘するものとして、石川 [1997] 1553頁、石川 [2007a] 67頁参照。
373) 本書の違憲の理由付けは、問題の規定から差別的メッセージが読み取られ得るというものであり、非嫡出子の法定相続分が憲法上保障されている、というものではない。このため、双方を同じように扱っていれば、均分相続であろうと双方削除であろうと、憲法には違反しないこととなる。
　長谷部 [2004] 189頁が指摘するように、生まれという事情に基づき多大な格差をもたらす相続制度について、子が相続分を持つという確固たるベースラインがあるとは断じ難い。
374) 本節のベースとなった東京大学公法研究会・民法懇話会合同研究会での報告については、星野英一先生をはじめ多くの方から貴重なご指摘を頂いた。
375) 民法900条の趣旨は、結局、「家、家の考え方 (その遺物という意味で家の亡霊) である」として、同条に対し根本的批判を加える米倉 [1999] 206-322頁をも参照。

確にし，また，従来見落とされていた問題にも光を当てることができる解釈であると考える．

結　〈平等〉の濃密性と多義性への視点
——平等なき平等条項論

1　〈平等〉概念の濃密性と多義性

　第一部に見たように，憲法14条1項後段の差別禁止の概念は，前段の〈平等〉の概念に吸収された．なぜ，後段が前段に吸収されることになったのか．

　これは〈平等〉概念の濃密性に由来する．〈平等〉という言葉は，非常に多義的に用いられ，その言葉の下に様々な規範的要請を包摂してきた．

　このため〈差別の禁止の要請は，平等の要請である〉との命題は，受容されやすく否定しがたい命題となる．この命題を前提とすれば，法の下の平等を規定する前段と，差別禁止を規定する後段が，同一の要請を規定したものであるとの観念は容易に成立する．この結果，憲法14条1項前段・後段それぞれ文言は違うが，双方ともに〈平等〉の要請を規定している，との命題が成立する．

　その上で，憲法14条1項の〈平等〉の要請とは〈合理的根拠〉要請を言う，との命題が，主に判例に主導される形で定着した．この命題の成立により，〈平等〉の要請は〈合理的根拠〉要請に置き換えられた．これにより，〈差別抑制〉要請が憲法から排除されるという事態が生じた．

　確かに，〈合理的根拠〉要請（〈立法目的への適合性〉要請等）は，〈平等〉の要請の一部なのかもしれない．また，〈差別抑制〉要請も，〈平等〉の要請の一部を構成すると説明することは可能かもしれない．しかし，〈合理的根拠〉要請と〈差別抑制〉要請は，明らかに異なる要請である．

2　平等なき平等条項論

　〈平等〉概念は，多様な規範的要請を包摂する濃密な概念である．このため，〈平等〉という言葉を用いた論証は，その言葉の下に包摂される多様な概念を混同した不明確な論証になりやすい．判例理論の問題は，そのような濃密な概

念を不注意に使用したことから発生した．

　とすれば，判例理論の問題を解消するためには，〈平等〉という濃密な概念の使用を避け，限定された明確な意味を持つ概念——〈立法目的への適合性〉要請，〈差別抑制〉要請，〈付随的弊害の相当性〉等の概念——を用いて議論を展開する必要がある．本書では，このような認識の下，〈平等〉という概念を用いずに，平等条項（憲法 14 条 1 項と equal protection 条項）の解釈を分析する議論（平等なき平等条項論）を試みることとした．

　曖昧な概念に起因する混乱の解消には，明確な定義を持つ概念を用いた議論を提示することだけが有効である．

　本書の議論が，今後の具体的事例の明確かつ十分な分析を行うための端緒を提供することになれば幸いである．

追補編

本論では，判例による憲法14条1項の解釈の問題点を検討し，それを解決するために必要な範囲で議論を展開した．追補編では，本論では扱いきれなかった三つの問題について，検討を加える．

　追補Aでは，明治憲法の起草過程において，一般平等条項がどのように取り扱われていたかを検討する．また，追補Bでは，憲法14条1項に関する学説の歴史を紹介し，検討を加える．

　追補Cでは，〈平等〉概念の分析を行う．〈平等〉概念については，それが空虚であると主張する見解（平等空虚論）が有力である．追補C第一章では，平等空虚論の内容を批判的に検討する．そして，追補C第二章において，〈平等〉概念の意義を分析する．

追補 A　明治憲法の起草過程における一般平等条項

　大日本帝国憲法には，一般平等条項が存在しなかった．このため松本委員会では，憲法に一般平等条項を追加すべきことが提案された．しかし，導入動機の弱さもあり，同委員会は，追加不要の結論を下した．

　では，そもそもなぜ，大日本帝国憲法には，一般平等条項が存在しなかったのか．本書第一章への長大な脚注として，この点の検討を示しておく．

第一節　明治憲法における一般平等条項の不在

　日本最初の近代憲法典は，1889 年（明治 22 年）に公布された「大日本帝国憲法」（以下，明治憲法と呼ぶ）である．その起草の際，特に参照されたのがプロイセン憲法であった．そして，プロイセン憲法には，次のような条項が存在した．

> 【プロイセン憲法第 4 条】
> 　すべてのプロイセン人は，法律の前に平等である．身分上の特権は認められない．公職には，法律により定められた条件の遵守のもとで，その能力のあるすべての者が平等に就くことができる．[376]

　プロイセン憲法には，このように，一般平等条項が存在する．しかし，明治憲法には，公務就任の均等を規定する 19 条があるのみであり，一般平等条項は存在しない．とすれば，一般平等条項の不在には，何らかの意図的な選択が働いていると考えるのが自然である．なぜ，明治憲法における一般平等条項は削除されたのか．以下，検討する．

---

376)　高田・初宿編訳［2005］53–54 頁．

第二節　一般平等条項の提案

1　井上毅の試草甲案・乙案と Roesler 草案

(1) 井上毅と Roesler による草案の作成　1882 年から 1883 年にかけて，伊藤博文は，憲法調査のため欧州を歴訪した．伊藤帰国の翌年の 1884 年 (明治 17 年)，宮中に，議会や内閣制度などの憲法調査を行う機関として，制度取調局が設置される．伊藤は自らこの長官の任に就き，多忙な公務を処理しながら憲法調査を継続した．

具体的な憲法の起草作業は，少数のグループで内密に行う方針が選択された[377]．伊藤は，制度取調局の局員の中から，井上毅・伊東巳代治・金子堅太郎の三人を選び，憲法起草作業の担当とした．

1886 年 (明治 19 年) 末から，井上は原案の作成にとりかかる．同年 12 月，井上は内閣顧問 Roesler や政府顧問 Mosse に質問書を提出し，両顧問から意見を聴取した[378]．1887 年 (明治 20 年) 4 月，井上は伊藤に対し「試草乙案」[379]を，同年 5 月には「試草甲案」を提出する．

他方，法律顧問 Roesler も，同年 4 月 30 日に井上に独文の "Verfassungsentwurf v. Rösler" (Roesler の憲法草案) と題する 95 条からなる憲法草案を提出した．これは直ちに「日本帝國憲法草案」[380] として翻訳された．

井上の甲案・乙案，Roesler 草案の三つの草案が，明治憲法起草の土台となった．

(2) 井上毅の試草甲案・乙案　まず，井上乙案「第二章國民」には，次のような条項が存在した．

【乙案第 7 条 1 号】
　凡ソ日本國民タル者ハ總テ左ノ權利ヲ保護セラル

---

377) 大石 [2005] 122–123 頁参照．
378) 『伊東巳代治関連文書』には，井上の質問状と両顧問の意見書の記録が収められている．同文書は，マイクロフィルム化され全国の図書館で利用が可能である．
379) 内容は稲田 [1962] 70–82 頁，清水 [1974] 139–166 頁所収．乙案が先に作成されている．
380) 内容は稲田 [1962] 106–116 頁，清水 [1974] 167–180 頁所収．

一　何等ノ名稱位列タルニ拘ラズ法律ニ於ケル一般ノ平等
　二　以下略（営業の自由，移動の自由，刑事手続への権利など）

　また，同年5月の甲案第2章第11条も，上記乙案第7条と同一の規定であった．憲法起草の最初期段階で，既に井上は，「法律ニ於ケル一般ノ平等」を保護する旨の規定を，明治憲法に盛り込むべきことを主張していたのである．

　(3) Roesler の「日本帝國憲法草案」　4月30日の Roesler 草案でも，一般平等条項の導入が提案されている．
　Roesler 草案は，第4章の50条以下の規定が，基本権に当てられ[381]，第52条では，次のように規定している．

【Roesler 草案第52条】
　　何人タリトモ政府ノ平等ナル防護，法律ニ対スル平等及凡テ公務ニ従事シ得ルノ平等ヲ享有ス

　「法律ニ対スル平等」及び「公務就任ノ平等」は，本章冒頭に掲げたプロイセン憲法第4条に由来すると考えるのが自然であろう．Roesler はバイエルン生まれのドイツ人学者であり，プロイセン憲法にも精通していた．他方，「政府ノ平等ナル防護」の文言は何に由来するのか，あるいは Roesler のオリジナルなのか，については筆者の接し得た資料の範囲では不明である[382]．
　以上に見たように1887年（明治20年）の4月から5月に提出された井上，Roesler 両名提出の諸案は，いずれも一般平等条項を含んでいた．

2　夏島草案における一般平等条項

　(1) 夏島草案の起草　同年6月1日，伊藤博文と井上・伊東・金子の四人は，上記三草案を基に本格的な憲法起草作業を開始する．起草の舞台となったの

---

381) 原文はドイツ語．第4章の原題は „Titel Ⅳ Von den allgemeinen Rechten und Pflichten"．
382) 一つ考えられるのは，第二部に見たアメリカ合衆国憲法第14修正 equal protection 条項である．同条項の起草者である Bingham は，アメリカ公使として1873年から1885年にかけて来日中であった．
　　また，宍戸常寿准教授から，保護と懲罰の平等を定めるポルトガル憲法145条12号の文言が参照された可能性がある，とのご指摘を頂いた．

は，金沢湾夏島[383)]の伊藤の別荘であった．

この夏島で，喧々諤々の議論が行われ，8月中旬までに89条からなる憲法草案がとりまとめられた．これが世に言う「夏島草案」である[384)]．

(2) 夏島草案第50条　この草案には，Roesler案をほぼ踏襲した次のような規定が置かれていた．

【夏島草案　第50条】
　日本臣民タル者ハ政府ノ平等ナル保護ヲ受ケ法律ノ前ニ於テ平等トス又適當ノ資格ニ應シ均ク文武官ニ任セラレ及其他ノ公務ニ就クコトヲ得

このように，夏島草案の第50条は，政府の保護の平等，法律の前の平等，公務就任に関する平等の三つの内容から構成されていた．

3　10月草案の成立

(1) 井上とRoeslerの逐条意見　井上は，夏島草案を精査した上で，8月末に「逐条意見」を提出した[385)]．他方，夏島草案は，翻訳の上，Roeslerにも内示された．Roeslerは，直ちに検討の上，10月に「日本帝国憲法修正案に対する意見」[386)]を提出．井上・Roeslerの逐条意見では，第50条について，それぞれ「『又』の字は省くを優とす」（井上）[387)]，「異論なし」（Roesler）[388)]とするのみであり，両者から取り立てて異論や意見は付されなかった．

この二つの意見を踏まえ，10月中旬に，伊藤以下四名は，草案の再検討に取り掛かった．今回の作業は東京で行われた．そして，10月末までに，夏島草案は全82条からなる条文に修正された．これを「10月草案」[389)]と呼ぶことにしたい．

---

383)　神奈川県横須賀市夏島町．現在は，埋め立てられて，造船所や工場が建てられている．
384)　稲田［1962］198頁以下．
385)　これは，第一から第三まで分けて，伊藤に提出された．内容は，稲田［1962］213頁以下，清水［1974］245頁以下参照．
386)　『伊東巳代治関係文書』所収．清水［1974］223-244頁に全文所収．
387)　井上毅「逐条意見」第50条．清水［1974］268頁参照．
388)　Roesler「日本帝国憲法修正案に対する意見」第50条．清水［1974］237頁参照．
389)　『伊東巳代治関係文書』所収．稲田［1962］271頁以下，清水［1974］293頁以下所収．
　　　この案は，「夏島草案」という題が付されている．清水［1974］293頁以下では，同案は「第五号草案」と呼ばれている．

8月の夏島草案では，第2章は「帝国議会」の章であり，「臣民一般ノ権利義務」の規定は第5章に置かれていた．これが，10月草案で入れ替わり，第2章は「臣民一般ノ権理義務」と題する章になった．第2章に臣民の権利規定を置く明治憲法の構造は，この時に成立した．

(2) 10月草案第22条　臣民の権利規定の位置が第2章に変更されたため，夏島草案第50条は，第22条に場所を移した．そして，10月草案の段階で，一般平等条項に関する最初の重要な訂正が行われる．

【10月草案　第22条】
　日本臣民タル者ハ法律ノ前ニ於テ平等トス又法律命令ニ由リ定メタル資格ニ應シ均ク文武官ニ任セラレ及其他ノ公務ニ就クコトヲ得

ここで「政府ノ平等ナル保護」という文言が削除された．もっとも，この文言削除は，その内容が不適切だという理由ではなく，「法律ノ前ニ於テ平等」の文言との内容的重複を理由になされたものだと思われる．後述するように，井上は1887年末から1888年初頭（明治20年末から21年初頭）にかけて，10月草案の逐条的説明を作成している．その中で，法律が臣民を「均ク保護」することが，この条項の内容に含まれるとの説明がなされている．

また，夏島草案の段階で「適當」という文言であった箇所が，「法律命令ニ由リ定メタル」という文言に改められている．ここで改められた後段の規定は，その後も維持され，明治憲法19条となる．

4　2月草案と3月草案

(1) 2月草案と3月草案の起草　10月草案の成立後，井上は，さらに草案の推敲を進め，同時に，逐条説明の執筆も開始した．12月には，井上はRoeslerとしばしば連絡をとっている．また，翌1888年（明治21年）の1月には，コンメンタール方式の「憲法説明」の草稿を完成させている[390]．

---

390)　この「憲法説明」は，第一・第二・議会部の三つの部からなる．『伊東巳代治関係文書』所収．

これらを踏まえ，憲法起草の検討は最終段階に入る．1888 年 (明治 21 年) 1 月末から伊藤以下四名が会議を開き，2 月 7 日までに 78 条からなる「2 月草案」[391] がまとめられた．

その後，2 月 10 日から 12 日には夏島で，15 日には東京で会議が開かれ，2 月草案の修正作業が進められた．そして，3 月には 2 月草案をさらに修正した 77 条からなる「3 月草案」[392] がまとめられた[393]．

(2) 2 月草案における一般平等条項　幾つかの修正の結果，10 月草案第 22 条は，第 19 条に場所を移す．2 月草案では，第 19 条の規定は次のようになっていた．

【2 月草案　第 19 条】
　日本臣民ハ法律ニ対シ平等トス又法律命令ニ由リ定メタル資格ニ應シ均ク文武官ニ任セラレ及其ノ他ノ公務ニ就クコトヲ得

このように，1888 年 (明治 21 年) 2 月上旬の段階では，一般平等条項が存在した．しかし，2 月 10 日からの夏島会議を経て，この条項が削除されることになる．

具体的には，次のような経緯を辿った．まず，「法律ニ対シ」という文言が「法律ニ於テ」と改められ，次に，「法律ニ於テ平等トス又」の文言が削除された[394]．これらの文言訂正が行われた正確な日時は不明である[395]．

(3) 3 月草案における一般平等条項の削除　しかし，最終段階で，法律の前の平等を保障する文言が削除された．その後，細かな修正が加えられ，3 月草案には次のような規定だけが残った．

【3 月草案　第 19 条】
　日本臣民ハ法律命令ノ定ムル所ノ資格ニ應シ均ク文武官ニ任セラレ及其ノ他ノ公務

---

391)　『伊東巳代治関係文書』所収．稲田 [1962] 333-338 頁に全文所収．
392)　『伊東巳代治関係文書』所収．3 月草案は独立の文書ではなく，2 月草案に加筆訂正を施した形で残っている．
393)　この 3 月草案の段階で，「権理」の語が「権利」の語に改められた．
394)　『伊東巳代治関係文書』所収の二月草案 (欠題憲法草案) では，「法律ニ於テ平等トス又」の文言の隣に「於テ」との訂正が付され，さらに訂正線でこの部分が削除されている．
395)　稲田 [1962] 397 頁は，2 月 14 日の井上の伊藤宛の手紙 (同 332 頁) の内容から 2 月 15 日の高輪会議の結果ではないかと推測している．

ニ就クコトヲ得

こうして，一般平等条項は消滅し，公務就任の均等だけが残された．

5 明治憲法の成立

(1) 枢密院審議と明治憲法の公布　3月草案に微調整が加えられ，4月上旬までに76条からなる「大日本帝國憲法」が起草された[396]．これが，伊藤以下四名の手になる最終草案となる．4月27日には，この最終草案が明治天皇に奏呈された．

4月28日には枢密院が設置され，伊藤が初代議長に就任した．30日に，顧問や書記官が任命され，憲法制定の舞台は，枢密院に移される．枢密院における憲法制定会議は，6月18日から7月12日までの第一審会議，翌1889年（明治22年）1月16日の第二審会議，同年1月29日から31日までの第三審会議を経て，完了した[397]．

この会議は，幾つかの修正を加えたものの[398]，ほぼ原案を維持し76条からなる最終案が取りまとめられた．これが2月11日に公布された「大日本帝國憲法」である．

(2) 明治憲法19条　この規定において，3月草案第19条は，修正を受けずそのままの形で成立した．明治憲法19条は，しばしば，公務就任権の保障規定としてではなく，明治憲法における限定された平等条項として説明される[399]．以上に見た起草過程からすれば，このような説明は正しい認識を示しているといえよう．

第三節　一般平等条項削除の理由

1　直接証拠の不在

では，いかなる意図・理由によって，一般平等条項は削除されたのか．

---

396) 稲田［1962］348頁，清水［1974］321頁参照．全文は，清水［1974］322–327頁所収．
397) 清水［1973］37頁参照．
398) 清水［1973］61頁以下参照．
399) 例えば宮沢［1973］117頁．

先に述べたように,「法律ノ前ニ於テ平等」の文言が削除されたのは最終段階の 1888 年 (明治 21 年) 2 月のことである. この作業は, 2 月 10 日から 12 日の夏島会議にせよ, 15 日の高輪会議にせよ, 密室で行われたものであり, 今のところ議事録の類は発見されていない.

　つまるところ, 一般平等条項削除の意図に関する直接証拠は存在しない, あるいは未発見なのである. そこで, 提案者たる井上と伊藤という二つの視点から, この点を分析・推測してみたい.

2　井上——提案者自身の警戒心と導入動機の希薄さ

　一般平等条項の提案は, いかなる動機によってなされたのか. この点を知る上での最重要史料が井上の手による「憲法説明」である. これは, 2 月の最終修正作業を前に, 1887 年 (明治 20 年) 末から井上がまとめた 10 月草案のコンメンタールである.

　一般平等条項 (10 月草案第 22 条) に関する説明は, 1888 年 (明治 21 年) 1 月 17 日付けの「説明第二」[400] と題された文書に登場する.

(1) 権利列挙による平等——射程の限定　これによれば, 22 条の内容は次の通りである.

　　第 22 条
　　日本臣民タル者ハ法律ノ前ニ於テ平等トス又法律命令ニ由リ定メタル資格ニ應シ均ク文武官ニ任セラレ及其他ノ公務ニ就クコトヲ得[401]
　　本條ハ権利ノ平等ヲ掲ク蓋臣民権利ノ平等ナルコト及自由ナルコトハ立憲ノ政体ニ於ケル善美ノ両大結果ナリ

　ここでポイントになるのは, 井上は, この規定を〈権利の平等〉を保障するものとして考えているという点である. これは, 合衆国憲法第 14 修正の起草過程に見た〈権利列挙による平等の実現〉という構想によく似ている. そして, 説明は, 次のように続く.

---

400)　『伊東巳代治関連文書』所収. この文書の作成日時は, 1 月である. しかし, その後の文言の修正に合わせて, 伊藤ら四名が手を加えたようである.
401)　『伊東巳代治関連文書』所収の文書では, この部分は, 訂正線による修正 (「法律ノ前ニ於テ平等トス」の削除) が加えられている.

第三節　一般平等条項削除の理由

　所謂平等トハ左ノ三點ニ外ナラズ第一法律ハ身分ノ貴賤ト資産ノ貧富ニ依テ差別ヲ存スルコトナク均ク之ヲ保護シ又均ク之ヲ處罰ス第二租税ハ各人ノ財産ニ比例シテ公平ニ賦課シ族類ニ依テ特免アルコトナシ第三文武官ニ登任シ及其他ノ公務ニ付クハ門閥ニ拘ラズ是ヲ權利ノ平等トス

　この説明は，22条の保障内容を一定の範囲の権利の保障に限定する姿勢を示すものである．井上の理解によれば，この条項の保障内容は，①保護・処罰の均等化への権利，②公平な租税への権利，③公務就任権に分解できる．

　(2) 井上の射程限定の意図　このような一般平等条項の理解は，戦後の最高裁判例の一般平等条項の理解とは大きく異なる理解である．また，国家機関の発する差別的メッセージへの慎重な姿勢もここには示されていない．

　井上の説明の趣旨は，一般平等条項を，法令上の区別一般に適用される抽象的・包括的射程を持つものではなく，三つの具体的な権利を保障するものとして限定的に理解すべきだ，とする点にあるように思われる．

　上記の引用に続けて，井上は次のように述べる．

　彼ノ平等論者ノ唱フル所ノ空理ニ假托シテ以テ社會ノ秩序ヲ紊乱シ財産ノ安全ヲ破壞セントスルカ如キハ本條ノ取ル所ニ非サルナリ

　ここに言う「彼ノ平等論者」とは，社会主義者を指すものと思われ，一般平等条項が彼らの主張に油を注ぐことに対する注意が促されている．「権利の平等」以外に，「平等」の名で呼ばれる主張の中には，財産の安全を破壊しかねないものが含まれる．井上は，このような認識の下に，この条項の射程があくまで限定されたものであることを主張した．この主張に続き，井上は，さらに「華族ノ地位」は，「社會組織ノ必要」であり，「自然ノ秩序」であると述べる．

　これらの記述からは，井上が平等の語の含む潜在的な危険（急進的な身分制破壊のきっかけとなる危険）に警戒心を有していたことが窺える．

3　明治憲法下の身分制——Gneistと伊藤

　(1) 明治憲法体制と一般平等条項の齟齬　井上の警戒心に示された通り，〈平等〉と〈身分制〉は折り合いの付けにくい関係に立つ概念である．

　一般的な〈法の下の平等〉規定が存在すれば，華族制やそれに支えられた貴

族院などの諸制度と摩擦を生じたであろうことは想像に難くない．Gneist はベルリンにおける伊藤との対談で，この点を示唆した可能性がある．

(2) Gneist の示唆 Gneist は，調査団と散発的に会談した程度のようであり，体系的な講義は弟子の Mosse に任せたようである[402]．そのため，Gneist と伊藤の会談の内容に関する詳しい記録が残っていない．しかし，その内容を推測する史料が幾つか存在する．

それらのうち，一般平等条項との関係で重要なのは『西哲夢物語』という題名で出版された Gneist の講義である．これは，伏見宮貞愛親王が留学中の 1885 年 (明治 18 年) 10 月 23 日から翌年 3 月 30 日まで聴講した Gneist の講義記録である．

この講義の最後に，Gneist は，「日本ニ於テ他日憲法制定有ルヘキニ付キ，参考ノ爲メ憲法ノ事ヲ断スヘシ．獨逸ノ憲法[403]ハ連邦故ニ日本ニハ適セス．故ニ普國ノ憲法ヲ取捨スヘシ」と述べ，プロイセン憲法の各条項の日本憲法への採用に関する意見を述べている[404]．そこでは，一般平等条項であるプロイセン憲法第 4 条について，次のように述べられている．

> 根元ノ権利ハ十分政府へ取リ置方宜シ．人民ニ権ヲ與ヘ過ル時ハ不宜．此款ハ可削．特別ノ権ヲ與ヘズ．國民同等ト云コトヨリ，社會党共ノ異議ヲ引起ス也．日本ハ貴族アリ，爵位アリ，斯様ノ事ハ注意スベシ．尤モ全文ハ不削，特権ヲ有スル者アル可ラズノ一条ヲ削ル可シ．[405]

Gneist は，日本における一般平等条項の導入について注意を促していた．

これを伊藤が Gneist から聞いていたことを示す直接の証拠はない．しかし，伏見宮のためだけに詳細な逐条意見を用意したとも考えにくく，また，伏見宮の記録には，「此事は伊藤公にも数々此説を述べ，其同意を得たる事なり」とする文言が散見され[406]，上記の Gneist の注意は伊藤に伝えられていたと考え

---

402) 清水 [1971] 35–53 頁参照．
403) 1871 年のいわゆるビスマルク憲法．
404) 鈴木 [1941] 358 頁．
405) 鈴木 [1941] 359 頁，清水 [1974] 105 頁参照．
406) 清水 [1974] 307 頁参照．

るのが自然である.

(3) 伊藤博文の警戒心の推測　このような間接証拠からすれば，伊藤が一般平等条項について，強い警戒心を抱いていたとしても不思議ではない.

また，上記の Gneist の注意を受けていなかった，あるいは重視していなかったとしても，明治憲法下の日本には，一般平等条項と折り合いの付けにくい制度が存在したことは事実である.従って，伊藤が最終段階でそれに思いが至り，Gneist と同じような主張を展開したとしても不思議ではなかろう.

4　一般平等条項削除の理由

提案者井上は，少なくとも，一般平等条項が是非とも導入すべき重要条項であるとは考えていなかった.むしろ，井上は，この条項の射程を限定しようとする強い意図を持っているように思われる.他方，Gneist の示唆するように，日本には，一般平等条項と相当程度折り合いの悪い制度が散在した.このため，伊藤ら起草者たちのこの条項に対する警戒心は強いものだったと推測される.

警戒心が勝利し，最終的に一般平等条項は削除された.結果として，明治憲法 19 条の規定が成立した.このように結論するのが，妥当であろう.

追補 A 結

この検討に示した通り，明治憲法の起草者たちは，一般平等条項はその保障する内容が抽象的でどのような影響を持つかが予測しにくい条項だと考えていたようであり，それを強く警戒する姿勢が見られる.

このような理解は，松本委員会の一般平等条項に対する理解によく似ている.第一章に見たように，同委員会も，一般平等条項の保障内容は抽象的なものに止まり，さほど重要な条項ではないと理解していた.

このことは，一般平等条項を〈合理的根拠〉要請として理解する判例理論が，比較的新しい発想に導かれたものだということを示唆している.そのような発想が存在しなかったため，松本案や明治憲法の起草過程では，一般平等条項は，意義の不明な抽象的条項として，不要の評価ないし警戒心の対象となった

のである．

　明治憲法の起草過程は，松本委員会の判断の趣旨を理解する一つの手がかりとなると思われる．以上で，第一章に対する長大な脚注を終える．

追補 B　憲法 14 条 1 項に関する学説の歴史

　本論では，判例理論の問題を解消する新しい解釈論を提示することを課題とし，判例の憲法 14 条 1 項の解釈史を主たる検討の対象とした．このため，憲法 14 条 1 項解釈に関する学説史を十分に検討することができなかった．追補 B では，それを補足する意味で，憲法 14 条 1 項解釈の学説史を整理する[407]．

第一節　法協定式と違憲審査基準論——通説的解釈

1　法協定式の通説化

　(1) 法協定式　第二章第二節に見たように，現在の判例理論の原型を提供したのは，法学協会の『註解日本国憲法』であった．憲法制定直後の 1948 年の初版において，同書は「その差別が合理的なものである」場合，当該区別は憲法 14 条 1 項に違反しない，との定式を定立した[408]．さらに，続く 1953 年の改訂版では，後段が前段の要請を「具体的に」述べたものにすぎないとする立場を鮮明に示し，前段＝後段＝不合理な差別の禁止という定式 (以下，法協定式と呼ぶ) が打ち出されることになる[409]．

　(2) 宮沢説　この定式に基づく憲法 14 条 1 項の解釈は，広範な学説の支持を得た．宮沢俊義は，その権威的体系書『憲法 II』において，同項は「『人間性』を尊重するという個人主義的・民主主義的理念に照らしてみて，不合理と考えられる理由による差別」を禁ずるもの[410]とする解釈を示した．その後の多く

---

407) 追補 B をまとめるにあたり，林知更准教授と議論をさせていただき，有益なご指摘を頂いた．
408) 法学協会 [1948] 164 頁．
409) 法学協会 [1953] 349-352 頁．
410) 宮沢 [1971] 269 頁．

の体系書・注釈書も，同項を〈不合理な差別ないし区別〉を禁止する条項だと解釈している．

また，最高裁判例も，1950年代以降，法協定式と同一の解釈を採用していることは，第二章第二部に述べた通りである．

2 芦部信喜の違憲審査基準論

(1) 二重の基準論　法協定式による解釈が通説化して以降，学説の多くは，ある区別が〈合理的根拠〉に基づく区別であるか否かを，いかに判断するか，という点に議論を集中させることになる．とりわけ重要なのが，芦部信喜らがアメリカのequal protection条項に関する判例理論を参照しつつ構築した「違憲審査基準論」の体系である．

芦部は，1985年刊の『国家と法Ⅰ』において，「差別される事項（たとえば税，刑罰）と事実的・実質的な差異（たとえば貧富の差，犯人の性格）との関係が，社会通念からみて合理的である限り，その差別的取り扱いは平等違反ではない」とする見解を基本的に支持しつつ，「この民主主義的合理性という基準は抽象的であるから，具体的な事件で違憲か合憲かを判断するには十分であるとは言えない」として従来の見解の抽象性を批判する．

そして，「精神的自由ないしはそれと関連する問題について平等原則違反が争われている場合には，原則として，立法目的が妥当であるかどうか，その立法目的達成手段との間に『実質的な合理的関連性』が事実上あるかどうか，を検討することが必要である」としつつ，「経済的自由の規制について」は「国会に広い裁量が認められるので，目的と手段との間に，事実上の実質的な関連性が存することまでは要求されない」とした[411]．これは，精神的自由の制約につき〈厳格審査〉，経済的自由の制約については立法裁量尊重という芦部の二重の基準論を憲法14条1項に応用したものである．

(2) 三段階審査基準論の示唆　さらに，芦部は，1987年『憲法判例を読む』において，「精神的自由ないしそれに関連する権利についての平等原則が争われる場合」には，「立法目的が必要不可欠」で「立法目的と立法目的を達成す

411）芦部[1985] 81-82頁．

る手段との間に原則として，事実上の実質的関連性があることが必要」であるとする「厳格な合理性（strict rationality）の基準」が適用されるべきであり，他方，精神的自由「以外の自由，とくに経済的自由権で，社会・経済政策的な要素が強い規制立法」については，目的と手段との間に「形式的な合理的関連性」があれば足りるとする「最低限度の合理性（minimum rationality）の基準」が適用される，との解釈を提示した．また同書は，アメリカでは，この二つの基準に加え，人種による差別などに適用されるより厳格な「厳格審査（strict scrutiny）」が存在することを指摘し，「日本の憲法解釈としてもそういう考え方は成り立ちうる」と指摘した[412]．

(3) 芦部説の完成——三段階審査基準論　芦部の違憲審査基準論の体系は，1992年刊の「憲法14条1項の構造と『違憲審査基準』」（憲法講義ノート43・法学教室139号），及び，それを所収した1997年刊『憲法学Ⅲ』[413]により，完成したと言ってよい．

それによれば，「人種や門地による差別」については「『厳格審査』テスト」を，「経済的自由の領域に属するかそれに関連する社会・経済政策的な要素の強い規制立法について平等原則が争われる場合に」は，「アメリカ法に言う伝統的な『合理的根拠』テスト」を，「信条，性別，社会的身分等による差別」・「精神的自由ないしそれに関連する権利（選挙権のごとし）」については「『中間審査』の基準」あるいは「『厳格な合理性』の基準」と呼ばれる基準を適用する．

「『厳格審査』テスト」とは，「①立法目的（当該差別的な取扱の目的）がやむにやまれぬ（compelling）公共的利益，すなわち必要不可欠な公共的利益……を追求するものであること，②この公益に奉仕するために選択された手段が右目的の達成に是非とも必要であること，を論証するきわめて重い責任を政府が負うとする基準」であるとされる．

次に，「『合理的根拠』テスト」とは，「①立法目的（当該取扱い上の違いを設けた目的）が正当（legitimate）なものであること（立法目的が何らかの方法で公共の福祉を増進するための働きをするものであれば正当とみなされる），具体

---

412) 芦部［1987］146-147頁．傍点は引用者．
413) 芦部［2000］25-31頁．引用は，増補版による．

的な取扱上の違い（手段）が右目的の達成に『合理的に関連している』（rationally related）こと」が認定できれば当該規定は憲法14条1項に反しない，とする基準を言うとされる．

　第三の「『中間審査』の基準」は，「①立法目的が重要（important）なものであること，②その目的と規制手段（具体的な取扱い上の違い）との間に事実上の実質的関連性（substantial relationship in fact）があること」を要求する基準である．

　ここでは，立法目的のcompelling性の要求が，「『厳格な合理性』の基準」ではなく，「厳格審査」の要素とされるなど，『憲法判例を読む』に示された各基準の内容が再構成されている．

3 〈厳格度〉を決定する基準を論ずる見解

　芦部の業績以降，憲法14条1項適合性の判断について異なる〈厳格度〉の審査基準を適用する，との思考様式は，広く受け容れられるものとなる．この結果，いかなる事情があれば審査基準の〈厳格度〉が強化されるか，という問題が多くの学説によって論ぜられるようになる．

　戸松秀典教授は，「①精神的自由やその他の基本的人権および『人種，信条，性別，社会的身分又は門地』について法が差別しているという手法がなされたときは，裁判所は，それが不快な差別にあたるとして，合憲性の推定を排除した厳格な審査を行うべきこと，②差別されたと主張される権利や利益が右の範疇に含まれない場合でも，裁判所は事件ごとに，単なる合理性の基準によらない厳格度を増した合理性の基準を採用すべきこと」が，判例の一貫しない対応を改善するのに有益である，と指摘する[414]．

　また，君塚正臣教授は，アメリカと日本の性差別に関する違憲審査の歴史を検討し，「日本国憲法の下では，性差別事例には厳格審査が及ぶ」のであり，「やむにやまれぬ目的の存在と，それを達成するための必要最小限度の正当な手段であることの両方を，合憲性を主張する側が証明しない限り，違憲と判断すべき」との見解を提示する[415]．

---

414) 戸松［1990］323頁．
415) 君塚［1996］142頁．

4　通説的見解とアメリカ法

　憲法 14 条 1 項は,〈合理的根拠〉のない区別を禁止する条項である.〈合理的根拠〉の有無の判断については, それぞれの事案に応じて異なる〈厳格度〉の〈違憲審査基準〉が適用される. 現在の通説的見解の内容を要約すると, 概ねこのようになる.

　通説的見解は, アメリカ法を参照しつつ形成されてきた. 法協『註解日本国憲法』は, 憲法 14 条 1 項から〈合理的根拠〉要請を導くに際し,「アメリカ憲法の均等保護条項の解釈」を参照する[416]. 芦部らの違憲審査基準論に関する業績も, アメリカの連邦最高裁判例を参照しつつ, 議論を展開している. こと憲法 14 条 1 項に関する限り, 我が国の学説形成は, フランス法やドイツ法ではなく, アメリカ法の参照により主導されたものだと言える.

5　通説的見解の二つの問題

　もっとも, 上記のような通説的見解に対しては, 二つの問題点を指摘することができる.

　第一に, 芦部や戸松教授の議論においては, やや恣意的と思われるアメリカ判例法理の再構成が行われているという点. 第二に, 通説的見解における〈合理的根拠〉要請とは何を意味するのか, その内容に曖昧さを残しているという点.

　以下, 第一の点については本論第二部の検討を踏まえて検討し (第二節), 第二の点については, 通説的見解を批判する見解を参照しつつ検討を加える (第三節).

第二節　違憲審査基準の概念

　今指摘した通り, 芦部や戸松教授によるアメリカ判例法理の再構成には, 恣意的な点が残る.

---

416)　法学協会 [1948] 164 頁.

1 立法目的の compelling 性

芦部は，equal protection 条項に関する〈厳格審査〉基準を，目的の compelling 性を要求する基準として記述した[417]．しかし，第十章・第十一章に見たように，equal protection 条項適合性について〈厳格審査〉を宣言した判例のすべてが，目的の compelling 性を要求しているわけではない．

立法目的の compelling 性の要求は，Shapiro 判決が〈付随的弊害の相当性〉要請の審査にあたり，〈付随的弊害が重大である〉（アメリカ法の文脈では，〈基本的権利の制約である〉）との価値判断の帰結として提示された要素であるにすぎない．

1980 年代までの判例を見る限り，Shapiro 判決のように equal protection 条項から〈付随的弊害の相当性〉を導出した判例は数が少なく，同条項の〈厳格審査〉において立法目的の compelling 性を要求した判例は，むしろ例外的である．

2 〈立法目的への適合性〉要請と立証責任の配分

20 世紀の多くの判例は，equal protection 条項は〈立法目的への適合性〉要請を規定した条項として解釈している．〈立法目的への適合性〉要請の審査は，次のような手順を踏む．第一に，立法目的の画定（法解釈），第二に，当該区別がその目的実現のために適合的であるか否かの認定（立法事実の認定）．

立法目的については，構成的立法目的概念が採用されている．この前提の下では，いかなる審査においても，立法目的は，正当なものとして構成されなければならない．そのため，立法目的画定の方法は事案に応じて変化することはなく，常に一定の方法での画定がなされる．従って，この段階について〈厳格度〉の異なる審査がなされているわけではない．

他方，立法事実の認定の段階では，ノンリケット（真偽不明）の場合のデフォルトを設定する必要がある．ここでは，違憲性の根拠となる事実（目的に寄与していない）を推定する基準と，合憲性の根拠となる事実（目的に寄与している）を推定する基準が区別できる．Warren Court の下で示された〈疑わしい

---

417) 芦部 [2000] 27 頁，芦部 [1987] 147 頁参照．第十章第三節でもこの点は指摘した．

区別〉に関する〈厳格審査〉とは，ここで当該区別が立法目的の実現に寄与していないという推定を置く審査であった．

3 三段階審査基準論という理解

要するに，〈立法目的への適合性〉についての審査基準の〈厳格性〉とは，当該区別の立法目的への寄与の有無に関する立証責任の所在を示す概念である．とすれば，立証責任を政府に課す基準と原告に課す基準，二つの基準しか存在し得ないはずである．にもかかわらず，芦部や戸松教授の議論においては，〈三段階審査基準〉なるものが提示される．

確かに，Burger Court においては，equal protection 条項適合性の審査基準が三段階に分かれているかのように見える事態が生じている．しかし，これは，〈社会経済立法無審査の法理〉とでも呼ぶべき新しい法理が定立された結果，①違憲性が推定される〈厳格審査〉，②合憲性が推定される〈通常の審査〉に加え，③ほとんど何も審査をしない無審査の領域が成立したためである．そして，Burger Court の判例は，③の領域に適用される基準を〈伝統的審査基準〉と呼び，②の基準を〈新しい基準〉と呼んだが，これは全く逆である，という点も第十一章第二節に確認した[418]．

①〈厳格審査〉と②〈通常の審査〉の差異は，立証責任の配分の差異である．他方，〈社会経済立法無審査の法理〉は，当該法令が立法目的の実現に寄与しているか否かを審査せず，ただ単に当該法令が社会経済立法であるから，との根拠で合憲の結論を導く法理であり，〈立法目的への適合性〉要請排除の法理であるとすら言える．

従って，三段階の違憲審査基準があるというよりも，〈立法目的への適合性〉

---

[418] 戸松 [1990] 40–41 頁．戸松教授は，「伝統的平等保護原則の下で適用された最小限度の審査基準によれば，裁判所の結論はほとんどの場合法律を合憲とする結果になる」と指摘し，「伝統的平等保護原則」が極めて緩やかな要請であることを強調する．

しかし，戸松教授の検討対象は，主に 20 世紀中葉の判例に限られている．このため戸松教授の指摘は，19 世紀最末期から 20 世紀初頭の〈区別の合理性〉要請の成立のニュアンスを精確に把握したものとは言い難いように思われる．

また，第九章に指摘したように 20 世紀中葉期の判例は，極端に立法裁量を強調するものではない．戸松教授の言う「伝統的平等保護原則」は，むしろ Burger Court の下で示された新しい基準を意味しているように思われる．

が適用される場合と，適用されない場合があり，前者については二つの立証責任の配分の仕方がある，と表現されるべきである．

芦部や戸松教授の議論からは，違憲審査基準論の前提となる実体法的な分析や equal protection 条項の解釈史における〈区別の合理性〉要請に関する理解が不十分であり，些か議論が混乱しているとの印象を受ける．

第三節　実体法を探求する対抗的アプローチ

通説的見解は，アメリカ法を参照しつつ，憲法 14 条 1 項は〈合理的根拠〉要請を規定していると解し，それに関する違憲審査基準論を発展させるというアプローチを採っていた．しかし，ここでの〈合理的根拠〉要請の内容には曖昧な点が多く残っている．

これに対し，通説的見解への対抗的なアプローチは，幾つかの手法により，憲法 14 条 1 項の実体法的内容を分析・画定することを試みている．

1　ドイツ法の参照

まず，通説的見解に対抗する学説として，アメリカ法ではなく，ドイツ法を参照しつつ憲法 14 条 1 項を解釈する学説がある．

(1) 前段＝立法者非拘束説・後段＝立法者拘束説　初期のドイツ法からのアプローチとして重要なのは，「法の下」の「平等」を規定する憲法 14 条 1 項前段を，法適用の平等を規定した条項と解し，後段の差別禁止規定を法内容の平等を規定する条項と解した佐々木惣一の見解[419]である．

第一章第五節でも紹介したように，ワイマール憲法 109 条 1 項の「すべてのドイツ人は，法の前に (vor dem Gesetz) 平等である」とする規定については，法内容の平等ではなく，法適用の平等の要請を規定[420]しているとの立法者非拘束説が，通説的見解であった．

---

419) 佐々木惣一「法的平等の権利と生活規制無差別の権利」参照．同論文の初出は，1950 年の公法雑誌 11 巻 2 号，後に佐々木 [1956] 113 頁以下に所収．また，佐々木 [1949] とその改訂版の佐々木 [1952] でも同様の見解が示されている．
420) 訳文は佐々木による．

第三節　実体法を探求する対抗的アプローチ

佐々木は，ワイマール期の通説である Anschütz の見解を参照しつつ，憲法 14 条 1 項前段もそれと同様に，法律の内容ではなく適用の平等を規定した条項であるとの解釈を示す[421]．

他方，同項後段の「差別されない」との規定は，「生活規制無差別の権利」を規定する条項であり，行政・司法のみならず立法者をも拘束する内容の規定であるとする[422]．この権利は，後段列挙事由により政治的・経済的・社会的関係を規制することを禁ずる権利であるとされる[423]．そして，後段の保障する権利は，「前段の法的平等の権利とは別個の権利である」とし，また「前段の規定するところを具体化し又は例示するものでも，ない」と結論した[424]．

佐々木によれば，宮沢や法学協会による憲法 14 条 1 項の解釈は，「前段の規定と後段の規定との差異を見落」したが故に「不明確」となっている[425]．このように述べ，佐々木は，一般的見解においては「日本国憲法第 14 条の定める国民の権利の真の意味が，理解されていない」[426] と，痛烈に批判を加えた．

(2) 法適用平等説から法内容平等説へ　熊田道彦教授は，ワイマール期のドイツ学説や，戦後の連邦憲法裁判所の判例などを参照しつつ，日本の判例を分析した．

熊田教授は，まず Anschütz に代表される立法者非拘束説が，Leibholz らの立法者拘束説に批判され，次第に後者が支持を広めていったことを紹介す

---

421)　佐々木 [1956] 133 頁参照．
422)　佐々木 [1956] 117-121 頁．しばしば，佐々木の見解は，立法者非拘束説に立つものとして引用される（覚道 [1958] 8 頁，宮沢 [1971] 269 頁は覚道 [1958] 8 頁を引用，野中 [1981] 16 頁，阿部 [1978] 210 頁，芦部 [2000] 14 頁）．しかし，佐々木は，14 条 1 項全体が立法者を拘束しないと述べたのではなく，前段の規定する「法の下の平等」の要請が法適用の平等の要請を意味する，と述べたのみであり，後段が立法者を拘束することは認めている（覚道・芦部の引用は，このことを強調する）．
　　佐々木以外に立法者非拘束説を説く目立った見解はなく，戦後の日本の学説において 14 条 1 項全体が立法者を拘束しない，とする見解は存在しなかったように思われる．
423)　佐々木 [1956] 119 頁．
424)　佐々木 [1956] 122-123 頁．他に，前段を一般的規範，後段を個別的規範として，両者が別個の規範であることを指摘する見解として和田 [1971] 641 頁参照．もっとも，和田教授は，後者が前者に包摂される関係にあることは認めている．
425)　佐々木 [1956] 117 頁．宮沢説については同 130 頁．
426)　佐々木 [1956] 113 頁．

る[427]．Leibholzの見解によれば，一般平等条項は立法の「恣意の禁止」を規定する．そして，日本の最高裁判例の憲法14条1項解釈も，概ねこの「恣意の禁止」規定としての一般平等条項の解釈に相当する[428]．

このような解釈の下では，合理的な区別は，憲法14条1項に違反しないものとされる．そして，合理的な区別か否かを判断する基準としては，二つのものが挙げられる．第一に，「個人主義的・民主主義の理念」という宮沢の基準．第二に，西ドイツの判例の影響の下に構成される「目的合理性」という基準．熊田によれば，判例にはこの二つの基準が見られるという．

熊田教授の議論は，ドイツの学説や判例を参照することによって，〈合理的根拠〉要請の具体的な内容を明らかにしようとするものであった．

(3) ドイツ連邦憲法裁判所の判例　近時の学説の中には，ドイツ連邦憲法裁判所の判例理論を参照しつつ，憲法14条1項の解釈論を展開するものがある．ドイツ連邦共和国基本法 (以下，単に基本法と呼ぶ) 3条1項は，「すべての人は法律の前に平等である」と規定する[429]．また基本法は，憲法裁判の制度を導入した．これを受け連邦憲法裁判所は，様々な法律の基本法3条1項適合性を審査してきた．連邦憲法裁判所の判例理論を参照する業績として代表的なものが，井上典之「平等保障の裁判的実現」である[430]．

井上教授は，連邦憲法裁判所の判例において，基本法3条1項適合性の判断の枠組みが「恣意の禁止」から「新定式」へと移行したことを紹介する[431]．「恣意の禁止」定式の下では，当該区別に何らかの客観的理由があれば合憲とされる．これに対し，「新定式」は，1980年10月7日の連邦憲法裁判所第一法廷決定[432]により導入されたものであり，区別された両集団の間にその区別を正当化できるほどの質的・量的な差異が存在するか否か，を検討の対象とする定式である．これは，基本法3条1項適合性の判断に「比例性原理」を取

---

427) 熊田 [1983] 124-126頁．熊田 [1984], Anschütz [1993], Leibholz [1959] 参照．また，Anschützらの学説の紹介として田口 [1963] 82-89頁，阿部・野中 [1984] 45-47頁をも参照．
428) 熊田 [1983] 126頁．熊田 [1984] 参照．
429) 訳文は高田・初宿編訳 [2005] 210頁による．
430) 井上 [1995]・井上 [1996]・井上 [1997]・井上 [1998]．また，手塚 [1986]，基本法とEC法における男女平等取扱の原則を取り扱った西原 [2003] をも参照．
431) 井上 [1996] 153頁．
432) BVerf GE62, 256.

り込むものである[433]. そして，井上教授は，憲法14条1項適合性の判断において，「比例性原理」の発想を導入することを提案する[434].

(4) 〈合理的根拠〉要請の明確化　熊田教授や井上教授の試みは，〈合理的根拠〉要請の内容を明確化しようとする構想に導かれている．そして，ドイツの学説や判例は，一定程度の理論的資源を有するものであった．

2　実体法の探求

また，違憲審査基準論からは一定の距離を置き，憲法14条1項の実体法的内容を分析しようとするアプローチを採る学説がある．

(1) 〈立法目的への適合性〉要請としての〈合理的根拠〉要請の理解　初期の実体法的探求の重要な業績として，1958年の伊藤正己「法の下の平等」[435] が挙げられる．この論文は，Tussman と tenBroek がアメリカ合衆国憲法第14修正 equal protection 条項に関する20世紀前半の連邦最高裁判例の解釈を整理した論文[436]を紹介し，〈合理的根拠〉要請の内容が〈立法目的への適合性〉要請であることを指摘するものであった．

Tussman と tenBroek は，次のような手順により〈合理的根拠〉の有無を判断する．まず，当該区別の立法目的を画定し（例えば常習犯禁圧），その目的から当該措置（加重罰）を受けるべき規制の対象（常習犯）を画定する．そして，具体的に当該措置を受ける者の範囲（三度以上犯罪を犯した者）と，目的から導かれる規制の対象との間に齟齬があり，かつ，それを正当化する事由がなければ，それは不合理な区別である．

ここでは，一般平等条項が〈立法目的への適合性〉要請を保障する条項であることが鮮明に示されている．この Tussman と tenBroek の論文は，憲法14条1項解釈の一つの指針を提供するものであったと言え，その後の論文においてもしばしば引用されている[437].

---

433) 井上 [1997] 695頁．
434) 井上 [1998] 331頁．
435) 伊藤 [1958]．
436) Tussman & tenBroek [1949]．
437) 戸松 [1990] 35-37頁，阪本 [1993] 266頁参照．

(2) 近時の見解 また，近時の見解には，通説の憲法14条1項の保護法益の捉え方が不適切なのではないか，と指摘するものがある．

安西文雄教授は，「社会における地位の格下げ・排除」つまり「敵意ある差別」を禁止し，「自尊を保護しようとするのが平等」である，として，平等の実体的価値が「自尊」にあることを強調する[438]．棟居快行教授は，「敵対感情型差別」の存在[439]，合理的意義，再分配的意義などが複合して平等の価値を支えていると論じる[440]．また，佐藤幸治教授は，当該区別が目的を達成するために「合理的な関連性をもつかどうか」の問題と，「人格の価値がすべての人間について平等であ」るという大原則を区別して理解すべきである，と指摘している[441]．

(3) 憲法14条1項と権利条項の関係 違憲審査基準論から距離を置きつつ通説的見解に対する重要な批判を提起するものとして，1986年の奥平康弘「『基本的人権』における『差別』と『基本的人権』の『制限』」[442] が挙げられる．この論稿は，Westenの平等空虚論を参照しつつ，日本国憲法の下では，基本的人権に関する差別は，基本的人権の制限として構成することが可能であり，敢えてそれを「法の下」の「平等」条項への違反として構成する必要はない，と指摘する．このような見解からすれば，〈基本的人権に関する区別については憲法14条1項適合性の判断について厳格な審査基準が適用される〉と説く「判コで押したみたい」な「流行」もとい通説的見解には，疑問が生じる[443]．

奥平教授のこの論稿は，このような議論を展開する中で，アメリカ判例史を精確に把握する必要[444]，違憲審査基準論を中心に議論を展開する学説の解釈に曖昧な点が多分に残されていること，同項の要請が空虚ではなく「『差別的』

---

438) 安西［1994］197頁．また，安西［1992］・安西［1994］・安西［1997］・安西［1999］参照．
439) 棟居［1992］155頁．
440) 棟居［1992］164–166頁．
441) 佐藤［1995］477頁．
442) 奥平［1986］．
443) 奥平［1986］258–259頁．
444) 奥平［1986］252–253頁．ここでは，equal protection条項がアメリカの権利章典の欠缺をカバーするために活用された，というアメリカ判例史の文脈を理解すべき必要が説かれる．

立法の排除」という固有な役割を持つこと[445]，などを指摘する．

3 実体法的探求の必要

通説に対抗するアプローチからは，憲法 14 条 1 項前段と後段の内容の差異を強調する見解（佐々木），〈合理的根拠〉要請の内容の明確化の必要性を指摘する見解（ドイツ法を参照する熊田教授や井上教授の試み，伊藤教授の試み，奥平教授の指摘），自尊侵害を生じる差別や敵対感情に基づく差別への対応の必要性を主張する見解（安西教授，棟居教授，奥平教授の見解）が説かれている．

本稿は，憲法 14 条 1 項の前段と後段を分離し，前者は〈立法目的への適合性〉要請を，後者は〈差別抑制〉要請を規定する条項として解釈する．このような解釈論の構築にあたっては，上記諸学説のアプローチからも示唆を得た．

追補 B 結

通説的見解による憲法 14 条 1 項の解釈は，判例の解釈論と共通する点も多い．従って，通説的見解に対する批判は，判例の解釈論を批判的に考察する上でも示唆的である．

以上が，憲法 14 条 1 項に関する学説の歴史である．

---

445) 奥平 [1986] 264 頁．奥平はここで，Tussman & tenBroek [1949] を参照しつつ，差別的立法の排除が同項の固有の役割となり得ることを示唆する．

追補 C 〈平等〉とは何か――古典的問題の検討

　本論では,〈平等〉概念についての分析を行わず,一般平等条項・差別禁止条項の解釈論に議論を集中した.しかし,全く〈平等〉概念に触れずに,それらの条項を解釈することは,解釈のあり方として不適切ではないか,とも思われる.

　そこで,追補として〈平等〉とは何か,という古典的問題に関する検討を行いたい.この検討の結果は〈平等〉概念の濃密性を示すものであり,それを意図的に排除して憲法を解釈することの正当性を示すものである.

　以下,いわゆる平等空虚論の意義について検討し(追補C第一章),〈平等〉概念が何を意味するものかを検討する(追補C第二章).

第一章　平等空虚論とは何か？――壮大なトートロジー

　〈平等〉の概念に対する重要な分析として,Westenによる平等空虚論が挙げられる.Westenは,著名な「平等という空虚な概念」と題された論文[446]において,〈平等〉の概念は空虚であり,それを用いることは議論を混乱させるだけではないか,との疑問を提示した.

　しかし,平等空虚論は,それ自体が空虚な主張であるようにも思われる[447].

---

446) Westen [1982a].
447) 追補C第一章草稿段階で,後藤元氏・吉永圭氏から貴重なコメントを頂いた.

第一章　平等空虚論とは何か？——壮大なトートロジー

第一節　平等空虚論の二つの主張

1　Westen の二つの主張

Westen の主張は，次の二点にまとめられる．

主張①：〈平等〉とは，〈等しきものは等しく扱うべきである．等しくないものは，等しくなく扱うべきである〉という命題（proposition）である．

主張②：この命題に言う〈等しきもの〉とは〈等しく扱うべきもの〉を意味するので，この命題は〈等しく扱うべきものは，等しく扱うべきだ〉というトートロジーにすぎない．

2　Westen に対する批判

このような Westen の議論に対しては，様々な批判がなされている[448]．

まず，〈平等〉は〈等しきものは等しく扱うべきである〉という規範以外の規範をも意味するため，空虚であるとは言えないと主張して，Westen を批判する見解がある．例えば，Greenawalt は，〈平等〉は〈等しきものは等しく扱うべきだ〉という形式的原理の他に，〈人種や信仰の違いは考慮に入れられるべきではない〉などの実質的諸原理から構成されると主張し，Westen を批判している[449]．これは，主張①に対する批判である[450]．

また，Westen の主張①を基本的に妥当としつつ，〈等しきは等しく扱うべきだ〉という規範が空虚ではないと主張し，Westen を批判する見解も存在す

---

448) 例えば，Chemerinsky [1983] は，〈平等〉概念のシンボルとしての重要性を指摘し，規範としての「不十分さ」と「不要さ」を混同する Westen の議論を批判する．また，このような主張とよく似た着眼点からの主張として，〈平等〉という理念がもたらす等しい取扱を求める感情には重要な規範的意義があるとする Greenawalt [1997] の主張がある．
　一方，D'Amato [1983] は，憲法上の equal protection の概念からは一定の取扱に関する指針が導かれると主張する．
　他方 Burton [1982] p. 1152 は，「論理実証主義の分析手法は，すべてではないにしろ，ほとんどすべての法的・道徳的主張を無意味にしてしまう」として，Westen の分析手法自体を批判する．Westen への批判をまとめたものとして，安西 [1998] 参照．
449) Greenawalt [1983] p. 1181.
450) 主張①に対する批判としては，他に，〈平等〉概念は，別の者との相関関係の中で発生する権利（comparative right）を基礎付ける概念だとする Simons [1985] の主張を参照．

る．安西教授は，自尊保護という価値が〈平等〉の実体的価値であり，これが〈何が等しいか〉を決定するので，この規範は空虚ではないと主張する[451]．これは，Westen の主張②に対する批判であると言える．

Westen の主張①・主張②は妥当か．この点を検討するためには，まず，定義というものの性質を理解することが有益である．そこで，以下，定義と定義言明の性質に関する検討を行い（第二節），主張①・主張②について分析する（第三節・第四節）．

第二節　定義と定義言明

1　定義と定義言明

Westen の主張を検討するにあたり，定義と定義言明の概念を理解することが有益である．

定義とは，個人の内心で行われるある言葉に関する用法の決定である．例えば，〈強盗という言葉を，暴行又は脅迫を用いて相手の意思を抑圧し，財物を奪うこと，という意味で用いる〉という決定や，〈この新種の動物をウミメダカという名前で呼ぼう〉という決定が定義である．

定義は，言葉を用いる人の内心で行われる．内心でなされた定義を前提にして，〈A とは B である〉という形式の言明がなされる．以下，このような形式の言明を定義言明と呼ぶことにしたい．

2　定義の適切性と明確性

(1) 定義の適切性　定義とは，ある人の内心でなされる言葉の用法に関する決定である．その決定について，真偽正誤は問題にならない．すべての言葉は記号であり，記号の用法は，それを用いるものが任意に決定できる．例えば，〈組織的暴力の行使〉に〈平和〉という名称の付与を行うことも可能であり，そ

---

451) 安西 [1994] 211 頁．また，Peters [1997] p. 1225 は，「同一の状況に置かれた者は，ただ両者が同一の状況にあるというだけで，同一の取扱を受ける」との規範は，トートロジカルではないと主張しており，これは〈等しきは等しく〉から一定の規範が導かれる，との主張として理解できる．

れが〈誤っている〉わけではない．

　しかし，日常用語の慣用からかけ離れた定義は，違和感を発生させる．違和感の少ない定義の方が，大きな違和感を発生させる定義よりも好ましい．この問題を，定義の適切性の問題と呼ぶことにする．

　違和感の発生が少ない定義は〈適切な定義〉であり，多い定義は〈不適切な定義〉である[452]．〈平和とは，組織的暴力の不在だ〉という定義は適切な定義の例であり，〈正義とは，してはならない邪悪な行動だ〉という定義は不適切な定義の例である．

　(2) 定義の明確性　これと区別されるべき問題として，定義の明確性の問題がある．これは論者の用語法が，その表現の受け手に伝わっているか否かの問題である．

　言葉の用法の決定は，論者の内心で行われる．特に，専門論文における言葉の用法は，極めて特殊な用法になることが多い．このため，しばしば表現の受け手にその用法が伝わっていない場合が発生する．このような場合，その定義は〈不明確〉である．他方，相手に伝わっていれば，その定義は〈明確〉である．

　ある言葉が何を示すかは，表現の受け手に〈明確〉に伝わっている必要がある．〈不明確〉なままにされた言葉の定義は，議論の混乱を引き起こす．このため，定義説明言明（後述）によって，定義の説明がなされる．

3　定義言明の真偽正誤

　(1) 定義説明言明と定義前提言明　定義言明には，二種類のものがある．それぞれを定義説明言明，定義前提言明と呼んで区別することにしたい[453]．前者は，内心でなされた定義を説明するための言明である．他方，後者は，Aという言葉がBという意味で用いられることを前提になされる，〈AとはCである〉

---

452)　ケルゼンは，法の定義について「知的作業における道具として用いようとする用語は任意に定義されうる」と述べつつ，「その範囲が通常の用法と大まかに一致する法の概念は，——他の条件が等しければ——極めて狭い範囲の現象にのみ適用可能である概念よりも，明らかに好ましい」と述べている．Kelsen [1945] p. 4 参照．なお，訳文の一部は長尾 [1999b] 160–161 頁に拠った．

453)　二つの定義言明の呼び名については，草稿（この段階ではそれぞれ第一種定義言明・第二種定義言明と呼んでいた）に目を通して下さった清水誠弁護士から貴重な提案を頂いた．

という言明であり，これは〈B＝C〉を意味するためになされる言明である．

例えば，〈家族とは私の生きがいである〉という定義言明について考えてみる．

〈家族〉という言葉の一定の用法を前提になされた場合，これは定義前提言明だということになる．例えば，〈家族〉という言葉を〈同居の親族〉という意味で用いる，という前提の下で行われたこの定義言明は，〈同居の親族が私の生きがいである〉という意味の定義前提言明だということになる．

これに対し，この定義言明は，定義説明言明でもあり得る．この場合，この定義言明は，〈私は家族ということばを私の生きがいという意味で用いる〉ということを意味する．この言明に続けて〈家族とは鈞である〉という言明がなされた場合，それは〈私の生きがいとは鈞である〉という意味の定義前提言明となる．

(2) 定義説明言明の真偽正誤　定義説明言明は，自らの内心でなされた言葉の用法の決定についての説明である．従って，その真偽正誤は，内心でなされた定義と説明が一致しているか否か，という形で問題になる．

例えば，Aが内心で〈京都・大阪・神戸の方言〉を〈関西弁〉と呼ぶと決定し，〈関西弁とは，東京・横浜・川崎の方言である〉という定義説明言明をなした場合，その定義説明言明は〈誤っている〉と言える．

これに対し，定義説明言明によって説明された定義が不適切であることを理由に，定義説明言明を〈誤っている〉ということはできない．例えばBが内心で〈京都弁〉という言葉は，沖縄の方言を意味すると定義していた場合．この場合，〈京都弁とは沖縄の方言である〉という定義説明言明は〈誤っている〉ものではない．単に，Bが内心でなした定義が〈不適切〉だというにすぎない．

(3) 定義前提言明の真偽正誤　定義前提言明については，定義説明言明とは異なった形で，その真偽正誤が問題になり得る．定義前提言明とは，〈A＝B〉という定義を前提になされる〈AとはCである〉という言明である．この言明は，〈B＝C〉を意味した主張である．従って，CがBであるか否かが問題になる．

例えば，〈正義とは正しいことである〉という定義を前提になされる〈イラク空爆は正義である〉という言明．この言明は，〈イラク空爆は正しいことであ

る〉ということを意味した主張である．従って，〈イラク空爆は正しい〉という主張の妥当性が問題になる．

4 定義言明の意味の違い

このように，定義説明言明と定義前提言明は，形式が同一でありながら，意味が大きく異なる．従って，定義言明の解釈にあたっては，この二つの言明の意味の違いに十分に注意する必要がある[454]．

第三節　主張①：〈平等＝等しきは等しく〉の分析

1 主張①は定義説明言明なのか定義前提言明なのか

Westen は，〈平等〉とは〈等しきは等しく扱うべきである〉という命題だと主張した（主張①）．主張①は典型的な定義言明である．では，この定義言明は，上記二種類の言明のうち，いずれの性質を持つものであるか．

Westen は，次のように述べ，この点について明確な説明をしている．

> 誤解の可能性を避けるために，私が平等と権利によって何を意味するか，を強調しておく．「平等」によって，私は，法および道徳における「等しきは等しく扱われるべきである」，そしてこれに連なる「等しくないものは等しくなく扱われるべきである」という主張を意味する．[455]

この言明によって，Westen は〈平等〉という言葉を〈等しきものは等しく扱うべきだ，等しくないものは等しくなく扱うべきだ〉という命題を意味する

---

454) 長尾龍一教授は，「認識上の定義」と「教義学的定義」の区別を提唱する（長尾［1999a］254頁§65参照）．
　　前者は，ある言葉の用法の取り決めである．それを説明する言明は，本文で述べた定義説明言明に相当する．後者は「ある概念について予め価値判断が与えられており，従って定義をすることが同時に価値判断を意味する場合」の定義である．例として，「ユダヤ人は強制収容所に送られるべし」という前提の下でなされる「ユダヤ人」の定義が挙げられる．
　　「教義学的定義」に関する言明は，本文で述べた定義前提言明の一種として理解できる．但し，定義前提言明における言葉の用法の前提には，価値判断のみならず様々なものを含む．この点で，定義前提言明には，「教義学的定義」よりも広い対象が含まれる．
455) Westen［1982a］pp. 539-540.

ものとして用いる，旨を表明した．この記述以前に，〈平等〉という言葉の用法に関する前提を説明した箇所はなく，またこの記述は，Westen自身が決めた言葉の用法であること（「私は」と主語を明示している）を強調するものである．

従って，この主張は，Westenの個人的な〈平等〉という言葉の用い方を説明する定義説明言明である．

2 主張①への批判について

定義説明言明については，定義を行った者自身の内心における定義と一致しているか否か，だけが問題となる．この点は，先に説明した．従って，Greenawaltらによってなされた，〈平等〉とは〈等しきは等しく扱うべきだ〉という規範以外の規範を意味するのであり空虚ではない，という主張は，主張①に対する批判になっていないことが分かる．

主張①は，単なる〈平等〉というWestenの個人的な用語法の説明である．〈主張①は誤っている．平等とは……である〉との批判は，単に，批判者がWestenとは異なる意味で〈平等〉という言葉を用いていることの表明であるにすぎない．

Greenawaltがいかなる対象を〈平等〉という言葉で呼ぼうと，Westenの主張①とは何の関係もない．主張①は，Greenawaltが述べるところの「実質的諸原理」を平等の名で呼ぶことを排斥するものでもなければ，〈平等〉の〈正しい〉定義を示したものでもない．

第四節　主張②の分析：アリストテレス解釈に向けられた問題提起

1 Westenの論証

次に，「等しきは等しく」の命題が空虚だとする主張②の妥当性について検討する．Westenが，この主張を行うのは，第一章「道徳における平等」におけるA節「等しきものと等しく扱われるべきものの関係」である．Westenは，第一章の冒頭で次のように言う．

第一章　平等空虚論とは何か？──壮大なトートロジー

平等の研究を，プラトンとアリストテレスすなわち「等しきものは等しく扱うべきだ」ということを初めて主張し，平等に法と道徳における重要性を与えた最初の者たちから始めることにしたい．

Westen は，このように述べ，この章の課題をプラトンとアリストテレスの研究から始めることを宣言し，次のように続ける．

> アリストテレスは，プラトンの作品を基礎に，平等についての二つのことを述べた．これは，それ以来，西洋思想を支配してきた．
> (1) 道徳における平等は，次のことを意味する．：等しきものは等しく扱われるべきだ．等しくないものはその不等性の割合に応じて等しくなく扱われるべきだ．
> (2) 平等と正義は同義である．つまり，正しいこととは平等なことであり，不正なこととは不平等なことである．[456]

Westen によれば，アリストテレスは，道徳における平等の内容は〈等しきは等しく扱われるべきだ〉との命題（以下，E 命題と呼ぶ）として表現されると主張している．そして，これに続き，この命題の内容が検討される．

> 平等を主張するために二人の人間が等しいということの意味を正確に理解する必要がある．
> 第一に，「等しきもの」とは，すべての点で等しい者を意味し得るであろう．問題は，いかなる二人の人間も，すべての点で等しいということはないという点である．唯一，完全にすべての点で等しいと言えるのは，それ自体は道徳の対象にならないような非物質的な記号や形式，例えば観念的な数や幾何学的図形，である．
> 第二に，「等しきもの」とは，すべての点で等しいわけではないが，いくつかの点で等しいものを意味するのかもしれない．残念ながら，先ほどの定義が世界中のすべての人間を排除する一方，すべての人間や事物は何らかの点で等しいために，今回の定義はすべての人間や事物を含んでしまう．そして，残るのは，「すべての人間と事物を等しく扱うべきである」という道徳的に馬鹿げた (absurd) 命題である[457]．

Westen は，このように E 命題における〈等しきもの〉に関する二種類の解釈の可能性を示す．そして，第一の解釈（等しきもの＝すべての点で等しきも

---

456) Westen [1982a] pp. 542–543.
457) Westen [1982a] p. 544.

の）によれば，E 命題は適用対象を持たないナンセンスな道徳になるという．他方，第二の解釈（等しきもの＝何かの点で等しきもの）は，E 命題を空虚ではないが馬鹿げた命題にすると述べる．

Westen はこれらの定義を採用せずに，次のように続ける．

> 第三に，「等しきもの」とは，道徳的にある点で等しいものを示すのかもしれない．この解釈は，「存在」から「当為」を派生させることの哲学的ハードルを上手く避けている．それは，二人の人間が道徳的に重要な点で等しいという規範的決定から始まり，二人の人間を等しく扱うべきだという規範的結論に進む．「存在」から「当為」を導く代わりに，「当為」から「当為」を導く[458]．

Westen はこのように述べ，第三の解釈が有望であることを指摘する．そして，次のように述べる．

> しかし，道徳的に等しい対象は，自然の中に存在するものではない．人間があるカテゴリーを定義した場合に初めて，道徳的に等しいという性質が生じるのである．従って，人間が道徳的に等しいと述べることは，……道徳的な取扱の基準——ある人間のある取扱を具体的に決定する基準ないし規則——を表明することを意味する[459]．

このように，第三解釈における〈道徳的に等しきもの〉とは，ある取扱の基準によって等しく扱われるべきものだと説明する．そして，Westen は，この第三解釈を採用することを宣言し，E 命題の内容を画定する．

> 「等しきものは等しく扱うべきだ」とは，その人間に対するある取扱がある基準によって指図されている人間には，すべて，その基準によって指図された取扱を与えるべきだ，ということを意味する．

2 アリストテレス解釈？

では，ここまでの検討は Westen オリジナルの E 命題の定義なのか，それとも，アリストテレスの論文の解釈なのであろうか．

〈等しきものは等しく扱うべきだ〉という命題それ自体は，単なる記号の羅

---

458) Westen [1982a] pp. 544–545.
459) Westen [1982a] p. 545.

第一章　平等空虚論とは何か？――壮大なトートロジー　　249

列にすぎず，〈E命題の内容〉なるものが，記号の使用者による用法の決定から独立して存在しているわけではない．従って，Westen が検討の対象とした E 命題の使用者（アリストテレス）の議論の解釈なしに，その内容を画定することはできない．

とすれば，ここまでの検討は，E 命題の内容画定のためになされたアリストテレス解釈でなければならない．しかし，三種類の定義の検討において，全くアリストテレスが引用されていない．また，引用された諸文献の議論は，アリストテレスのテクスト解釈を扱ったものでもない．

要するに，Westen がここで行っている作業は，アリストテレス解釈の作業ではない．

3　主張②とは何であったのか？

結局，ここでなされているのも，Westen 自身の E 命題の定義の説明にすぎない．とすれば，主張②も主張①と同様に，定義説明言明であったことになる．このように理解すると，Westen の行った過激な主張は，実は，毒にも薬にもならない空虚な主張だったということになる．

例えば，Westen は第二章「法における平等」において，次のように述べる．

> 私のこの章における目的は，審査の類型や厳格度にかかわらず，平等の分析は理論的に権利の分析に還元され，平等という用語による法的問題の分析は根本的に余計であることを示すところにある[460]．

また，第三章「平等による混乱」では，次のように主張する．

> 平等の形式として，平等はそれが明らかにするもの以上に，混乱を惹起する[461]．

Westen は，〈平等〉という言葉を，不要で混乱を惹起するものとして定義しているのだから，〈平等〉概念は不要で混乱を惹起する有害なものだと結論するのも当然である．

---

460) Westen [1982a] p. 560.
461) Westen [1982a] p. 579.

4 主張②に対する批判について

E命題の定義言明たる主張②も，Westen 自身の定義を説明する定義説明言明である．従って，主張②に対して，〈それはE命題の理解として正しくない〉と批判することは的外れである．Westen は，自分はE命題を循環命題として用いる，と述べているだけである．別の者がE命題を別の意味で用いることを，Westen の主張②は，排斥し得ない．

安西教授は，自尊保護という価値が平等の実体的価値であり，この価値が〈何が等しいか〉を決定するので，この規範は空虚ではないと主張した[462]．しかし，これはWesten の批判になってはいない．安西教授が分析の対象としたE命題の用法が，Westen のそれとは異なっていることを述べているだけである．

主張②に対してなし得る批判は，〈アリストテレス解釈はどこへ行ったのだ？〉という批判のみであろう[463]．

第一章結 平等空虚論の意味

1 平等空虚論の空虚さ

以上の分析を要約すると，Westen の主張①も主張②も定義説明言明であった，ということになる．定義説明言明は，論者独自の言葉の用法を説明した言明にすぎず，その真偽正誤を論じることはさほど意味のある作業ではない．Westen 論文は，Westen 流の〈平等〉という言葉の使い方を示しただけである．

つまり，Westen の「平等という空虚な概念」という論文は，それ自身が空虚である[464]．従って，それを批判することも，空虚な営みである．

---

462) 安西 [1994] 211 頁参照．
463) Westen 同様，〈等しきは等しく〉の命題が無意味だと批判する Kelsen [1957] pp. 13–15 は，アリストテレスの主張においては，この命題が無内容なままにされている，とするものであり，Westen の主張とは微妙に異なる．
464) Westen 自身は，自らの主張の狙いは，〈平等〉の規範が空虚である，ということを主張することではなく，ある規範が〈平等〉という言葉で表現されると，その規範が「隠蔽され，従って道徳的・法的議論の混乱を生じる」ことを指摘するところにある，としている (Westen [1982b] p. 1165)．

2 平等空虚論の空虚さの示唆

もっとも，Westen の平等空虚論，そしてそれに続く空虚な論争は，我々に重要な示唆を与える．すなわち，記号自体の意味を議論することはできない，との示唆である[465]．

では，〈平等とは何か？〉という問いに対し，我々は，どのようにアプローチすればよいのか．今述べたように，具体的な用例から切り離された記号の内容を解明する作業は，不毛である．我々が解明できるのは，具体的な人が具体的に用いた言葉の意味のみである．従って，〈アリストテレスの言う平等とは何か？〉〈ロールズが『正義の理論』で語った平等の概念は何を意味しているか？〉あるいは，〈多くの人が平等という言葉で表現している規範に共通しているのは，いかなる要素か？〉といった形式で問いを立てなければならない[466]．以上が，平等空虚論の意味とその示唆である．

　確かに，〈平等〉という言葉は議論を混乱させる性質を持っているのかもしれない．しかし，それは，〈平等〉概念が空虚だからではない．〈平等〉概念には，追補 C 第二章に論じるように，ある種の強固な魅力がある．そして，ある規範が〈平等〉という名で呼ばれると，その規範はそれ自身の魅力に加え，〈平等〉概念が持つ魅力を帯びた存在として立ち現れる．この〈平等〉という概念が持つ魅力が，議論を混乱させる要因である．
　この点については，米持亘氏から有益なコメントを頂いた．

465) このことが当てはまるのは，平等という記号に限られない．正義，善，悪，時効取得，殺人，その他，規範的な概念を示すものとして用いられる傾向のある記号すべてに当てはまる．
466) Westen の議論も，〈一般的に平等の語はどのような意味で用いられているか〉〈一般に E 命題はどのような意味で用いられるか〉という問題に対する解答としてであれば，一定の説得力を有している．そして，Westen [1983], Westen [1990] では，そのような問題の設定がなされているように思われる．Westen の議論の位置づけについては，井上 [1989] 90 頁参照．

第二章 〈平等〉とは何か？——神への異議申立

　前章では，〈平等〉とは何かを抽象的に検討しても意味がなく，具体的な〈平等〉という言葉の用例を前提に，そこでいかなる概念が表現されているか，を問うことが有益な作業であることが確認された．

　本章では，これを踏まえ，〈平等〉という言葉を用いて規範的主張がなされるとき，どのような概念が前提とされているか，を検討したい（第一節）．そして，〈平等〉の概念と，〈平等とは何か〉という問いの意義を明らかにすることにしたい（第二節）[467]．

第一節　〈平等〉とは何か？

1　平等に包摂される三概念

　〈平等〉という言葉は多義的であり，様々な概念が〈平等〉という名で呼ばれる．しかし，この言葉の下に包摂される概念を類型化することは，一定程度可能である．〈平等〉の下に包摂される諸概念は，①特定権利・利益の均等配分，②目的適合性の要請，③差別禁止の三類型に分類することが可能である．

　（1）特定権利・利益の均等配分　第一に，何らかの権利や利益の均等配分の要請が，しばしば〈平等〉の名で呼ばれる．例えば，社会的基本財の均等配分を要請する Rawls の主張は〈平等主義（egalitarianism）〉の代表的主張である[468]．また，南北戦争直後のアメリカでは，選挙権や権利保護請求権などの市民権の解放奴隷への均等配分の要請が，〈平等〉の語により表現された．

　（2）目的適合性の要請　他方，本論で検討した通り，アメリカや日本の判例は，目的適合性の要請を〈平等〉の名で呼んでいる．

　特定権利・利益の均等配分要請は，そこで列挙された権利に関する区別にのみ適用されるが，目的適合性の要請は，ありとあらゆる区別に適用される．例

---

[467]　本章のベースとなった公法研究会での報告に対しては，井上達夫教授・木庭顕教授から貴重なご指摘を頂いた．
[468]　Rawls [1971]．

えば，南北戦争直後のアメリカでは，均等に配分されるべき権利に選挙権が含まれておらず，〈平等〉の名で呼ばれる〈市民権の均等配分の要請〉と黒人選挙権の否定は矛盾しないとの考えも強かった．しかし，その後成立した〈同一状況同一取扱〉要請が，選挙権にも適用される射程を持っていたことは第七章第二節に論じた通りである．

このように，①特定権利・利益の均等配分の要請と②目的適合性の要請は，ともに〈平等〉の名で呼ばれるが，異なる概念である．

(3) 差別禁止　また，本論に指摘したように，②目的適合性への要請と，③特定類型に対する蔑視感情や嫌悪感に基づく行動の禁止の要請（差別禁止の要請）も異なる要請であるが，しばしば両者は，〈平等〉の名で呼ばれる．

さらに，③差別禁止の要請は，①特定権利・利益の均等配分の要請とも異なる．教育機会の実質的な均等配分を掲げてなされるアファーマティブアクションが，差別的メッセージ発信の抑制の観点から批判されることにも，そのことは現れている．

(4) 〈平等〉の多義性　このように，〈平等〉の言葉は，①特定権利・利益の均等配分，②目的適合性，③差別禁止の三概念を指す言葉として用いられる．

例えば，民法900条4号但書前段は〈不平等〉だとする主張には，①相続分への権利はすべての者に平等に配分されるべき権利（人権）である，②血統による相続という目的に適合しない，③差別助長効果を持つ，という三類型のものがある．それらの主張は，相互独立であるにもかかわらず，すべて〈平等〉の名で呼ばれる．

2　多義的であることの二つの理解

このような〈平等〉の語の多義性について，どのように考えればよいか．この点について，二つの理解の仕方がある．

(1) 偶然的多義性として理解する見解　一つの理解の仕方は，〈平等〉なる言葉は二文字の漢字からなる記号にすぎず，三つの全く異なる対象が偶然，その記号で指示されてきたにすぎない，というものである．

この理解に立つ場合，〈平等〉という言葉の多義性は議論の混乱要因であり，できるだけその使用を避けるべきだということになる．社会的基本財の均等配

分を主張するのであれば，それを〈平等〉と言い換える必要はなく，ただ単に，そう主張すればよい．目的適合性の要請や差別禁止の要請についても同じことが言える．

(2) 三概念の背後に何らかの上位概念を見る見解　もう一つの理解の仕方は，次のようなものである．上記三概念は確かに異なる概念であるが，それを包摂する〈何らかの上位概念〉が存在する．だからこそ，それらは共通して〈平等〉という言葉で呼ばれるのだ．上記三概念を〈平等〉と呼ぶことも誤りではないが，その〈何らかの上位概念〉こそが真に〈平等〉と呼ばれるべき概念である．

〈平等〉の多義性を〈単なる偶然〉の一言で済ませる第一の理解は，極めて明晰であり一定の説得力がある．しかし，異なる概念が一つの言葉で呼ばれる，という現象は〈単なる偶然〉では，説明できないのではないか．とすれば，上記三類型の主張は，その内容を異にしながらも，その背後に共通する包摂的な概念がある，と考えるのが妥当であるように思われる．

3　神に喧嘩を売る概念としての平等

では，その包摂的な概念とは何か．それは，〈人と人との間には，いかなる差異もあってはならない〉という概念である．

(1)〈平等〉の意義　〈人と人との間には，いかなる差異もあってはならない〉．このような〈平等〉の概念は，憲法学において〈絶対的平等〉と呼ばれる概念に相当する[469]．

この概念を前提にしたとき，社会的基本財や市民権を持つ者と持たない者の差異，目的不適合な区別から生じる差異，差別を助長する区別から生じる差異のすべてが，〈不平等〉な差異として表現される．

そして，〈不平等〉とされる差異は，それに止まらない．受刑者とそれ以外の者との間の差異，高所得者と低所得者の差異，それらすべてが不当である．なぜなら，それは〈人と人との間の差異〉だからである．法は，特定の要件に何らかの効果を結びつける．あらゆる法は，何らかの意味で〈人と人との間の差異〉を設けるものであり，結局，すべての法は〈不平等〉である．このよう

---

[469]　〈絶対的平等〉の概念については，例えば芦部［2000］20頁参照．

に考えると，〈法の下の平等〉は，形容矛盾記述以外の何物でもない．

さらに，〈平等〉の概念は，法における区別を不当化するに止まらない．しばしば，我々は，生まれながらの容姿の違いや，才能の差異などを〈不平等〉だと主張する．このような主張は，単なる冗談ではなく，〈平等〉の要請から導かれる正統な〈平等〉の主張である．

〈平等〉は，法や国家だけに喧嘩を売る概念ではない．人間と人間との間に差異を生み出した，この不当な世界の生みの親，つまり神に喧嘩を売る概念である．

(2)〈平等〉は馬鹿げている，のか？ このような〈平等〉概念を，馬鹿げた概念として一笑に付すことも可能であろう．しかし，この概念は，人間の根源的な感情を反映した概念であり，存外に強固である．

まず，嫉妬・羨望は，多くの人間が抱く普遍的な感情である．

また，優越への後ろめたさも，多くの人間が抱く感情である．自らが人を押しのけて優遇されることに対して，多くの人間は後ろめたさを抱く．南北問題に全く問題を感じない人物は，少ないであろう．また，高所得でありながら，所得格差に何かおかしいものを感じる者は多い．もちろん，南北問題や所得格差を，〈能力主義〉などの理念で正当化する者は多い．しかし，その主張は，時に不自然に強硬になる．主張の強硬さは，所得格差に対する一抹の後ろめたさの反映である．全く後ろめたさを感じない行為や現象について，その正当性を強硬に主張することは不自然な行為である[470]．

要するに，人間は，自分と他者との差異を見出したとき，多くの場合，嫉妬・羨望を抱くか，優越への後ろめたさを抱く．そして，人と人との間の差異は，不当なのではないか，との規範的主張に駆り立てられる．人と人との間のすべての差異を不当とする〈絶対的平等〉の規範は，このような嫉妬や羨望・その裏返しである優越への後ろめたさに基盤を有する，強固な規範である．

---

470) 例えば，朝，右足から靴下を履くことの不当性が主張されたからといって，それに強硬に反論し，その正当性を主張する者は稀である．

第二節 〈平等とは何か？〉とは何か？

1 平等の要請にいかにして妥協するか？

このような〈平等〉の要請の強固さを前提にすると，〈平等とは何か？〉という問いが何を意味する問いなのか，が明確になる．

〈平等とは何か？〉は，古典時代から現代に至るまでの長きにわたり問われ続けてきた問いである．この問いは，〈平等という言葉は，一般にどのような概念を意味するものとして用いられるか〉という問いではない．そのような問いに対しては，〈人間と人間のあらゆる差異を不当とする概念を意味する言葉である〉と容易に解答することができる．

〈平等とは何か？〉という問いは，語句の意味を問うものではなく，〈かくも強固な平等の要請について，どこで妥協すべきか？〉との問いである．そして，〈平等とはXである〉との解答は，この問いに対して，〈Xが実現することによって，平等の要請に妥協しようではないか〉とする主張に他ならない[471]．多くの平等論が，〈完全な平等は，この世界では無理だけど〉と断ってから議論を展開するのも，そのことを示している．社会的基本財の均等化，目的適合性，差別禁止を〈平等〉の要請だとする主張は，いずれも，強固な〈平等〉の要請に対し，この規範的要請が実現されることを以って妥協しよう，との主張である．

しかし，平等の概念が，人間の普遍的感情に基礎を置く概念であることは，先に指摘した通りである．とすれば，〈平等に，いかに妥協するか？〉との問題は，平等概念の性質からして解決不能であり，それに対する解答は必然的に失敗する運命にある．

---

471) 野中［1996］7頁は，〈平等〉とは何か，を考えて行くと，結局，正義とは何か，という問題に行き着くと指摘する．しかし，〈平等〉概念の内容は本文で述べたように極めて明確である．野中教授の指摘は，〈平等の規範にいかに妥協するか〉という問いが，正義とは何かという問いに行き着くとの指摘として理解されるべきである．

2 なぜ〈等しきは等しく〉か？

(1) 空虚命題として用いられやすい命題　このような分析は，〈平等とは何か？〉という問いに対する最も成功した解答が，〈平等とは，等しきものは等しく，との規範だ〉という解答であったのはなぜか，を説明する．

前章に説明したように，Westen の議論は，アリストテレスの提示した〈等しきは等しく〉命題の解釈の作業としては，不十分な点が残る．しかし，この命題が，一般的にどのように解釈されているか，という問いに対する検討を示したものだとすれば，正鵠を得ている．

Westen は，〈等しきは等しく〉命題が空虚・無内容な命題であるとして，これを用いることを批判する．しかし，この命題が空虚・無内容であることこそ，この命題による〈平等とは何か？〉という問題への解答が成功したことの秘訣である．

(2) 巧みな妥協　この命題が空虚・無内容であるからこそ，この命題を用いる者は，自らの支持する規範的要請を，この命題の帰結だと主張することができる．〈平等とは等しきは等しく，との規範だ〉との主張は，〈あなたの支持する何らかの規範的要請の実現を以って，平等の要請に妥協しよう〉との主張と同内容であることになる．

こうして，〈平等＝等しきは等しく〉の主張は，最も成功した解答となったのである．

3 法概念としての不可能性――平等なき平等条項論の必然性

このような分析を前提にしたとき，〈平等〉概念を法概念として用いることは不可能である，との結論は自然である．人間と人間を区別することを本質とする法においては，人間と人間との差異を否定する〈平等〉の理念が実現することはあり得ない．

その意味で，〈法の下の平等〉とは〈絶対的平等〉を意味するのではないことを確認し，〈絶対的平等〉の概念とは切り離して平等条項の解釈を始める一般的な体系書の記述は，〈平等〉概念の濃密性を正しく認識した適切な記述だと言える．

結局，法における平等条項は，〈平等〉概念から切り離された条項として理

解されざるを得ない．つまり，平等なき平等条項論は必然である．

第二章結　〈平等〉の意味

　〈平等〉は不可能である．とすれば，〈平等〉の実現について語ることは無意味であり，我々は〈平等〉から目を背けることしかできないのか．この問題に対しては，三種類の対応がある．

　〈その通りである．だから，無視しよう．〉これが第一の対応である．平等概念の空虚さを強調し，その使用を排除すべきだと主張したKelsenやWestenの主張は，このような対応を狙いとしたものであると解することが可能である．

　第二の対応は，何らかの規範的要請の実現により，〈平等〉の要請に妥協しよう，とするものである．〈平等とは何か？〉という問いを立て，〈平等とは，Xである〉と解答し，〈平等〉の要請を何か別の規範に置き換えようとする主張は，この見解に属する．

　しかし，筆者は，この二つの対応が，妥当なものとは思われない．両者は，ともに，強固な魅力を有する〈平等〉概念から，目を背け逃亡を図る対応である．逃亡という対応以外に，〈平等〉という概念をこの世界の不完全性を自覚する契機として積極的に位置づける，という第三の対応がある．

　我々の世界には，不当な差異が満ち満ちている．それは，必ずしも人間やその生産物たる社会が作出したものに限られない．〈平等〉の概念は，それを指摘し，我々がそれを認識することを可能にする．それが，〈平等〉概念の存在意義である．

追補 D　国籍法違憲判決（最大判平成 20 年 6 月 4 日）の分析

　本書校正中に，国籍法違憲判決（最大判平成 20 年 6 月 4 日（http://www.courts.go.jp/hanrei/pdf/20080604174246.pdf 参照，本書執筆段階では判例集未掲載））に触れた．追補 D として，本書の枠組みと関連する限りで，この判決の分析を示すことにしたい．なお，同判決については，近日中に何らかの媒体において，判例評釈を試みる予定である．

第一節　事案と判旨の整理

1　事　案

　法律上婚姻関係のない日本国民である父と日本国民でない母との間に生まれた X らは，出生後に父から認知を受けたことを理由として，平成 17 年に法務大臣に国籍取得届を提出した．

　国籍法 2 条 1 号によれば，出生時に，母が日本国民であるか，胎児認知（民法 783 条 1 項）や嫡出推定（民法 772 条）により日本国民たる父の子であることが認められる者は，生来的に日本国籍を取得する．それ以外の者が，日本国籍を取得するためには，原則として法務大臣の許可を得て帰化する必要がある（国籍法 4 条以下）．但し，同法 3 条は，婚姻関係にない日本国民である父と日本国民でない母の子が，両親の婚姻によって準正嫡出子の身分を取得したとき（民法 789 条 1 項）に限り，届出により日本国籍を取得できると定めている．

　このような国籍法の規定に基づき法務大臣は，準正要件を充たさない X らの届出による日本国籍の取得は認められない，と通知した．これを受け，X らが国を被告として国籍の確認を求め出訴した．

　第一審判決（東京地判平成 18 年 3 月 29 日判時 1932 号 51 頁）は，国籍法の上記のような規定について，「準正要件を設けたことを説明し得る十分合理的な理

由がない限り，憲法14条1項に違反すると解するべきである」とし，準正子と我が国との結び付きや法律婚の尊重といった理由は，国籍法上の区別を正当化する「合理的な理由」だとは言えない，として国籍法3条を違憲とし，Xらの国籍確認請求を認容した．これに対し，控訴審（東京高判平成19年2月27日．判例集未掲載と思われる）は，Xらの請求を棄却した．

Xらの上告に対し，原判決を破棄し国側の控訴を棄却したのが本判決である．

2 判旨の整理

(1) 憲法14条1項の解釈 判決は，まず次のように述べ憲法14条1項の射程を国籍法についても及ぼすことを確認する．

> 立法府に与えられた上記のような裁量権［国籍法制定に関する裁量権］を考慮しても，なおそのような区別をすることの立法目的に合理的な根拠が認められない場合，又はその具体的な区別と上記の立法目的との間に合理的関連性が認められない場合には，当該区別は，合理的な理由のない差別として，同項［憲法14条1項］に違反するものと解されることになる．

第二章・第三章で分析したように，判例は，憲法14条1項を〈立法目的の正当性〉（＝「立法目的に合理的な根拠」）及び〈立法目的への適合性〉（＝「合理的関連性」）の要請を規定した条項だと解している．上記引用部は，このことを確認したものだと言える．他方，この判決は，同項から〈付随的弊害の相当性〉の要請を導く解釈を行っていない点には注意が必要であろう．

判決はこれに続き，日本国籍の法的地位としての重要性と，父母の婚姻の有無という事情が自らの意思・努力では変えることのできない事情であることを強調し，この事案で問題となっている国籍法上の区別に「合理的な理由があるか否かについては，慎重に検討することが必要である」と指摘する．

(2)〈区別の合理性〉要請に関する検討 続いて，判決は，国籍法3条が「血統主義を補完」することを目的とした規定であるとしつつ，同条が上記のような区別を設けた目的は，「我が国社会との密接な結び付き」を持つ者への国籍付与，父母両系血統主義を採用する諸外国と足並みを揃えること，国籍取得のための「仮装認知」の防止，の三つである，とする．判決によれば，これらの目

的自体には「合理的な根拠は認められる」が，国籍法上の区別はいずれの目的の実現にも寄与していない．

まず，準正子の方が非嫡出子よりも強い我が国との結び付きがあるとの事実認定は，上記区別が設けられた「当時の社会通念や社会的状況の下」ではともかくとして，「今日では，必ずしも家族生活等の実態に適合するものということはできない」．

また，「準正を国籍取得の要件としていた多くの国」でも「今日までに，認知等により自国民との父子関係の成立が認められた場合にはそれだけで自国籍の取得を認める旨の法改正が行われている」．

さらに，準正を要件とすることは「仮装行為による国籍取得の防止」という目的の実現に資するとは「言い難」い．

とすれば，Xらの届出の時点において「本件区別は合理的な理由のない差別となっていたといわざるを得ず，国籍法3条1項の規定が本件区別を生じさせていることは，憲法14条1項に違反するものであったというべきである」．

(3) 〈区別の合理性〉要請違反の効果について もっとも，国籍法3条全体を違憲無効とすると，結局，Xらは国籍を取得できないことになる．そこで，判決は，同条全体を無効とすることは「血統主義を補完するために出生後の国籍取得の制度を設けた同法の趣旨を没却するものであり，立法者の合理的意思として想定し難いものであって，採り得ない解釈である」と指摘し，次のように結論する．

> 憲法14条1項に基づく平等取扱いの要請と国籍法の採用した基本的な原則である父母両系血統主義とを踏まえれば，日本国民である父と日本国民でない母との間に出生し，父から出生後に認知されたにとどまる子についても，血統主義を基調として出生後における日本国籍の取得を認めた同法3条1項の規定の趣旨・内容を等しく及ぼすほかはない．すなわち，このような子についても，父母の婚姻により嫡出子たる身分を取得したことという部分を除いた同項所定の要件が満たされる場合に，届出により日本国籍を取得することが認められる……．

国籍法3条の立法目的は，「血統主義を補完」することである．その目的に適合的なのは，生後認知を受けた非準正子に対しても届出による国籍取得を認

めることであり，Xらの国籍取得を否定する国籍法3条の規定は〈立法目的への適合性〉要請に違反する．

(4) 立法裁量との関係 このような解釈に基づきXらの国籍を確認することについては，国会の立法裁量を侵すものではないか，との批判が考えられる．この点について，判決は次のように述べる．

> ……[このような憲法及び国籍法の解釈は，国籍法3条1項]の規定の趣旨及び目的に沿うものであり，この解釈をもって，裁判所が法律にない新たな国籍取得の要件を創設するものであって国会の本来的な機能である立法作用を行うものとして許されないと評価することは，国籍取得の要件に関する他の立法上の合理的な選択肢の存在の可能性を考慮したとしても，当を得ないものというべきである．

以上が，判決の内容である．

(5) 個別意見 この判決に対しては，泉裁判官，今井裁判官（那須・涌井両裁判官同調），田原裁判官，近藤裁判官の補足意見が付されており，それぞれ法廷意見の理由づけを補強している．

他方，藤田裁判官の意見（以下，藤田意見）は，国籍法3条1項の「文言に厳格にとらわれることなく」，現行法の拡張解釈という形で原告の請求を認容するのが妥当であるとする．

また，甲斐中・堀籠両裁判官による反対意見（以下，甲斐中他反対意見）は，国籍法3条1項を違憲と評価する法廷意見の結論を支持しつつ，裁判所がXらの国籍を確認することは「司法による立法に等しい」として，請求を棄却すべきだと結論する．

さらに，横尾・津野・古田三裁判官による反対意見（以下，横尾他反対意見）は，そもそも非準正子については，個別に我が国社会との結び付きを認め帰化を許可することはともかくとして，その生活態様の多様さからして「類型的に我が国社会との結び付きを認めること」は困難であり，国籍法3条に基づく区別も不合理とは言えない，とする．

以下，藤田意見，甲斐中他反対意見，横尾他反対意見と法廷意見とが，いかなる点において対立しているか検討する．

第二節　本書の枠組みによる分析——個別意見との対比

1　違憲審査基準と立法事実の認定——横尾他反対意見との対比

(1) 違憲審査基準の差異？　法廷意見は，問題の区別が，重要な利益に関する自らの意思・努力では変えることのできない事情に基づく区別であることから「慎重に検討することが必要」とする．この記述から，法廷意見は厳格な審査基準を用いたと読むことも可能であろう．これに対し，横尾他反対意見は，国籍付与要件は「広い立法裁量にゆだねられている」とし，この記述を緩やかな審査基準を採用する旨の宣言だとする読み方も想定し得る．

このような読み方からすると，法廷意見と横尾他反対意見の結論の差異は，両意見の用いた〈違憲審査基準〉の差異から導かれたものであるようにも思われる．

(2) 立法事実の認定の差異　しかし，両意見の結論の差異は，認定された立法事実の差異の帰結であると見るべきである．

法廷意見は，先に見たように，国籍法上の区別は立法目的の達成に寄与していない，と認定する．これを前提とする限り，問題の区別が，目的との「合理的関連性」（本書の言葉で言えば〈立法目的への適合性〉）が欠けることは明らかである．とすれば，厳格な審査基準を採ろうと緩やかな審査基準を採ろうと，結論は変わらない．

逆に，横尾他反対意見は，非準正子は「類型的」には「我が国社会との結び付きを認めることが困難である」と認定する．これを前提にすれば，国籍法上の区別が「我が国社会との結び付き」のある者のみに国籍を付与するとの目的の実現に寄与していることは，自明である．とすれば，いかに厳格な審査を行おうと「合理的関連性」が欠けるとの結論は導かれ得ない．

追補 B 第二節に指摘したように，審査基準の〈厳格度〉が結論を左右するのは，当該区別が目的実現に寄与しているか否かが不明な場合に限られる．本書の分析は，何が法廷意見と横尾他反対意見の結論の差異を導いたかを明瞭にするためにも有益である．

2 拡張解釈と〈立法目的への適合性〉要請——藤田意見との対比

　藤田意見は，国籍法 3 条の「立法者意思」を実現するためには，非準正子の届出による国籍取得を認める同条の拡張解釈をすることが好ましく，かつ，そのような解釈も可能であるとした．藤田意見の拡張解釈は目的論的解釈の典型例であると言える．

　他方，法廷意見も，同条の立法目的を実現するために非準正子の届出による国籍取得を認める必要があるという点では，藤田意見と共通する．しかし，法廷意見は，藤田意見の行った拡張解釈は解釈の限界を越えていると考えた．そのため，拡張解釈ではなく，憲法 14 条 1 項の適用により法文の一部を除去するという選択を採った．

　法廷意見と藤田意見は，国籍法 3 条の解釈の限界に関し対立するものの，立法目的の達成という観点から X らの国籍取得を認めるという点で，その発想は非常によく似ている．第十三章第一節に論じたように，〈立法目的への適合性〉要請は，目的論的解釈類似の機能を持ち，目的適合的な選択肢（ここでは準正子・非準正子双方の国籍付与）を要請する法的効果を持つ．今見た両意見の対比には，このことがよく示されているように思われる．

3 法廷意見の暗黙の前提——甲斐中他反対意見との対比

(1) 甲斐中他反対意見の要点　甲斐中他反対意見によれば，「非準正子の届出による国籍取得の要件について，多数意見のような解釈により示された要件以外に『他の立法上の合理的な選択肢の存在の可能性』があ」り，合憲的な立法上の選択肢の中に〈X らに国籍を付与しない〉立法も含まれている．従って，裁判所が X らの国籍を確認することは，立法府が X らに国籍を付与するか否かを選択する機会を否定するもので，「実質的に司法による立法に等しいといわざるを得」ない．

　このような甲斐中他反対意見と対比すると，法廷意見が，〈X らに国籍を付与しない〉選択肢は合憲的な選択肢に含まれない，と考えていることが分かる．では，それはいかなる根拠に基づくものなのか．

(2) 立法目的適合的な選択肢　まず，非準正子の届出による国籍取得に，X らが充足していない居住期間要件などを課しても国籍法 3 条の立法目的に適合

第二節　本書の枠組みによる分析——個別意見との対比　265

的だと評価できるのであれば，〈Xらに国籍を付与しない〉選択肢が存在すると言える．

　この点，法廷意見は，「他の立法上の合理的な選択肢の存在の可能性を考慮し」た上で結論を導いたとしており，〈Xらに国籍を付与しない〉立法目的適合的な選択肢は存在しない，と認定している．

(3) 立法目的実現の断念という選択肢　もっとも，このことから直ちに〈Xらに国籍を付与しない〉選択肢がないと言えるわけではない．

　〈立法目的への適合性〉要請は，当該目的の実現を断念することが合憲的な選択であるか否かについては何も述べていない．この要請は，それに反する法律について，当該立法目的の実現自体を断念し，当該区別を消滅させるという選択を許容する要請であろう．従って，〈立法目的への適合性〉要請は，必ずしも，国籍法3条全体を削除するような選択（当然，Xらに国籍は付与されない）を禁止するものではない，ということになる．

　とすれば，〈Xらに国籍を付与しない〉選択肢は合憲的な選択肢の中に含まれない，と主張するためには，国籍法3条の立法目的の実現を断念することを禁じる何らかの憲法上の要請が存在することを示す必要がある．

　この点について明示されてはいないが，法廷意見は，〈憲法10条は日本国民の親を持つ子に対し日本国籍を付与すべきこと（血統主義）を要請しており，立法府が血統主義の貫徹という国籍法3条の立法目的の実現を断念することを認めていない〉との見解を暗黙の前提としているのではないか．とすれば，法廷意見の結論は，憲法14条1項ではなく，憲法10条から導かれていることになる．

　第十三章では，〈区別の合理性〉要請の内容を明確に画定することを試みた．その上で，甲斐中反対意見と法廷意見の対立を分析すると，国籍法違憲判決の重要な暗黙の前提が明らかになる．

参考文献一覧

青柳幸一　　「嫡出性の有無による法定相続分差別」憲法判例百選第五版［2007］
浅見公子　　「The Slaughter-House Cases 第 14 修正の意味」英米判例百選第三版［1996］
芦部信喜　　『国家と法Ⅰ』（放送大学教育振興会）［1985］
芦部信喜　　『憲法判例を読む』（岩波セミナーブックス）［1987］
芦部信喜　　『憲法学Ⅲ（人権各論(1)）増補版』（有斐閣）［2000］
阿部照哉　　「法の下の平等」芦部信喜編『憲法Ⅱ人権(1)』（有斐閣）［1978］
阿部照也・野中俊彦　『平等の権利』（法律文化社）［1984］
安念潤司　　「家族の『変容』と憲法」憲法問題 8 号［1996］
飯田高　　　「差別の経済学的モデルについて」成蹊法学 61 号［2005］
飯田高　　　「暗黙の差別と法──経済学的アプローチと心理学的アプローチ」法律時報 79 巻 3 号［2007］
石川健治　　「最高裁判所民事判例研究・民集 49 巻 7 号」法学協会雑誌 114 巻 12 号［1997］
石川健治　　「外国人の公務就任権と地方公共団体の統治作用」判例セレクト'97［1998］
石川健治　　「人権論の視座転換」ジュリスト 1222 号［2002］
石川健治　　「人権享有主体論の再構成」法学教室 320 号［2007a］
石川健治　　『自由と特権の距離（増補版）』（日本評論社）［2007b］
伊藤正己　　「法の下の平等」公法研究 18 号［1958］
稲田正次　　『明治憲法成立史（下）』（有斐閣）［1962］
井上達夫　　「平等」星野英一・田中成明編『法哲学と実定法学の対話』（有斐閣）［1989］
井上典之　　「平等保障の裁判的実現(一)」神戸法学雑誌 45 巻 3 号［1995］
井上典之　　「平等保障の裁判的実現(二)」神戸法学雑誌 46 巻 1 号［1996］
井上典之　　「平等保障の裁判的実現(三)」神戸法学雑誌 46 巻 4 号［1997］
井上典之　　「平等保障の裁判的実現(四・完)」神戸法学雑誌 48 巻 2 号［1998］
内田貴　　　『民法Ⅳ』（東京大学出版会）［2002］
江原由美子　「『差別の論理』とその批判」同『女性解放という思想』（勁草書房）［1985］
大石眞　　　『日本憲法史（第二版）』（有斐閣）［2005］
大村敦志　　「最高裁判所民事判例研究・民集 49 巻 7 号」法学協会雑誌 114 巻 12 号［1997］
大村敦志　　『家族法』（有斐閣）［2002］
奥平康弘　　「"Separate but Equal" Rule の推移過程」公法研究 18 号［1958］
奥平康弘　　「『基本的人権』における『差別』と『基本的人権』の『制限』──『法の下の平等』を考える」名古屋大学法政論集 109 号［1986］
奥平康弘　　『憲法Ⅲ 憲法が保障する権利』（有斐閣）［1993］
奥平康弘　　『「萬世一系」の研究──「皇室典範的なるもの」への視座』（岩波書店）［2005］

参考文献一覧

覚道豊治	「法の下の平等」『総合判例研究叢書憲法(1)』（有斐閣）［1958］
勝田卓也	「再建期のアメリカにおける公民権の展開（3）——最高裁判決の再評価を目指して」大阪市大法学雑誌49巻4号［2003a］
勝田卓也	「再建期のアメリカにおける公民権の展開（5）——最高裁判決の再評価を目指して」大阪市大法学雑誌50巻2号［2003b］
川添利幸	「平等原則と平等権」公法研究45号［1983］
君塚正臣	『性差別司法審査基準論』（信山社）［1996］
木村草太	「御嵩町における産業廃棄物の設置についての住民投票に関する条例が投票の資格を有する者を日本国民たる住民に限ることとしたことと憲法14条1項，21条1項」自治研究80巻4号［2004］
木村草太	「東京都管理職試験最高裁大法廷判決」自治研究83巻2号［2007］
熊田道彦	「平等原則」杉原泰雄編『講座憲法学の基礎2：憲法学の基礎概念』（勁草書房）［1983］
熊田道彦	「恣意の禁止としての平等原則論」『公法の基本問題：田上穣治先生喜寿記念』（有斐閣）［1984］
古関彰一	『新憲法の誕生』（中公文庫）［1995］
阪本昌成	「優先処遇と平等原則——審査基準と実体的価値」LAW SCHOOL 28号［1981］
阪本昌成	『憲法理論II』（成文堂）［1993］
佐々木惣一	『日本国憲法論』（有斐閣）［1949］
佐々木惣一	『改訂日本国憲法論』（有斐閣）［1952］
佐々木惣一	『憲法学論文選一』（有斐閣）［1956］
佐藤幸治	『憲法(第三版)』（青林書院）［1995］
佐藤達夫	『日本国憲法成立史・第三巻』（有斐閣）［1994］
清水伸	『逐条日本国憲法審議録』（有斐閣）［1962］
清水伸	『明治憲法制定史(上)』（原書房）［1971］
清水伸	『明治憲法制定史(下)』（原書房）［1973］
清水伸	『明治憲法制定史(中)』（原書房）［1974］
鈴木安蔵	『日本憲法史概説』（中央公論社）［1941］
鈴木安蔵	『憲法制定前後』（青木書店）［1977］
高田敏・初宿正典編訳	『ドイツ憲法集(第4版)』（信山社）［2005］
高橋和之編	『新版・世界憲法集』（岩波文庫）［2007］
高柳賢三・大友一郎・田中英夫	『日本国憲法制定の過程I』（有斐閣）［1972］
田口精一	「『法の下の平等』の原理」清宮四郎・佐藤功編『憲法講座2』（有斐閣）［1963］
田中英夫	『憲法制定過程覚え書』（有斐閣）［1979］
田中英夫	『デュープロセス』（東京大学出版会）［1987］
田中英夫編	『Basic 英米法辞典』（東京大学出版会）［1993］
手塚和男	「平等原則序論——西ドイツ連邦憲法裁判所の判例の展開」小嶋和司博士東北大

	学退職記念『憲法と行政法』（良書普及会）[1986]
時国康夫	「立法の動機目的を憲法判断に当り考慮に入れることの適切性」『アメリカ憲法の現代的展開』（東京大学出版会）[1978]
戸松秀典	『平等原則と司法審査』（有斐閣）[1990]
長尾龍一	『法学ことはじめ』（信山社）[1998]
長尾龍一	『法哲学批判』（信山社）[1999a]
長尾龍一	『ケルゼン研究Ⅰ』（信山社）[1999b]
中村睦男	「法の下の平等と『合理的差別』」公法研究45号[1983]
西原博史	『平等取扱の権利』（成文堂）[2003]
二本柳高信	「ログローリング・立法府・デモクラシー」産大法学38巻3・4号[2005]
野中俊彦	「『合理性の基準』の再検討」LAW SCHOOL 28号[1981]
野中俊彦	「平等原則と違憲審査の手法」法学教室195号[1996]
長谷部恭男	「平等」星野英一・田中成明編『法哲学と実定法学の対話』（有斐閣）[1989]
長谷部恭男	『比較不能な価値の迷路』（東京大学出版会）[2000]
長谷部恭男	『憲法(第三版)』（新世社）[2004]
長谷部恭男	『Interactive 憲法』（有斐閣）[2006a]
長谷部恭男	『憲法の理性』（東京大学出版会）[2006b]
平地秀哉	「憲法上の平等保障と立法目的の審査」早稲田法学77巻2号[2002]
法学協会	『註解日本国憲法 上巻』（有斐閣）[1948]
法学協会	『註解日本国憲法(改訂版) 上巻』（有斐閣）[1953]
星野英一	『家族法』（放送大学教育振興会）[1994]
ベアテ・シロタ，ゴードン	『1945年のクリスマス』（柏書房）[1995]
ベネディクト，M・L（常本照樹訳）	『アメリカ憲法史』（北海道大学図書刊行会）[1994]
松井茂記	『アメリカ憲法入門(第五版)』（有斐閣）[2004]
松本烝治口述	『日本国憲法の草案について』憲資・総28号昭和33年10月[1958]
宮沢俊義	『憲法Ⅱ(新版)』（有斐閣）[1971]
宮沢俊義	『憲法(改訂版)』（有斐閣全書）[1973]
棟居快行	『人権論の新構成』（信山社）[1992]
毛利透	「人種分離撤廃の現実と法理論――憲法訴訟における事実解釈の研究（一）」国家学会雑誌106巻7・8号[1993]
毛利透	「人種分離撤廃の現実と法理論――憲法訴訟における事実解釈の研究（二）」国家学会雑誌107巻7・8号[1994]
安西文雄	「法の下の平等について(一)」国家学会雑誌105巻5・6号[1992]
安西文雄	「法の下の平等について(二)」国家学会雑誌107巻1・2号[1994]
安西文雄	「法の下の平等について(三)」国家学会雑誌110巻7・8号[1997]
安西文雄	「平等エンプティ論の展開」アメリカ法1998-1[1998]
安西文雄	「法の下の平等について(四・完)」国家学会雑誌112巻3・4号[1999]
米倉明	『家族法の研究』（新青出版）[1999]

米本昌平　「科学の言説と差別」栗原彬編『差別の社会理論』（弘文堂）[1996]
和田鶴蔵　『日本国憲法の平等原理』（三和書房）[1971]

Anschütz, G., DIE VERFASSUNG DES DEUTSCHEN REICHS, 14. Aufl. [1933]
Barnes, E. & Milner, B. A., SELECTED CASES IN CONSTITUTIONAL LAW 4th ed. [1913]
Bennett, R. W., "Mere" Rationality in Constitutional Law: Judicial Review and Democratic Theory, 67 Cal. L. Rev. 1049 [1979]
Bickel, A. M., The Original Understanding and the Segregation Decision, 69 Harv. L. Rev. 1 [1955]
Black, C. L., The Lawfulness of the Segregation Decisions, 69 Yale. L. J. 421 [1960]
Black, H. C., HANDBOOK OF AMERICAN CONSTITUTIONAL LAW [1895]
Blackstone, W., COMMENTARIES ON THE LAWS OF ENGLAND vol. 1 [1765]
Bond, J. E., NO EASY WALK TO FREEDOM: RECONSTRUCTION AND THE RATIFICATION OF THE FOURTEENTH AMENDMENT [1997]
Brest, P., Palmer v. Thompson: An Approach to the Problem of Unconsitutional Legislative Motive, 1971 Sup. Ct. Rev. 95 [1971]
Brest, P., The Supreme Court 1975 Term Foreword: In Defense of the Antidiscrimination Principle, 90 Harv. L. Rev. 1 [1976]
Burdick, C. K., THE LAW OF THE AMERICAN CONSTITUTON ITS ORIGIN AND DEVELOPMENT [1922]
Burton, S. J., Comment on "Empty Ideas": Logical Positivist Analyses of Equality and Rules, 91 Yale L. J. 1136 [1982]
Chemerinsky, E., Articles and Commentary on Equality: In Defense of Equality: A Reply to Professor Westen, 81 Mich. L. Rev. 575 [1983]
Cooley, T. M., THE GENERAL PRINCIPLES OF CONSTITUTIONAL LAW IN THE UNITED STATES OF AMERICA 3rd ed. [1898]
D'Amato, A., Articles and Commentary on Equality: Comment: Is Equality a Totally Empty Idea?, 81 Mich. L. Rev. 600 [1983]
Eisgruber, C. L. & Sager, L. G., RELIGIOUS FREEDOM AND THE CONSTITUTION [2007]
Evans, L. B., LEADING CASES ON AMERICAN CONSTITUTIONAL LAW [1916]
Fairman, C., Does the Fourteenth Amendment Incorporate the Bill of Right? The Original Understanding, 2 STAN. L. Rev. 5 [1949]
Farber, D. A. & Sherry, S., A HISTORY OF THE AMERICAN CONSTITUTION [1990]

Flack, H. E., THE ADOPTION OF THE FOURTEENTH AMENDMENT [1908]

Frank, J. P. & Munro, R. F., The Original Understanding of "Equal Protection of the Laws", 50 Colum. L. Rev. 131 [1950]

Gilmore, E. A., MODERN AMERICAN LAW vol. 11 CONSTITUTIONAL LAW (Modern American Law) [1914]

Graham, H. J., The "Conspiracy Theory" of the Fourteenth Amendment, 47 Yale L. Rev. 371 [1938]

Graham, H. J., Our "Declartatory" Fourteenth Amendment, 7 STAN. L. Rev. 3 [1954]

Greenawalt, K., How Empty is the Idea of Equality?, 83 Colum. L. Rev. 1167 [1983]

Greenawalt, K., "Prescriptive Equality": Two Steps Forward, 110 Harv. L. Rev. 1265 [1997]

Gunther, G., The Supreme Court 1971 Term Foreword: In Search of Evolving Doctrine on a Changing Court: A Model for a Newer Equal Protection, 86 Harv. L. Rev. 1 [1972]

Harris, R. J., THE QUEST FOR EQUALITY; THE CONSTITUTION, CONGRESS, AND THE SUPREME COURT [1960]

Heyman, S. J., The First Duty of Government: Protection, Liberty, and the Fourteenth Amendment, 41 Duke L. J. 507 [1991]

Hyman, H. M. & Wiecek, W. M., EQUAL JUSTICE UNDER LAW [1982]

James, J. B., THE FRAMING OF THE FOURTEENTH AMENDMENT [1956]

James, J. B., THE RATIFICATION OF THE FOURTEENTH AMENDMENT [1984]

Jellinek, G., SYSTEM DER SUBJEKTIVEN ÖFFENTLICHEN RECHTE, 2 Aufl. [1905]

Kaczorowski, R. J., Revolutionary Constitutionalism in the Era of the Civil War and Reconstruction, 61 N.Y.U. L. Rev. 863 [1986]

Karst, K. L., Invidious Discrimination: Justice Douglas and the Return of the "Natural-Law-Due-Process Formula", 16 UCLA L. Rev. 716 [1969]

Kelsen, H., GENERAL THEORY OF LAW AND STATE [1945]

Kelsen, H., WHAT IS JUSTICE [1957]

Kendrick, B. B., THE JOURNAL OF THE JOINT COMMITTEE OF FIFTEEN ON RECONSTRUCTION, [1914]

Klarman, M., An Interpretive History of Modern Equal Protection, 90 Mich. L. Rev. 213 [1991]

Kwasnick, R. M., A Question of Balance: Statutory Classifications under the Equal Protection Clause, 26 Stan. L. Rev. 155 [1973]

Labbé, R. M. & Lurie, J. L., THE SLAUGHTERHOUSE CASES [2003]

Leibholz, G., DIE GLEICHHEIT VOR DEM GESETZ, 2 Aufl. [1959]

Locke, J., TWO TREATISES OF GOVERNMENT [1690]

Maltz, E. M., THE FOURTEENTH AMENDMENT AND THE LAW OF THE CONSTITUTION [2003]
McClain, E., CONSTITUTONAL LAW IN THE UNITES STATES [1905]
Meyers, M. E., Impermissible Purposes and the Equal Protection Clause, 86 Colum. L. Rev. 1184 [1986]
Nelson, R., To Infer or Not to Infer a Discriminatory Purpose: Rethinking Equal Protection Doctrine, 61 N.Y.U. L. Rev. 334 [1986]
Note, Legislative Purpose, Rationality, and Equal Protection, 82 Yale L. J. 123 [1972]
Note, Making the Violation Fit the Remedy: the Intent Standard and Equal Protection Law, 92 Yale L. J. 328 [1982]
Note, Justice Stevens' Equal Protection Jurisprudence, 100 Harv. L. Rev. 1146 [1987]
Perry, M. J., Modern Equal Protection: A Conception and Appraisal, 79 Colum. L. Rev. 1023 [1979]
Peters, C. J., Equality Revisited, 110 Harv. L. Rev. 1210 [1997]
Pomeroy, J. N., AN INTRODUCTION TO THE CONSTITUTIONAL LAW OF THE UNITES STATES 10th ed. [1888]
Posner, R. A., THE ECONOMICS OF JUSTICE [1981]
Rawls, J., A THEORY OF JUSTICE [1971]
Simons, K. W., Equality as a Comparative Right, 65 B.U.L. Rev. 387 [1985]
Simson, G. J., A Method for Analyzing Discriminatory Effects under the Equal Protection Clause, 29 Stan. L. Rev. 663 [1977]
Stone, G. R. & Seidman, L. M. & Sunstein, C. R. & Tushnet, M. V. & Karlan, P. S., CONSTITUTIONAL LAW 5th ed. [2005]
Sullivan, K. M. & Gunther, G., CONSTITUTIONAL LAW 15th ed. [2004]
Sunstein, C. R., Public Values, Private Interests, and the Equal Protection Clause, 1982 Sup. Ct. Rev. 127 [1982]
tenBroek, J., EQUAL UNDER THE LAW [1965]
Thayer, J. B., Notes of Professor James B. Thayer's lectures on constitutional law, given at Harvard Law School (Harvard Law School Library Special Collections) [1895]
Tribe, L. H., Perspectives on Bakke: Equal Protection, Procedural Fairness, or Structural Justice?, 92 Harv. L. Rev. 864 [1979]
Tribe, L. H., AMERICAN CONSTITUTIONAL LAW 2nd ed. [1988]
Tussman, J. & tenBroek, J., The Equal Protection of the Laws, 37 Calif. L. Rev. 341 [1949]
Watson, P. K., THE CONSTITUTON OF THE UNITES STATES: ITS HISTORY, APPLICATION, AND CONSTRUCTION [1910]
Wechsler, H., Toward Neutral Principles of Constitutional Law, 73 Harv. L. Rev. 1 [1959]
Westen, P., The Empty Idea of Equality, 95 Harv. L. Rev. 537 [1982a]
Westen, P., On "Confusing Ideas": Reply, 91 Yale L. J. 1153 [1982b]

Westen, P., Articles and Commentary on Equality: the Meaning of Equality in Law, Science, Math, and Morals: A Reply, 81 Mich. L. Rev. 604 [1983]
Westen, P., SPEAKING OF EQUALITY [1990]

あとがき

　筆者は，学部三年生の際，長谷部恭男教授の「大野正男判事の憲法理論」と題された演習に参加し，非嫡出子の法定相続分に関する最大決平成7年7月5日民集49巻7号1789頁の報告を担当した．報告は不十分なものに終わり，大野正男判事ら五名の裁判官による反対意見の真価を見出すこともできなかった．本書の問題意識が形成されたのは，その報告の際である．

　本書の完成のために，多くの方々からご教示・ご指導・ご協力を得た．

　助手時代の指導教員の高橋和之先生は，研究論文は須く読み手に負担を感じさせないものであるべきであり，煮詰められた明確な内容を持ち，適切な分量・分かり易い文体で書かれたものでなければならない，と教えて下さった．

　長谷部恭男先生は，学部時代より様々なご指導をして下さった．先生からは，助手論文報告会の席でも貴重なご指摘を頂くと同時に，自らの主張を軽々しく放棄すべきでない場合があることを教えて頂いた．

　石川健治先生は，助手時代の演習を通じて，文献を読むという作業と概念を画定するという作業がいかなる作業であるか，を教えて下さった．

　中里実先生は，二度にわたる Harvard Law School での文献収集を学術的・精神的・経済的三側面から援助して下さった．先生のおかげで，19世紀末から20世紀初頭までに出版された貴重な文献を閲覧することができた．

　地獄とも極楽とも認識可能な助手時代の生活を共にした同期採用の笠木映里・加毛明・神山弘行・後藤元・堤健智・菱川孝之・吉永圭の各氏，法学政治学研究科公法専攻の先輩である榎透先生・興津征雄先生・小島慎司先生・宍戸常寿先生・藤谷武史先生（五十音順）は，研究の端緒・文献収集・立論・執筆の各段階で，各自の問題意識に基づく有益なご指摘を寄せてくれた．

　山本陽光氏は，本書は潜水艦で旅をするような論文であるとお話したところ，表紙のために大胆な構図の非常にチャーミングな絵を描いて下さった．筆者は，絵の中の深海魚たちに大変なシンパシーを感じている．

教養に溢れ探究心と批判精神に満ちた木村佳子は、〈基本的権利〉に関係する法文でも人種に基づく区別を行う法文でもない本書に〈厳格審査〉基準を適用し、筆者の自尊心の崩壊の危機を招くほどの詳細かつ徹底的な批判を加えてくれた。彼女のおかげで、本書にしばしば見られる、英語力・日本語力ともに根本から叩き直す必要を感じさせる誤訳、法学専門教育を受けた者が書いたとは思えない法学的誤解、本書以外の原稿では凡そお目にかかることの出来ない愚かな文章の食い違い、の数を減少させることができた。

　東京大学出版会の羽鳥和芳氏は、本書の出版のための数多くの助言を下さり、また自分勝手な筆者のために構成・校正のための万全の環境を整えて下さった。

　本書脚注で示しているように、この他にも多くの方々から貴重なご指摘を頂いた。各氏に厚く御礼申し上げる。

　2008 年 5 月

木村　草太

事項索引

あ 行

悪しき区別 …………………………… 156
芦部信喜 ……………………………… 228
違憲審査基準論 ……………………… 228
異人種姦通 ……………………………… 86
Yick Wo 判決 ……………………… 104
一般平等条項 …………………… 6, 215
井上典之 ……………………………… 236
疑わしい区別 …………… 132, 136, 156
奥平康弘 ……………………………… 238

か 行

外国人参政権 ………………………… 41
外国人の公務就任権 ……………… 201
解放奴隷局法案 ……………………… 66
Gulf 判決 …………………………… 132
〈基本的権利〉の理論 ……………… 137
君塚正臣 ……………………………… 230
清宮四郎 ……………………………… 7
区別の合理性 …………… 108, 126, 160
熊田道彦 ……………………………… 235
経済規制 ……………………………… 95
刑法 …………………………………… 47
嫌悪感 ………………………………… 186
厳格審査 ……………… 133–136, 141, 158
憲法改正草案 ………………………… 21
憲法改正草案要綱 …………………… 20
憲法研究会 …………………………… 9
憲法研究会案 ……………… 11, 12, 14, 16
後段列挙事由 ……………… 25, 32, 197
後段列挙事由定式 …………………… 28
合理性 ………………………………… 162
　——の基準 ………………… 120, 124
〈合理的根拠〉要請 ……… 30, 45, 48
誤解 …………………………………… 188
コンドルセの定理 ………………… 199

さ 行

佐々木惣一 ……………………… 22, 234

佐藤幸治 ……………………………… 238
差別 …………………………… 184, 252
差別禁止条項 ………………………… 9
差別助長 ……………………………… 59
差別的動機 …………………………… 147
差別抑制 ……………………………… 209
〈差別抑制〉要請 …………… 192, 195
GHQ 案 ……………………………… 15
恣意の禁止 …………………………… 236
自然権 ………………………………… 75
自然法論 ……………………………… 76
自尊心 ………………………………… 187
市民権法 ……………………………… 72
市民権法案 …………………………… 66
社会経済立法無審査の法理 … 157, 233
10 月草案 …………………………… 218
州権主義 …………………………… 106, 122
条例 …………………………………… 40
人種分離 ……………………………… 128
人種別学 ……………………………… 129
正統性 ……………………………… 199, 203
性別による区別 …………… 81, 82, 93
絶対的平等 ………………………… 254
選挙権 …………………… 76, 82, 94, 138
専属傷害致死 ………………………… 31
ゾーニング ………………… 148, 150

た 行

『註解日本国憲法』 …………… 33, 227
中間審査基準 ……………………… 162, 164
定義 ………………………………… 242
定数訴訟 ……………………… 38, 46
天皇制 ……………………………… 42
同一状況同一取扱 ………………… 111
〈同一状況同一取扱〉要請 … 89, 93, 99
投票価値 ……………………… 138, 198
屠殺場 ……………………………… 80
戸松秀典 …………………………… 230

な 行

夏島草案 …………………………………… 217
南北戦争 ……………………………………… 65
2月草案 ……………………………………… 219

は 行

Barbier 判決 ………………………… 88, 99, 113
陪審員 ………………………………………… 85
非嫡出子 …………………………………… 204
等しきは等しく ………………………… 96, 257
平等 …………………………………… 211, 240
平等空虚論 ………………………………… 240
付随的弊害の相当性 ………… 50, 141, 180
不文の権利 …………………… 143, 172, 181
Blackstone, W. ……………………………… 75
プロイセン憲法 …………………… 215, 224
分離すれど平等 …………………………… 131
ベースライン ……………………………… 206
蔑視感情 …………………………………… 186
法適用平等説 ……………………………… 23
法内容平等説 ……………………………… 23
法律婚主義 …………………………… 55, 56
ポリスパワー ……………………… 98, 106, 110

ま・や 行

松本委員会 …………………………… 5, 226
宮沢俊義 ……………………………………… 7, 8
棟居快行 …………………………………… 238
目的適合性の要請 ……………… 252, 253
目的論的解釈 ……………………………… 120
安西文雄 …………………………… 238, 242

ら 行

立証責任 …………………………………… 135
立法事実 ……………………………… 131, 232
立法動機 …………………………………… 147
立法目的 ……………… 36, 48, 117, 147, 170
　──の compelling 性 ……… 136, 141, 154, 162, 230, 232
　──の重要性 …………………………… 142
　──の正当性 …………… 44, 48, 142, 177
　──への適合性 ……50, 133, 170, 178, 195, 207, 232, 237
〈──への適合性〉要請 …………… 116, 193
Lindsley 判決 …………………… 123, 160
Locke, J. ……………………………………… 75

判例索引 (本文でとりあげた判例を掲げる. 脚注の参照判例は除く.)

Atchison, T. & S. F. R. Co. v. Vosburg, 238 U.S. 56 ……116
Barbier v. Connolly, 113 U.S. 27 ……88
Bartemeyer v. Iowa, 85 U.S. 129 ……83
Bell's G. R. Co. v. Pennsylvania, 134 U.S. 232 ……92
Belle Terre v. Boraas, 416 U.S. 1 ……159
Bradwell v. Illinois, 83 U.S. 130 ……81
Brown v. Board of Education, 347 U.S. 483 ……129
Connolly v. Union Sewer Pipe Co., 184 U.S. 540 ……112
Cotting v. Kansas City Stock Yards Co., 183 U.S. 79 ……111
Dandridge v. Williams, 397 U.S. 471 ……158
Gayle v. Browder, 352 U.S. 903 ……130
Gedulig v. Aiello, 417 U.S. 484 ……161
Graham v. Richardson, 403 U.S. 365 ……152
Griffin v. Illinois, 351 U.S. 12 ……137
Gulf, Colorado & Santa Fe v. Ellis, 165 U.S. 150 ……108, 132
Harper v. Virginia State Bd of Elections, 383 U.S. 663 ……76, 139
Hartford Steam Boiler Inspection & Ins. Co.v. Harrison, 301 U.S. 459 ……116
Holmes v. Atlanta, 350 U.S. 879 ……130
In re Griffiths, 413 U.S. 717 ……152
International Harvester Co. v. Missouri, 234 U.S. 199 ……113
Kentucky Railroad Tax Cases, 115 U.S. 321 ……92, 101
Lindsley v. Natural Carbon Gas Co., 220 U.S. 61 ……121, 158
Loving v. Virginia, 388 U.S. 1 ……134, 178
Mayor of Baltimore v. Dawson, 350 U.S. 877 ……130
McLaughlin v. Florida, 379 U.S. 184 ……132
McLaurin v. Oklahoma State Regents for Higher Education, 339 U.S. 637 ……129
Metropolitan Casualty Ins. Co. v.
Brownell, 294 U.S. 580 ……113
Minor v. Happersett, 83 U.S. 138 ……82
Missouri Pacific Railway Co. v. Humes, 115 U.S. 512 ……90, 101
Missouri Pacific Railway Co. v. Mackey, 127 U.S. 205 ……92
Missouri ex rel. Gaines v. Canada, 305 U.S. 337 ……128
Munn v. Illinois, 94 U.S. 113 ……90
New Orleans City Park Improvement Association v. Detiege, 358 U.S. 54 ……130
New Orleans v. Dukes, 427 U.S. 297 ……161
Pace v. Alabama, 106 U.S. 583 ……86
Palmer v. Thompson, 403 U.S. 217 ……148
Plessy v. Ferguson, 163 U.S. 537 ……49, 131
Powell v. Pennsylvania, 127 U.S. 678 ……102
Quaker City Cab Co. v. Pennsylvania, 277 U.S. 389 ……117
Quong Wing v. Kirkendall, 223 U.S. 59 ……115
Rail Road Co. v. Richmond, 96 U.S. 521 ……90
Railway Express Agency, Inc. v. New York, 336 U.S. 106 ……127
Regents of the University of California v. Bakke, 438 U.S. 265 ……153
Reynolds v. Sims, 377 U.S. 533 ……138
Rogers v. Lodge, 458 U.S. 613 ……151
Rosenthal v. New York, 226 U.S. 260 ……115
Sage Stores Co. v. Kansas, 323 U.S. 32 ……127
Santa Clara Co. v. South. Pac. Railroad, 118 U.S. 394 ……91
Schilb v. Kuebel, 404 U.S. 357 ……161, 163
Shapiro v. Thompson 394 U.S. 618 ……141
Sipuel v. Board of Regents, 332 U.S. 631 ……128
Slaughter-House Cases, 83 U.S. 36 ……80

Soon Hing v. Crowley, 113 U.S. 703 ... 90, 100
Southern R. Co. v. Greene, 216 U.S. 400 ... 112
Strauder v. West Virginia, 100 U.S. 303 ... 85
Sweatt v. Painter, 339 U.S. 629 ... 129, 130
Swiss Oil Corp. v. Shanks, 273 U.S. 407 ... 113
Tate v. Short, 401 U.S. 395 ... 163
United States v. O'Brien, 391 U.S. 367 ... 149
United States v. Reese, 92 U.S. 214 ... 84
Village of Arlington Heights v. Metoropolitan Housing Development Co., 429 U.S. 252 ... 150
Washington v. Davis, 426 U.S. 229 ... 149
Weber v. Aetna Casualty & Surety Co., 406 U.S. 164 ... 161
Williams v. Miss, 170 U.S. 213 ... 94
Williamson v. Lee Optical Co. of Oklahoma, 348 U.S. 483 ... 127
Wurts v. Hoagland, 114 U.S. 606 ... 90
Yick Wo v. Hopkins, 118 U.S. 356 ... 104

最大判昭23・5・26刑集2・5・517 ... 28, 32
最大判昭23・7・8刑集2・8・80 ... 29
最大判昭25・6・7刑集4・6・956 ... 30
最大判昭28・6・24刑集7・6・1366 ... 31
最大判昭29・1・20刑集8・1・52 ... 31
最一判昭33・6・19刑集12・10・2243 ... 31, 36
最大判昭33・10・15刑集12・14・3305 ... 41
最大判昭34・12・9刑集13・12・3186 ... 36
最大判昭39・11・18刑集18・9・579 ... 41
最大判昭48・4・4刑集27・3・265 ... 36, 46
最大判昭51・4・14民集30・3・223 ... 37, 201
最大判昭57・7・7民集36・7・1235 ... 39, 45
最大判昭58・11・7民集37・9・1253 ... 38
最大判昭58・4・27民集37・3・345 ... 38, 46, 201
最大判昭60・3・27民集39・2・247 ... 39, 47
最大判昭60・10・23刑集39・6・413 ... 40
最二判平5・2・26判時1452・37 ... 41
最三判平7・2・28民集49・2・639 ... 41
最大決平7・7・5民集49・7・1789 ... 40, 45, 53
最大判平17・1・26民集59・1・128 ... 201

著者略歴
1980年　横浜に生れる
2003年　東京大学法学部卒業
同　年　東京大学大学院法学政治学研究科助手・憲法専攻
　　　　（2006年まで）
現　在　首都大学東京都市教養学部法学系・東京都立大学
　　　　法学部准教授（兼任）

平等なき平等条項論
equal protection 条項と憲法14条1項

2008年7月30日　初　版

［検印廃止］

著　者　木村草太
　　　　（きむらそうた）

発行所　財団法人　東京大学出版会

代表者　岡本和夫

　　　　113-8654　東京都文京区本郷 7-3-1 東大構内
　　　　電話 03-3811-8814・Fax 03-3812-6958
　　　　振替 00160-6-59964

印刷所　研究社印刷株式会社
製本所　誠製本株式会社

© 2008　Sota Kimura
ISBN 978-4-13-036133-0　Printed in Japan

Ⓡ〈日本複写権センター委託出版物〉
本書の全部または一部を無断で複写複製（コピー）することは，著作権法
上での例外を除き，禁じられています．本書からの複写を希望される場
合は，日本複写権センター（03-3401-2382）にご連絡ください．

編著者	書名	判型	価格
藤倉皓一郎編 小杉丈夫	衆議のかたち アメリカ連邦最高裁判所判例研究（1993-2005）	A5	5500円
田中英夫編	英米法辞典	菊	15000円
田中英夫編	BASIC 英米法辞典	菊	2800円
日米法学会編	英米法研究文献目録　1976-1995年	A5	29000円
田中英夫著	英米法総論　上・下	A5	各3500円
田中英夫著	アメリカの社会と法	46	2400円
田中英夫著	アメリカ法の歴史　上	A5	8200円
浅香吉幹著	現代アメリカの司法	A5	3800円
溜箭将之著	アメリカにおける事実審裁判所の研究	A5	6500円
大木雅夫著	比較法講義	A5	4600円

ここに表示された価格は本体価格です．御購入の際には消費税が加算されますので御了承下さい．